Birgit Renzl

Wissensbasierte Interaktion

GABLER EDITION WISSENSCHAFT

Strategisches Kompetenz-Management SKM

Herausgegeben von
Univ.-Prof. Dr. Klaus Bellmann,
Universität Mainz
Univ.-Prof. Dr. Jörg Freiling,
Universität Bremen
Univ.-Prof. Dr. Hans Georg Gemünden,
Universität Karlsruhe
Univ.-Prof. Dr. Peter Hammann,
Ruhr-Universität Bochum (geschäftsführend)
Univ.-Prof. Dipl.-Ing. Dr. Hans H. Hinterhuber,
Universität Innsbruck
Univ.-Prof. Dr. Günter Specht,
Technische Universität Darmstadt
Univ.-Prof. Dr. Erich Zahn,
Universität Stuttgart

Der Resource-based View und – in enger Verbindung dazu – das Management von (Kern-)Kompetenzen haben in den vergangenen Jahren die Unternehmungsführung nachhaltig beeinflusst. Wissenschaft und Praxis beteiligen sich gleichermaßen an Fragen der ressourcenorientierten Unternehmungsführung und des Knowledge Managements. Die Schriftenreihe greift diese Entwicklung auf und schafft ein Forum für wissenschaftliche Beiträge und Diskussionen.

Birgit Renzl

Wissensbasierte Interaktion

Selbst-evolvierende Wissensströme in
Unternehmen

Mit einem Geleitwort von
Prof. Dipl.-Ing. Dr. Hans H. Hinterhuber

Deutscher Universitäts-Verlag

Bibliografische Information Der Deutschen Bibliothek
Die Deutsche Bibliothek verzeichnet diese Publikation in der Deutschen
Nationalbibliografie; detaillierte bibliografische Daten sind im Internet über
<http://dnb.ddb.de> abrufbar.

Dissertation Universität Innsbruck, 2002

1. Auflage März 2003

Alle Rechte vorbehalten
© Deutscher Universitäts-Verlag GmbH, Wiesbaden, 2003

Lektorat: Brigitte Siegel / Sabine Schöller

Der Deutsche Universitäts-Verlag ist ein Unternehmen der
Fachverlagsgruppe BertelsmannSpringer.
www.duv.de

Das Werk einschließlich aller seiner Teile ist urheberrechtlich geschützt. Jede Verwertung außerhalb der engen Grenzen des Urheberrechtsgesetzes ist ohne Zustimmung des Verlags unzulässig und strafbar. Das gilt insbesondere für Vervielfältigungen, Übersetzungen, Mikroverfilmungen und die Einspeicherung und Verarbeitung in elektronischen Systemen.

Die Wiedergabe von Gebrauchsnamen, Handelsnamen, Warenbezeichnungen usw. in diesem Werk berechtigt auch ohne besondere Kennzeichnung nicht zu der Annahme, dass solche Namen im Sinne der Warenzeichen- und Markenschutz-Gesetzgebung als frei zu betrachten wären und daher von jedermann benutzt werden dürften.

Umschlaggestaltung: Regine Zimmer, Dipl.-Designerin, Frankfurt/Main
Druck und Buchbinder: Rosch-Buch, Scheßlitz
Gedruckt auf säurefreiem und chlorfrei gebleichtem Papier
Printed in Germany

ISBN 3-8244-7830-7

Geleitwort

In Zeiten eines turbulenten und unsicheren Umfeldes bestimmt Wissen zunehmend die Wettbewerbsfähigkeit der Unternehmen. Wir leben in einer von Wissen geleiteten Gesellschaft. Fortschrittliche Wirtschaftssysteme sind wissensbasierte Systeme. Diese Feststellung ist nicht neu. Bereits Adam Smith hat vor mehr als zweihundert Jahren nachgewiesen, dass die Erhöhung des Einkommens mit dem Erlernen von neuem Wissen und mit entsprechender Arbeitsteilung verbunden ist. In seinen *Principles* hat Marshall vor hundert Jahren dem Wissen die Rolle eines *starken Motors der Produktion* zugewiesen. Im Informationszeitalter ist Wohlstand eine Funktion von Wissen. Im Unterschied zu anderen Ressource ist Wissen unerschöpflich. Je mehr man davon braucht, umso mehr erzeugt man.

Neu ist die Verbindung der Bedeutung von Wissen mit Informations- und Kommunikationstechnologie, Lernprozessen, Humankapital sowie Forschung und Entwicklung. Die Organisation von Wissen wird zur zentralen Herausforderung. Wissensmanagement ist ein viel beachtetes und viel diskutiertes Thema für die Unternehmensführung. Die Aufgabe der Führenden ist, das kollektive Wissen im Unternehmen zu mobilisieren und ein Netzwerk von Informationsträgern innerhalb und außerhalb des Unternehmens aufzubauen.

Birgit Renzl behandelt ein Thema, das Wissenschaft und Praxis stark beschäftigt: Wie kann Wissen, insbesondere dessen *implizite Dimension*, innerhalb des Unternehmens ausgetauscht, weiterentwickelt und zur Erreichung von Wettbewerbsvorteilen genutzt werden?

Die Verfasserin versteht Wissen nicht als objektiv gegebenen Input-Faktor, sondern als Konstruktion in interaktiven Prozessen, die durch das Zusammenspiel der beteiligten Personen entsteht. Dieses Zusammenspiel hängt von der Art der Kommunikationsprozesse ab, wie Individuen sich untereinander verständig machen, ihre Vorstellungen erklären, die Ideen anderer weiterentwickeln, wie sie Informationen auswählen und interpretieren; es wird wesentlich von den organisatorischen Rahmenbedingungen beeinflusst, die diese Prozesse fördern oder hemmen können.

Die Verfasserin geht deshalb der Frage nach, welche Faktoren die Prozesse der wissensbasierten Interaktion beeinflussen. Da die Individuen gemäß ihren mentalen Modellen handeln, sind die Selektion und Interpretation der Informationen bewusst und unbewusst von entscheidendem Einfluss auf die Transformation von implizitem

Wissen. Die Verfasserin greift drittens die Frage auf, wie die Prozesse der wissensbasierten Interaktion zwischen Individuen beeinflusst werden können, um die Entwicklung von selbst-evolvierenden Wissensströmen zu fördern.

Die vorliegende Arbeit beruht auf einer konstruktivistischen Definition des Wissensbegriffes. Dies ist besonders interessant, weil sich damit das Problem stellt, ob Wissen überhaupt *gemanaged* werden kann oder ob es nicht darum geht, günstige Rahmenbedingungen für die Entwicklung, den Austausch und die Weiterentwicklung von wettbewerbsrelevanten Wissen einzurichten. Frau Renzl vertritt die zweite Auffassung.

Die vorliegende Arbeit weist die Verfasserin als profunde Kennerin des Literaturstandes über *Wissensmanagement* aus. Sie besitzt zudem die Fähigkeit, die in der Literatur standardmäßig vorgebrachten Definitionen und Argumente kritisch zu hinterfragen und differenziert zu beurteilen.

Die Verfasserin hat eine aktuelle und wissenschaftlich bedeutende Thematik souverän bearbeitet. Die vorhandene Literatur wurde aus der Perspektive unterschiedlicher Disziplinen analysiert, ein sachgerechtes Forschungskonzept gewählt und in zwei exemplarischen Fällen untersucht. Herausragend ist diese Arbeit hinsichtlich der Erarbeitung eines Konzeptes der wissensbasierten Interaktion, das weit über das in der Literatur übliche Konstrukt des Wissensmanagements hinausgeht.

Hans H. Hinterhuber

Vorwort

Diese Arbeit entstand mit der Unterstützung zahlreicher Personen bei denen ich mich auf diese Weise herzlich bedanken möchte.

Mein ganz besonderer Dank gilt Herrn Univ.-Prof. Dipl.-Ing. Dr. Hans H. Hinterhuber und seiner fachlichen sowie persönlichen Unterstützung während des gesamten Dissertationsprojektes. Zu großem Dank bin ich auch Herrn A.Univ.-Prof. Dr. Johannes M. Lehner verpflichtet, für die vielen Gespräche und die konstruktive Kritik, die wesentlich zur Weiterentwicklung dieser Arbeit beigetragen haben.

Bedanken möchte ich mich auch bei Prof. Mette Monsted, Prof. Hans Siggaard Jensen, Prof. Hari Tsoukas und Dr. Stephen Gourlay für ihre hilfreichen Kommentare und Anregungen im Rahmen der European Doctoral School on Knowledge and Management.

Ein Grundstein für diese Arbeit wurde mit einem Forschungsprojekt gelegt, das vom Jubiläumsfonds der Oesterreichischen Nationalbank finanziert wurde. Ich möchte auf diesem Wege den verantwortlichen Personen meinen aufrichtigen Dank aussprechen.

Erwähnen möchte ich auch das Engagement der an den Studien beteiligten Personen des Festo Lernzentrum Saar GmbH und der Deutsche Bank AG und mich herzlich dafür bedanken.

Einen speziellen Dank möchte ich auch meinen Kollegen am Institut für Unternehmensführung, Tourismus und Dienstleistungswirtschaft und insbesondere A. Univ.-Prof. Dr. Kurt Matzler für die kritischen Anregungen und die wertvollen Ratschläge aussprechen.

Schließlich ist es mir ein besonderes Anliegen, Christian und meiner Familie für das entgegengebrachte Verständnis und die Unterstützung zu danken.

Birgit Renzl

Inhaltsverzeichnis

Abbildungsverzeichnis XIII

Tabellenverzeichnis XVII

1 Einführung **1**
1.1 Problemstellung und Forschungsfragen 1
1.2 Aufbau der Arbeit 4

2 Ressourcenorientierte Perspektive **7**
2.1 Grundlagen des Ressourcenorientierten Ansatzes 7
2.2 Wissensorientierte Perspektive 12

3 Der Wissensbegriff **17**
3.1 Implizite Dimension des Wissens 21
    3.1.1 Annäherungen an die implizite Wissensdimension 23
    3.1.1.1 Wissensformen in der griechischen Philosophie der Antike 27
    3.1.1.2 Kognitive und praktisch-technische Seite impliziten Wissens 28
    3.1.1.3 Tacit-embodied knowledge versus self-transcending knowledge 30
    3.1.1.4 Terminologisch-semantische Perspektive 32

    3.1.2 Struktur impliziten Wissens nach Polanyi 34
    3.1.2.1 Funktionaler Aspekt – Gerichtetheit des Bewusstseins 40
    3.1.2.2 Phänomenaler Aspekt – Integration zu einer gesamthaften Gestalt 41
    3.1.2.3 Semantischer Aspekt – individuelle Bedeutungszuschreibung 43
    3.1.2.4 Ontologischer Aspekt – Bezug zur Realität 51

3.2 Handlungsorientierung des Wissens 54
    3.2.1 Wissen als Grundlage für die Handlungsfähigkeit 55
    3.2.2 Handeln generiert Wissen 56

3.3 Soziale Konstruktion des Wissens 58
    3.3.1 Soziale Komponente 58
    3.3.2 Komponente der Konstruktion 59

4 Prozesse der Wissenstransformation **61**
4.1 Die Rolle der Sprache 65
    4.1.1 Sprache als Kommunikationsinstrument 68
    4.1.2 Kognitionsfunktion der Sprache 68
    4.1.2.1 Sprachspiele 70
    4.1.2.2 Sprachbilder 72

4.2	Soziale Interaktion	76
	4.2.1 Die Wissensspirale von Nonaka und Takeuchi	77
	4.2.1.1 Wissenskonversion	77
	4.2.1.2 Wissensspirale	80
	4.2.1.3 Kritik an der Wissensspirale	83
	4.2.2 Soziale Kognition	85
	4.2.2.1 Kognitionsmuster	86
	4.2.2.2 Bezug zum sozialen Kontext	87
4.3	Die organisationale Wissensbasis	89
	4.3.1 Communities of Practice	92
	4.3.1.1 Aspekte der Praxis	94
	4.3.1.2 Situatives Lernen	98
	4.3.2 „Ba" als Ort der Wissensentstehung	100
	4.3.3 „Care" als Grundwert einer Wissenskultur	103
	4.3.3.1 Elemente einer Wissenskultur	104
	4.3.3.2 Konzeption von „care"	105
	4.3.3.3 Wissenstransformation und „care"	108
5	**Organisation von Wissen in Unternehmen**	**111**
5.1	Thesen über Wissen und Wissenstransformation	112
5.2	Implikationen für die Organisation von Wissen	112
6	**Intervention in wissensbasierte Interaktion**	**121**
6.1	Forschungszugang	122
	6.1.1 Der konstruktivistische Forschungszugang	128
	6.1.1.1 Radikaler Konstruktivismus	129
	6.1.1.2 Sozialer Konstruktivismus	133
	6.1.2 Qualitative Forschungstradition	136
	6.1.3 Aktionsforschung als Forschungskonzeption	145
	6.1.3.1 Historischer Hintergrund	146
	6.1.3.2 Besonderheiten der Aktionsforschung	148
6.2	Forschungsmethodik	151
	6.2.1 Cognitive Mapping	151
	6.2.1.1 Begriff der Kognitiven Karten	152
	6.2.1.2 Kognitive Karten als Momentaufnahmen	155
	6.2.2 Konzeption der Interaktionsanalyse	159
	6.2.2.1 Ermittlung der zentralen Einflussfaktoren	162
	6.2.2.2 Eruieren der Kausalstrukturen der Variablen	166
	6.2.2.3 Visualisierung und Reflexion	169

7 Fallstudien zur Intervention in wissensbasierte Interaktion ... 179

7.1 Fallstudie Deutsche Bank AG ... 179

7.1.1 Ermittlung der zentralen Einflussfaktoren im gewählten Themenfeld ... 180
7.1.1.1 Themenstellung ... 180
7.1.1.2 Variablengenerierung ... 181
7.1.1.3 Erläuterungen zu den Variablen ... 183

7.1.2 Eruieren der Kausalstrukturen durch die Teammitglieder ... 186

7.1.3 Visualisierung und Reflexion ... 192
7.1.3.1 Verteilung der Aktivwerte im Team ... 193
7.1.3.2 Verteilung der Passivwerte im Team ... 197

7.1.4 Resümee ... 200

7.2 Fallstudie Festo Lernzentrum Saar GmbH ... 203

7.2.1 Ermittlung der zentralen Einflussfaktoren im gewählten Themenfeld ... 203

7.2.2 Eruieren der Kausalstrukturen durch die Teammitglieder ... 206

7.2.3 Visualisierung und Reflexion ... 212
7.2.3.1 Verteilung der Aktivwerte im Team (1. Erhebung) ... 213
7.2.3.2 Verteilung der Passivwerte im Team (1. Erhebung) ... 214
7.2.3.3 Variablen mit heterogenen Beurteilungen (1. Erhebung) ... 215
7.2.3.4 Variablen mit homogenen Beurteilungen (1. Erhebung) ... 217

7.2.4 Veränderung des Wirkungsgefüges – 2. Erhebung ... 220
7.2.4.1 Verteilung der Aktivwerte im Team (2. Erhebung) ... 224
7.2.4.2 Verteilung der Passivwerte im Team (2. Erhebung) ... 225
7.2.4.3 Variablen mit heterogener Einschätzung im Team (2. Erhebung) ... 225
7.2.4.4 Variablen mit homogenen Beurteilungen (2. Erhebung) ... 228

7.2.5 Die beiden Erhebungen im Vergleich ... 230

7.2.6 Resümee ... 233

8 Zusammenfassung der Ergebnisse der Arbeit und Forschungsimplikationen . 235

Literaturverzeichnis ... 241

Stichwortverzeichnis ... 261

Abbildungsverzeichnis

Abb. 2.1: Komponenten der Strategischen Wettbewerbsfähigkeit 10
Abb. 3.1: Die Wissenstreppe 18
Abb. 3.2: Merkmale zur Charakterisierung von Wissen 21
Abb. 3.3: Aufbau des Abschnitts über die implizite Dimension des Wissens 22
Abb. 3.4: Explizite und Implizite Wissensdimension 24
Abb. 3.5: Zweigliedrigkeit des impliziten Wissens 37
Abb. 3.6: Allgemeine Struktur des impliziten Wissens 38
Abb. 3.7: Vier Aspekte impliziten Wissens 40
Abb. 3.8: Überblick semantischer Aspekt impliziten Wissens 43
Abb. 3.9: Die Triade des impliziten Wissens 44
Abb. 3.10: Bottom-up- und Top-down-Verarbeitung während des Wahrnehmungsprozesses 48
Abb. 4.1: Modelle des Wissens 62
Abb. 4.2: Der Begriff der Wissenstransformation 63
Abb. 4.3: Überblick Wissenstransformation 64
Abb. 4.4: Funktionen der Sprache 67
Abb. 4.5: Bedeutungsmatrix für Sprachspiele 72
Abb. 4.6: Vier Arten der Wissenskonversion 78
Abb. 4.7: Wissensspirale 81
Abb. 4.8: Spirale der organisationalen Wissensschaffung 82
Abb. 4.9: Aspekte der Praxis 95
Abb. 4.10: „Ba" als gemeinsamer Kontext 101
Abb. 4.11: Dimensionen von „care" 106
Abb. 6.1: Überblick über die Intervention in wissensbasierte Interaktion 121
Abb. 6.2: Triviale Maschine 131
Abb. 6.3: Nicht-triviale Maschine 132
Abb. 6.4: Prozess der Aktionsforschung 150
Abb. 6.5: Eine Kausalkarte 157
Abb. 6.6: Intervention in wissensbasierte Interaktion 160
Abb. 6.7: Ablauf der Interaktionsanalyse 161
Abb. 6.8: Matrix zur Ermittlung der Kausalzusammenhänge 168

Abb. 6.9:	Beispiel für eine Matrix eines Orchestermitglieds	169
Abb. 6.10:	Kausalbeziehungen innerhalb eines Variablen-Sets	171
Abb. 6.11:	Ein Etiograph	172
Abb. 6.12:	Positionierung der Variablen nach Aktiv- und Passivwert	173
Abb. 6.13:	Darstellung in einer 4-Felder-Matrix	174
Abb. 6.14:	Ursachen und Ziele in der 4-Felder-Matrix	175
Abb. 7.1:	Clusterbildung auf der Metaplanwand	181
Abb. 7.2:	Fragebogen zur Ermittlung der Kausalstrukturen	187
Abb. 7.3:	Einschätzung des Teams im Durchschnitt	189
Abb. 7.4:	Standardabweichungen zur Einschätzung des Teams im Durchschnitt	190
Abb. 7.5:	Positionierung der Variablen	191
Abb. 7.6:	Spannweiten der Aktivwerte im Team (sortiert nach Rängen)	193
Abb. 7.7:	Streuung der Aktivwerte der einzelnen Teilnehmer um den Durchschnitt	193
Abb. 7.8:	Darstellung der Standardabweichungen der Aktivwerte	194
Abb. 7.9:	Variable mit homogenen Aktivwerten im Team	195
Abb. 7.10:	Variable mit heterogenen Aktivwerten im Team	196
Abb. 7.11:	Spannweiten der Passivwerte im Team (sortiert nach Rängen)	197
Abb. 7.12:	Streuung der Passivwerte der Teilnehmer um den Durchschnitt	197
Abb. 7.13:	Darstellung der Standardabweichungen der Passivwerte	198
Abb. 7.14:	Variablen mit homogenen Passivwerten im Team	199
Abb. 7.15:	Variablen mit heterogenen Passivwerten im Team	200
Abb. 7.16:	Interviewleitfaden Einzelgespräche	204
Abb. 7.17:	Fragebogen zur Ermittlung der Kausalstrukturen	207
Abb. 7.18:	Einschätzung des Teams im Durchschnitt (1. Erhebung)	209
Abb. 7.19:	Standardabweichungen zur Einschätzung des Teams im Durchschnitt (1. Erhebung)	210
Abb. 7.20:	Positionierung der Variablen (1. Erhebung)	211
Abb. 7.21:	Streuung der Aktivwerte der einzelnen Teilnehmer um den Durchschnitt (1. Erhebung)	213
Abb. 7.22:	Darstellung der Standardabweichungen der Aktivwerte (1. Erhebung)	213
Abb. 7.23:	Streuung der Passivwerte der einzelnen Teilnehmer um den Durchschnitt (1. Erhebung)	214
Abb. 7.24:	Darstellung der Standardabweichungen der Passivwerte (1. Erhebung)	214

Abb. 7.25: Variable mit heterogenen Aktivwerten innerhalb des Teams
(1. Erhebung) 215

Abb. 7.26: Variable mit heterogenen Passivwerten im Team 217

Abb. 7.27: Variable mit homogenen Aktivwerten im Team (1. Erhebung) 218

Abb. 7.28: Variable mit homogenen Passivwerten im Team (1. Erhebung) 218

Abb. 7.29: Einschätzung des Teams im Durchschnitt (2. Erhebung) 221

Abb. 7.30: Standardabweichungen zur Einschätzung des Teams im Durchschnitt
(1. Erhebung) 222

Abb. 7.31: Positionierung der Variablen (2. Erhebung) 223

Abb. 7.32: Streuung der Aktivwerte der einzelnen Teilnehmer um den
Durchschnitt (2. Erhebung) 224

Abb. 7.33: Darstellung der Standardabweichungen der Aktivwerte (2. Erhebung) .. 224

Abb. 7.34: Streuung der Passivwerte der einzelnen Teilnehmer um den
Durchschnitt (2. Erhebung) 225

Abb. 7.35: Darstellung der Standardabweichungen der Passivwerte (2. Erhebung) . 225

Abb. 7.36: Variable mit heterogener Einschätzung innerhalb des Teams
(2. Erhebung) 226

Abb. 7.37: Variable mit heterogenen Werten im Team (2. Erhebung) 227

Abb. 7.38: Variable mit heterogener Einschätzung innerhalb des Teams
(2. Erhebung) 228

Abb. 7.39: Variable mit homogener Einschätzung innerhalb des Teams
(2. Erhebung) 229

Abb. 7.40: Variable mit homogener Einschätzung innerhalb des Teams
(2. Erhebung) 229

Abb. 7.41: Vergleich der Aktivwerte zu den beiden Erhebungszeitpunkten 230

Abb. 7.42: Vergleich der Passivwerte zu den beiden Erhebungszeitpunkten 231

Abb. 7.43: Veränderung ausgewählter Variablen zwischen den beiden
Erhebungszeitpunkten 232

Tabellenverzeichnis

Tab. 2.1: Bestimmung von Kernkompetenzen 10
Tab. 2.2: Tangible und intangible Ressourcen 11
Tab. 2.3: Gegenüberstellung Ressourcenorientierter versus Wissensorientierter Ansatz 14
Tab. 3.1: Kognitive und technische Dimension impliziten Wissens 29
Tab. 3.2: Embodied-tacit knowledge und self-transcending knowledge 31
Tab. 4.1: Auswirkungen von „care" auf die Wissensbasis 109
Tab. 5.1: Implikationen für die Organisation von Wissen 120
Tab. 6.1: Anforderungen eines positivistischen Forschungszugangs 124
Tab. 6.2: Positivistische versus konstruktivistische Forschungsimplikationen 136
Tab. 6.3: Merkmale qualitativer Forschung 138
Tab. 6.4: Gegenüberstellung quantitative versus qualitative Sozialforschung 144
Tab. 6.5: Ein Set an Variablen 166
Tab. 7.1: Variablen-Set der ersten Studie 182
Tab. 7.2: Variablen-Set der zweiten Studie 205
Tab. 7.3: Einschätzungen im Team zu den beiden Erhebungszeitpunkten 232

1 Einführung

1.1 Problemstellung und Forschungsfragen

Die Errungenschaften der Informations- und Kommunikationstechnologie ebneten den Weg für die Wissensgesellschaft und üben einen maßgeblichen Einfluss auf die Unternehmensumwelt aus. Die Technik bietet die Möglichkeit, Grenzen in Bezug auf Raum, Zeit und Geschwindigkeit zu überwinden. Eine immer größer werdende Menge von Daten und Informationen kann in immer kürzen Zeitabständen verarbeitet werden. Die menschliche Informationsverarbeitungskapazität ist beschränkt. Es gilt aus der Flut an Informationen, die tagtäglich auf ein Unternehmen hereinstürzt, das Relevante herauszufiltern, dieses zu verarbeiten, in die Produkte und Leistungen einfließen zu lassen und neues Wissen zu kreieren.[1]

Wissen stellt eine Quelle von Wettbewerbvorteilen für Unternehmen dar, insbesondere aus ressourcenorientierter Perspektive, die sich in der Diskussion der strategischen Unternehmensführung etabliert hat. Innerhalb des ressourcenorientierten Ansatzes ist die Performance eines Unternehmens nicht primär abhängig vom Marktverhalten und der Marktstruktur, sondern von den unternehmenseigenen, besonderen Leistungspotenzialen.[2]

Im Vordergrund stehen daher Aufbau und Kultivierung der Ressourcen einer Organisation. Dabei nimmt die Ressource Wissen eine Sonderstellung ein und bildet die Grundlage für eine *wissensorientierte Perspektive*[3]. Demzufolge vermögen Unternehmen durch einzigartige Fähigkeiten und Fertigkeiten Wettbewerbsvorteile gegenüber den Mitbewerbern zu generieren[4]. Unternehmensindividuelle Kompetenzen basieren auf Wissen, das in der Organisation zirkuliert. Aufgabe der Organisation ist es, Rahmenbedingungen zu schaffen, die einen optimalen Wissensfluss innerhalb des Unternehmens ermöglichen und fördern.

Im Umgang mit der Ressource Wissen sind dessen spezifische Charakteristika zu berücksichtigen. Wissen umfasst zwei komplementäre Dimensionen, einen expliziten und einen impliziten Anteil. Explizites Wissen ist formalisier- und artikulierbar, stellt

---

[1] vgl. Picot, Reichwald und Wigand (1996), S. 118f
[2] vgl. etwa Grant (1996), S. 110; Wernerfelt (1984); Prahalad und Hamel (1990)
[3] vgl. Grant (1996), S. 110; Grant (1997); Tsoukas (1996), S. 21f, S. 21f
[4] vgl. etwa Barney (1991), S. 99f; Freiling (1998); Hinterhuber (1996), S. 79ff

jedoch nur die Spitze des Eisberges des gesamten Wissensvolumens dar. Implizites Wissen wird oftmals über persönliche Erfahrungen erlangt, ist häufig unbewusst und stellt das Fundament, die Wissensbasis dar.[1] Durch die Interaktion zwischen implizitem und explizitem Wissen mehrer Individuen bzw. Gruppen von Personen entsteht neues Wissen[2]. Eine weitere Unterscheidung ist jene in individuelles und kollektives Wissen. Wettbewerbsvorteile entstehen durch die Organisation des kollektiven Wissens. Kollektives Wissen ist eine Mischung aus explizitem und verborgenem Wissen, es ist in ein Netz von Beziehungen so eingebettet, dass man es nicht in Einzelteile zerlegen und als solche imitieren oder erwerben kann[3]. Die Übermittlung von Wissen im Unternehmen wird durch diese Kontextgebundenheit erschwert. Diesem Umstand wird in der Literatur nicht ausreichend Rechnung getragen. Die erste zentrale Forschungsfrage lautet daher:

„Wie kann Wissen vor allem dessen implizite Dimension innerhalb der Organisation transformiert, i.e. ausgetauscht und weiterentwickelt werden?"

Wissen wird hier nicht als objektiv gegebener Inputfaktor verstanden, sondern wird in den Prozessen der Interaktion konstruiert[4]. Wissen entsteht durch das Zusammenspiel zwischen den beteiligten Personen. Dieses Zusammenspiel ist abhängig vom zugrunde liegenden Kommunikationsprozess, wie sich die Individuen untereinander verständigen und ihre Ideen erklären können, wie sie Informationen selektieren und interpretieren. Bereits vorhandenes Wissen wird in den Prozessen der Interaktion zwischen den Organisationsmitgliedern ausgetauscht und weiterentwickelt, sodass Wissen transformiert wird und neues Wissen entsteht[5]. Es besteht allerdings Unklarheit über den Ablauf der zugrunde liegenden Prozesse. Daraus ergibt sich die zweite Forschungsfrage:

„Welche Faktoren beeinflussen die Prozesse der wissensbasierten Interaktion?"

---

[1] vgl. Polanyi (1985), S. 14
[2] vgl. Nonaka (1992)
[3] vgl. Schneider (1996), S. 18ff
[4] vgl. Schneider (1996), S. 19
[5] vgl. Nonaka und Takeuchi (1995), Schneider (1996), Berger und Luckmann (1999)

In den Interaktionsprozessen handeln die Individuen gemäß ihrer kognitiven Konstrukte[1] oder mentalen Modelle[2]. Diese Denk- und Verhaltensmuster, die Selektion und Interpretation von Informationen beeinflussen und handlungsleitend wirken, sind zumeist unbewusst[3] und dennoch von entscheidendem Einfluss auf die Wissenstransformation. Faktoren, die menschliches Verhalten beeinflussen, rücken dabei ins Zentrum des Interesses. Entscheidend für die Transformation von implizitem Wissen sind Intuition, Fingerspitzengefühl und emotionale Befähigung – typisch menschliche Eigenschaften bei denen die technischen Errungenschaften an ihre Grenzen stoßen. Diese Prozesse finden in der Literatur zur Wissensorganisation jedoch kaum Berücksichtigung. Die dritte zentrale Forschungsfrage heißt daher:

„Wie können die Prozesse der wissensbasierten Interaktion beeinflusst werden, um die Entwicklung von selbst-evolvierenden Wissensströmen im Unternehmen zu ermöglichen?"

Wissen in Organisationen wird in der vorliegenden Arbeit auf der Grundlage einer konstruktivistischen Definition des Wissensbegriffs bearbeitet. Dies stellt für das Management von Wissen eine neue Herausforderung dar. Es gilt, etwas Unbekanntes, nicht Greifbares zu organisieren, zu steuern und zielgerichtet zu lenken. Dabei steht der wichtigste Einflussfaktor, das Individuum und sein Verhalten bei der Wissenstransformation, im Mittelpunkt des Forschungsinteresses. Die Prozesse der wissensbasierten Interaktion stellen die zentrale Analyseebene dieser Arbeit dar. Im Vordergrund stehen Art und Ablauf der Interaktionsprozesse, die von den mentalen Modellen und kognitiven Konstrukten der handelnden Akteure beeinflusst werden.

Die Ziele dieser Arbeit bestehen zusammenfassend darin:

- Einflussfaktoren der Wissenstransformation zu identifizieren,
- die Thematik Wissen in Organisationen mit dem Forschungsfeld der organisationalen Kognitionen im Rahmen der wissensbasierten Interaktionen zu verknüpfen und
- Impulse für selbst-evolvierende Wissensströme in Organisationen anzuregen.

---

[1] vgl. etwa Lehner (1996), S. 85
[2] vgl. etwa Senge (1996), S. 213ff oder das Konzept der „Dominant Logic" bei Bettis und Prahalad (1995)
[3] vgl. etwa Sparrow (1998)

1.2 Aufbau der Arbeit

Im vorhergehenden Abschnitt wurden die Problemstellung und die daraus abgeleiteten zentralen Forschungsfragen dargestellt. Im nächsten Kapitel wird die ressourcenorientierte Perspektive als Ausgangspunkt dieser Arbeit dargelegt und auf die besondere Rolle der intangiblen Ressourcen hingewiesen. Es wird gezeigt, dass im Zeitalter der Wissensgesellschaft die organisationalen Fähigkeiten, die Kompetenzen und das Know-how der Mitarbeiter zentral für die Wettbewerbsfähigkeit der Unternehmen sind und es wird eine darauf aufbauende wissensorientierte Perspektive der Unternehmung präsentiert. Es wird auf die besonderen Charakteristika von Wissen und die daraus abgeleiteten Anforderungen für Wissen in Organisationen hingewiesen.

In Kapitel drei wird der Wissensbegriff dargestellt. Dabei wird zunächst die implizite Wissensdimension dargelegt und gezeigt, dass Wissen immer aus den beiden komplementären Anteilen des expliziten und impliziten Wissens besteht und wie diese beiden Dimensionen zusammenwirken. Wissen stellt sich als ein Prozess dar, indem bewusst oder unbewusst unterschiedliche Aspekte des Wissens zu einem kohärenten Ganzen integriert werden. Das bedeutet, dass Wissen nicht als statisches Objekt erachtet wird, sondern der dynamische Prozess des Wissens im Vordergrund steht, der immer auf eine konkrete Situation oder Problemstellung bezogen ist. Dies kommt im Abschnitt der Handlungsorientierung des Wissens zum Ausdruck. Wissen ist mit der konkreten Problemstellung der wissenden Personen verknüpft und wird innerhalb des sozialen Gefüges konstruiert.

In Kapitel vier werden die Prozesse der Wissenstransformation, wie Wissen ausgetauscht und weiterentwickelt wird, näher betrachtet. Dabei zeigt sich, dass die Prozesse der Interaktion der beteiligten Personen von zentraler Bedeutung für die Wissenstransformation sind. Die *wissensbasierte Interaktion* stellt den Mittelpunkt der Wissensprozesse dar. Es wird daher in einem Abschnitt die Interaktion thematisiert und auf den Einfluss der kognitiven Strukturen der beteiligten Personen hingewiesen. Dabei spielt auch die Sprache eine wesentliche Rolle, wie im Anschluss daran gezeigt wird. Schließlich wird mit der Darstellung der organisationalen Wissensbasis das Fundament der wissensbasierten Interaktion beleuchtet.

In Kapitel fünf werden auf der Grundlage der letzten beiden Kapitel sieben Thesen formuliert und darauf aufbauend Implikationen für die Organisation von Wissen in Unternehmen abgeleitet. Es werden die kritischen Faktoren, die es auf dem Weg zu selbst-evolvierenden Wissensströmen zu berücksichtigen gilt, zusammengefasst.

In Kapitel sechs wird die empirische Analyse der Intervention in wissensbasierte Interaktion beschrieben. Dazu wird in einem Abschnitt der Forschungszugang, die methodologische Grundlage für die Analyse, dargestellt. Es werden die konstruktivistische Annäherung und die qualitative Forschungstradition skizziert und die Forschungskonzeption der Aktionsforschung dargestellt. Im nächsten Schritt wird die Forschungsmethodik ausgeführt. Dabei wird zunächst die Methode des Cognitive Mapping thematisiert, bevor die Konzeption der Interaktionanalyse vorgestellt wird. Im Anschluss daran werden die Ergebnisse zweier exemplarischer Fallstudien der wissensbasierten Interaktion präsentiert. Abschließend werden die Ergebnisse der Arbeit zusammengefasst und Implikationen für Theorie und Praxis abgeleitet.

2 Ressourcenorientierte Perspektive

2.1 Grundlagen des Ressourcenorientierten Ansatzes

In der Managementdebatte hat sich der Ressourcenorientierte Ansatz oder die *Ressource-based View* etabliert. Dieser Ansatz baut auf die Arbeiten von Penrose[1] und ihrem 1959 veröffentlichten Buch „*The Theory of the Growth of the Firm*" auf, in dem Unternehmen als Ansammlung von Ressourcen skizziert werden. Diese Überlegungen wurde Mitte der 80er-Jahre in den Arbeiten von Wernerfelt[2] auf den Bereich der strategischen Unternehmensführung übertragen. Im Mittelpunkt der Betrachtung von Firmen steht nicht länger die Produktionsfunktion des neoklassischen Modells oder die Produkt-Marktpositionen des industrieökonomischen Ansatzes, sondern das Bündel von Ressourcen.[3]

Der Ressourcenbegriff wird dabei relativ weit ausgelegt, etwa:

- „anything which could be thought of as a strength or weakness of a given firm"[4]
- "stocks of available factors that are owned or controlled by the firm"[5]
- "assets that are available and useful in detecting and responding to market opportunities and threats"[6]
- "firm-specific assets that are difficult if not impossible to imitate"[7]

In Zusammenhang mit dem Ressourcenorientierten Ansatz wird dann von Ressourcen gesprochen,

> „wenn (in Märkten beschaffbare) Inputgüter durch Veredelungsprozesse zu unternehmungseigenen Merkmalen für Wettbewerbsfähigkeit

---

[1] vgl. Penrose (1959)
[2] vgl. Wernerfelt (1984)
[3] vgl. Müller-Stewens und Lechner (2001), S. 276
[4] Wernerfelt (1984), S. 172
[5] Amit und Schoemaker (1993), S. 35
[6] Sanchez, Heene und Thomas (1996), S. 8
[7] Teece, Pisano und Shuen (1997), S. 516

weiterentwickelt worden sind und die Möglichkeit besteht, Rivalen von der Nutzung dieser Ressourcen in nachhaltiger Weise auszuschließen. Die Veredelungsprozesse beruhen auf der an gegenwärtigen und zukünftigen Marktanforderungen ausgerichteten Weiterentwicklung der Basis verfügbarer Inputgüter einer Unternehmung sowie auf der Ingangsetzung von Isolationsmechanismen."[1]

Die zentrale Aussage des ressourcenorientieren Ansatzes ist, dass Unterschiede des Erfolges von Firmen auf unterschiedliche Ressourcen zurückzuführen sind[2]. Der Unternehmenserfolg ist nicht so sehr von der Branchenattraktivität, der Branchenstruktur und der Marktpositionierung abhängig[3], sondern es ist vielmehr die Verfügbarkeit von kritischen Ressourcen des Unternehmens ausschlaggebend[4]. Denn Ressourcen zeichnen sich durch Heterogenität aus und Ressourcenmärkte sind unvollkommen. Unternehmen können sich daher in Bezug auf die Ressourcenausstattung unterscheiden. Dies stellt eine Quelle ökonomischer Renten dar, d.h. Erträge, die die Opportunitätskosten des Einsatzes der Ressourcen in einer Branche übersteigen, ohne dass dadurch neue Wettbewerber angezogen werden. Diese Renten basieren auf herausragenden Inputfaktoren, die nur in begrenztem Ausmaß vorhanden sind.[5]

Der Kern der Betrachtung liegt auf den im Unternehmen vorhandenen Fähigkeiten und wie diese in den Marktprozessen umgesetzt werden können.[6] Eine Weiterführung erfährt der ressourcenorientierte Ansatz in der *Capability-based View* oder dem fähigkeitenorientierten Ansatz. Hier wird betont, dass eine Rente erst durch den koordinierten Einsatz der Ressourcen im Unternehmen, d.h. deren Fähigkeiten, erzielt werden kann. Im Mittelpunkt stehen dabei also nicht die Ressourcen, sondern die Fähigkeiten eines Unternehmens.

---

[1] Freiling (2002), S. 17
[2] vgl. Penrose (1959); Wernerfelt (1984); siehe auch Rugman und Verbeke (2002), S. 769, die auf eine missverständliche Interpretation der Arbeit Penrose hinweisen, die sich mit Ressourcen als Grundlage optimalen Unternehmenswachstums auseinandersetzte und nicht, wie in der modernen Resource-based View die Wertsteigerung der Unternehmen im Vordergrund stand;
[3] vgl. Market-based View bei Porter (1980); Porter (1985)
[4] vgl. etwa Wernerfelt (1984); Prahalad und Hamel (1990)
[5] vgl. Müller-Stewens und Lechner (2001), S. 277ff
[6] vgl. Barney (1991), S. 99f; vgl. etwa auch Hammann und Freiling (2000), S. 4; Freiling (1998)

„*Capabilities*, in contrast, refer to a firm's capacity to deploy *Resources*, usually in combination, using organizational processes, to effect a desired end."[1]

Die Fähigkeiten beinhalten hier also auch die Unternehmensprozesse, die Koordination und das Zusammenspiel der Personen in Organisationen. Durch die Konzentration auf die Prozesse des Aufbaus und der Entwicklung von Fähigkeiten in der Organisation stellt die Capability-based View eine Dynamisierung des ressourcenorientierten Ansatzes dar. Wenngleich hier anzumerken ist, dass die Trennlinie zwischen Ressourcen und Fähigkeiten unscharf ist. Einerseits werden auf der Grundlage der Fähigkeiten die Ressourcen in den Organisationsprozessen verarbeitet und andererseits stellen Fähigkeiten auch wiederum eine Ressource dar. Der Fähigkeitsbegriff ist in der Literatur nicht klar definiert.[2]

In Zusammenhang mit den Fähigkeiten und deren strategische Bedeutung für das Unternehmen ist innerhalb des ressourcenorientierten Ansatzes der Begriff der Kernkompetenz von zentraler Bedeutung[3], der folgendermaßen definiert wird:

„Kernkompetenzen sind integrierte und durch organisationale Lernprozesse koordinierte Gesamtheiten von Technologien, Know-how, Prozessen und Einstellungen,

- die für den Kunden erkennbar wertvoll sind,
- gegenüber der Konkurrenz einmalig sind,
- schwer imitierbar sind und
- potenziell den Zugang zu einer Vielzahl von Märkten eröffnen."[4]

Kernkompetenzen als wertvolle, seltene, nicht imitierbare und nicht zu ersetzende Ressourcen[5] bilden die Basis für die Entwicklung nachhaltiger Wettbewerbsvorteile eines Unternehmens. Die Erzielung von Wettbewerbsvorteilen sichert schließlich die Wertsteigerung und somit die Wettbewerbsfähigkeit des Unternehmens (siehe Abbildung 2.1).

---

[1] Amit und Schoemaker (1993), S. 35
[2] vgl. Müller-Stewens und Lechner (2001), S. 279ff
[3] vgl. Freiling (2002), S. 22
[4] Hinterhuber (1996), S. 11; vgl. Prahalad und Hamel (1990); Barney (1991) und Stalk, Evans und Shulman (1992)
[5] vgl. Barney (1991), S. 112

```
Ressourcen → Fähigkeiten → Kern-kompetenzen → Wettbewerbs-vorteile → Strategische Wettbewerbs-fähigkeit
```

Abb. 2.1: Komponenten der Strategischen Wettbewerbsfähigkeit

Die Herausforderung für die strategische Unternehmensführung liegt daher darin, Kernkompetenzen zu identifizieren und weiterzuentwickeln. Dazu ist es notwendig, die Anforderungen des Marktes mit den vorhandenen Ressourcen zu vergleichen. Tabelle 2.1 zeigt beispielhaft einen Weg, wie von den vorhandenen Ressourcen eines Unternehmens auf die Kernkompetenzen geschlossen werden kann.

Ist die Ressource wertvoll?	Ist die Ressource selten?	Ist die Ressource schwierig zu imitieren?	Ist die Ressource un-substituier-bar?	Folge für den Wettbewerb	Auswirkungen auf den Erfolg
Nein	Nein	Nein	Nein	Wettbewerbsnachteil	Unterdurchschnittliche Rendite
Ja	Nein	Nein	Ja/Nein	Kopf-an-Kopf-Rennen	Durchschnittliche Rendite
Ja	Ja	Nein	Ja/Nein	Zeitweiser Vorteil	Überdurchschnittliche/ durchschnittliche Rendite
Ja	Ja	Ja	Ja	Kernkompetenz – dauerhafter Wettbewerbsvorteil	Überdurchschnittliche Rendite

Tab. 2.1: Bestimmung von Kernkompetenzen[1]

Die Ressourcen bilden also die Grundlage für die Entwicklung von Fähigkeiten und Kernkompetenzen und stellen die Basis für die strategische Wettbewerbsfähigkeit von Unternehmen dar. Dabei sind insbesondere im Hinblick auf Kriterien der Seltenheit, Imitierbarkeit und Substituierbarkeit zwei unterschiedliche Arten von Ressourcen zu unterscheiden, tangible und intangible Ressourcen (siehe Tabelle 2.2).

---

[1] Quelle: Hitt, Ireland und Hoskisson (2001), S. 120; vgl. Matzler, Stahl und Hinterhuber (2002b)

Tangible Ressourcen	
Physische Ressourcen	Gebäude Grundstücke Maschinen Rohstoffe ...
Finanzielle Ressourcen	Eigenkapital Fremdkapital ...
Technologische Ressourcen	Patente Copyrights Hardware, Software Marken ...

Intangible Ressourcen	
Humanressourcen	Wissen Vertrauen Ausbildung der Mitarbeiter Unternehmerische Fähigkeiten Ideen Innovationspotenzial ...
Strukturelle Ressourcen	Aufbau- und Ablauforganisation Managementsysteme Organisationale Routinen ...
Kulturelle Ressourcen	Unternehmenskultur Kooperationsverhalten Reputation der Firma (bei Kunden Lieferanten, etc.) ...

Tab. 2.2: Tangible und intangible Ressourcen[1]

In einem Zeitalter, in dem der Wettbewerb zunehmend auf wissensintensive Produkte und Leistungen ausgerichtet ist, kommt den intangiblen Ressourcen, dem Know-how und dem Wissen der Mitarbeiter eine zentrale Rolle zu. Dazu hat sich sogar eine wissensorientierte Perspektive der Organisation etabliert, die nachfolgend dargestellt wird.

---

[1] vgl. Grant (1991), S. 101; Barney (1991), S. 101ff; Hall (1992); Müller-Stewens und Lechner (2001), S. 157

2.2 Wissensorientierte Perspektive

„In classical economics, the sources of wealth are land, labor, and capital ... Now, another engine of wealth is at work. It takes many forms: technology, innovation, science, know-how, creativity, information. In a word, it is knowledge."[1]

In der Wissensgesellschaft beruht der überwiegende Teil der wirtschaftlichen Aktivitäten auf Wissen. Intellektuelles Kapital gewinnt an Bedeutung. Die Wissensökonomie spricht hier eine klare Sprache und fordert die Schaffung von veredelten Wissensressourcen, die in Form von Kompetenzen und Wertschöpfungsaktivitäten am Markt kapitalisierbar sind[2]. Die Wissensproduktion findet auf dem freien Markt statt und löst sich von den traditionellen Infrastrukturen der Nationalsysteme. Es entstehen neue Arten von Produktionssystemen, die heterogen, netzwerkorientiert und dynamisch sind. Unternehmen sehen sich vor die Herausforderung gestellt, auf der Grundlage von Wissen einzigartige Fähigkeiten und Kompetenzen aufzubauen und weiterzuentwickeln, um so am Markt zu reüssieren.

Dieser Trend zeigt sich auch in einer Delphi-Studie[3] bei Universitätsprofessoren im Bereich des Managements über die wichtigsten Themen im Bereich der Strategischen Unternehmensführung der nächsten drei Jahre, die für den deutschen Sprachraum durchgeführt wurde. Das Thema Wissen nimmt hier eine dominierende Stellung ein; oder wie Drucker es formuliert:

„Künftig wird der Schwerpunkt der Managementtätigkeit darin liegen, Wissensressourcen fruchtbar zu machen."[4]

Die ressourcenorientierte Perspektive wird hier mit dem Fokus auf Wissen als strategisch wertvollste Ressource erweitert und eine wissensorientierte Perspektive etabliert[5]. Folgende Annahmen liegen einer wissensorientierten Perspektive zugrunde[6]:

---

[1] Badaracco (1991), S. 1
[2] Rasche (2002), S. 135f
[3] vgl. Matzler, Hinterhuber, Friedrich und Stahl (2002a)
[4] Drucker (1998), S. 11
[5] vgl. Grant (1996); siehe dazu auch Erweiterungsmöglichkeiten der Resource-based view bei Friedrich, Matzler und Stahl (2002)
[6] vgl. Grant (1997), S. 451

- Wissen ist in Bezug auf den Beitrag zur Wertsteigerung und hinsichtlich der strategischen Bedeutung die wichtigste Ressource.
- Wissen kann nicht problemlos transferiert werden (explizites versus implizites Wissen).
- Die Individuen sind die Grundbausteine der Wissensprozesse.
- Wissen wird durch seine Nutzung nicht verbraucht.

Die Ressource Wissen wird im ressourcenorientierten Ansatz als intangibles Vermögen erachtet und stellt gleichberechtigt neben den anderen Ressourcen eine Quelle von Wettbewerbsvorteilen dar. Im Gegensatz dazu ist Wissen im wissensorientierten Ansatz oder der *Knowledge-based View* ein entscheidender Faktor für Unternehmen. Organisationen werden hier nicht als Bündel von Ressourcen oder Fähigkeiten erachtet, sondern als soziale Organisationen, innerhalb derer Personen auf der Grundlage ihrer Werte und Einstellungen sowie gemeinsam geteilter Auffassungen und Denkmuster interagieren. Dabei ist die zugrunde liegende Definition von Wissen entscheidend. Es gibt hier unterschiedliche epistemologische Zugänge, die ausführlich in Kapitel drei der vorliegenden Arbeit, der Wissensbegriff, dargestellt werden.

Im Hinblick auf die Generierung von strategischen Wettbewerbsvorteilen werden in der wissensorientierten Perspektive zwei Möglichkeiten unterschieden[1].

(1) In der Weiterentwicklung des ressourcenorientieren Ansatzes wird Wissen als die wichtigste aller Ressourcen erachtet.

(2) In einer dynamischeren Sichtweise steht die Generierung, Nutzung und Weiterentwicklung von Wissen als Grundlage für das Verhalten in Organisationen im Vordergrund und bildet somit die Basis für Wettbewerbsvorteile eines Unternehmens.

Ein Verdienst der wissensorientierten Sichtweise von Unternehmen liegt also in der Sensibilisierung für epistemologische Fragestellungen innerhalb des strategischen Managements und in der Betonung von Wissen als entscheidende Ressource bzw. als wichtiges Element einer Fähigkeit. Dies trägt dazu bei, den Fokus von Organisationen klar auszurichten und die Kräfte auf die entscheidenden Stellen zu konzentrieren. Ein kritischer Punkt der Wissensorientierung wird darin gesehen, dass das Phänomen

---

[1] vgl. Müller-Stewens und Lechner (2001), S. 282

Wissen allgegenwärtig ist und die Gefahr alles als wissensrelevant zu bezeichnen gegeben ist.[1]

Die Gegenüberstellung von Ressource-based View und Knowledge-based View in Tabelle 2.3 fasst die wichtigsten Elemente der beiden Sichtweisen zusammen.

	Ressourcenorientierter Ansatz	Wissensorientierter Ansatz
Intellektuelle Wurzeln	Penrose, Selznick, Andrews, Wernerfelt, Barney	Nonaka, Grant, Spender, Liebeskind, v. Krogh
Sichtweise der Firma	Firmen sind einzigartige Ansammlungen von Ressourcen	Firmen sind soziale Entitäten von Wissen
Analyseeinheit	Ressource	Wissen
Ursache für Wettbewerbsvorteile	Wertvolle, seltene, nicht-imitierbare und nicht-substituierbare Ressourcen	Firmenspezifisches Wissen und der Umgang damit
Mechanismus der Rentengenerierung	Glück und „voraussehende" Wahl unterbewerteter Ressourcen	Generierung, Transfer und Nutzung von Wissen
Zeitpunkt der Rentengenerierung	Statisch: vor der Akquisition einer Ressource	Prozessual: während der Entwicklung des Wissens
Epistemologische Basis	Objektivismus	Subjektivismus & Objektivismus

Tab. 2.3: Gegenüberstellung Ressourcenorientierter versus Wissensorientierter Ansatz[2]

Die wissensorientierte Perspektive der Unternehmung sieht Wissen als die wichtigste Ressource an und betont, dass ein Großteil des Wissens innerhalb der beteiligten Personen entwickelt und gespeichert wird, d.h. die Mitarbeiter hier die wichtigsten Stakeholder darstellen.

---

[1] vgl. Müller-Stewens und Lechner (2001), S. 283
[2] Quelle: in Anlehnung an Müller-Stewens und Lechner (2001), S. 284; vgl. Andrews (1971); Barney (1991); Grant (1996); Krogh, Roos und Slocum (1994); Liebeskind (1996); Nonaka und Takeuchi (1995); Penrose (1959); Selznick (1957); Spender (1996a); Wernerfelt (1984)

Es gilt, Rahmenbedingungen zu schaffen, die die Aktivitäten der kooperierenden Individuen aufeinander abstimmen und ihr Wissen in eine produktive Tätigkeit integrieren. Die Auswirkungen einer wissensorientierten Perspektive auf die Organisation können in folgenden Punkten skizziert werden[1]:

- *Architektur des organisationalen Wissens*: Es ist zu eruieren, wo die Kernkompetenzen einer Organisation liegen und demzufolge die meisten Wissensressourcen vonnöten sind. Durch die Analyse der Mechanismen und Prozesse, in denen Wissen transformiert wird, soll erkannt werden, welche Organisationssysteme und Koordinationsmechanismen für die jeweilige Aufgabenstellung eines Unternehmensbereiches und das damit verbundene Wissen erforderlich sind.

- *Vertikale Integration*: Märkte erweisen sich ineffizient in Bezug auf den Transfer von Wissen mit der Ausnahme von Wissen, das in den Produkten bereits enthalten ist. Es ist hier eine Entscheidung über das Ausmaß der vertikalen Integration zu treffen, inwieweit Produkte und somit Wissen zugekauft werden können. Dies wirkt sich auf die Festlegung der Grenzen der Organisation aus bzw. auf die Überlegungen über strategische Allianzen.

- *Aufbau- und Ablaufstruktur einer Organisation*: Die wissensorientierte Perspektive wirkt sich auf Fragen der Verteilung von Entscheidungsmacht, Hierarchie und auf die Gestaltung der Organisationsstrukturen einer Organisation aus. Der Austausch von impliziten Wissen stellt hier eine Herausforderung dar, der mit Entwicklungen wie etwa der Förderung von team-orientieren Strukturen begegnet wird.

Wissen ist für viele Bereiche einer Organisation von Bedeutung und daher auch zentraler Bestandteil unterschiedlicher Forschungsgebiete wie das des Organisationalen Lernens, des Technologie- und Innovationsmanagements und der Kognitionen in Organisationen. Zusätzlich zur ressourcenorientierten Perspektive ist

---

[1] vgl. Grant (1997), S. 452ff

die Verhaltenswissenschaftliche Sichtweise[1] von Organisationen und der evolutionäre Ansatz[2] für die Thematik von Wissen in Organisationen von Bedeutung.

Dabei zeichnet sich in der gegenwärtigen Debatte um Wissen in Organisationen ein Paradigmenwechsel ab, weg von positivistischen Erkenntnismodellen, in denen Wissen als Gut betrachtet wurde, das extern steuerbar ist; stattdessen findet eine Hinwendung zu einem dynamischen Modell des Wissens statt, indem Organisationen als selbst-referentielle Systeme gelten, die nur zum Teil beeinflussbar sind[3].

Der Paradigmenwechsel erfasst auch die Debatte um den Bereich des Wissens-Managements, das sich dem neuen Paradigma folgend als ein *Oxymoron*[4] erweist. Die technische Beherrschbarkeit von Wissen ist begrenzt. Wissen und Wissensaustausch wird als ein lebendiger, fließender Prozess erachtet, der zwar beeinflusst aber nicht vollständig kontrolliert und gesteuert werden kann. Wissen wird häufig in Zusammenhang mit der Metapher des Wassers verknüpft. Es wird von Wissensfluss gesprochen, Wissen kanalisieren, Informationsüberflutung, Know-how Abfluss etc.[5]

Wissen wird dabei nicht als unverrückbare objektive Richtigkeit oder Wahrheit betrachtet, Wissen liefert stattdessen interpretierte Beobachtungen. Es wird im Moment des Entstehens konstruiert. Das Individuum spielt hier eine entscheidende Rolle und verleiht den Prozessen eine persönliche Note. In gleichem Maße agiert auch eine Organisation individuell und weist eine spezifische Eigenart auf, wie es sich in den Wissensprozessen verhält.[6] Das Zusammenwirken der Organisationsmitglieder ist dabei wichtig. Wissen wird sozial konstruiert und entsteht in der Interaktion zwischen den beteiligten Personen. Die wissensbasierte Interaktion ist für die Organisation von Wissen in Unternehmen von zentraler Bedeutung. Die Ressource Wissen erfordert, sich mit den damit verbundenen Prozessen und Abläufen in den Organisationen auseinander zu setzen.

---

[1] vgl. etwa Cyert und March (1963); March und Simon (1958)
[2] vgl. etwa Nelson und Winter (1982)
[3] vgl. Spender (1996b), S. 75
[4] Wissen und Management als zwei Begriffe, die sich einander widersprechen
[5] vgl. Kriwet (1997), S. 185f
[6] vgl. Willke (1996), S. 264

3 Der Wissensbegriff

Der Begriff Wissen ist vielschichtig und wird oft undifferenziert verwendet. Festzustellen ist häufig eine missverständliche Interpretation des Wissenskonzepts. Will man aber die Prozesse des Wissensaustausches in Organisationen unterstützen, ist es notwendig, sich ein klares Bild von Wissen im Unternehmenskontext zu verschaffen. Das zugrunde liegende Wissenskonzept soll erfasst und entsprechende Berücksichtigung in der Organisation finden. Denn Wissen unterscheidet sich von den traditionellen Produktionsfaktoren durch seine charakteristischen immateriellen Eigenschaften. Eine differenzierte Betrachtung scheint daher notwendig. Nachfolgend wird versucht, Wissen anhand der Merkmale darzustellen, die im Unternehmenskontext entscheidend sind und die Prozesse des Wissensaustausches in Organisationen beeinflussen.

Die in der Literatur zum Wissensmanagement häufig genannte Unterscheidung zwischen Wissen und Information ist hier zentral.[1] Im Unterschied zu Information setzt Wissen Werte und Einstellungen voraus und ist eng mit dem Handeln verknüpft.[2] Eine Abgrenzung dieser Begriffskonzepte ist beispielsweise bei Bell[3] zu finden: Bell beginnt mit dem Begriff der *Daten*, die er als eine geordnete Sequenz von einzelnen Elementen bezeichnet (z.B.: der Namensindex eines Buches). *Informationen* sind Daten, die bezogen auf einen gewissen Kontext zusammengefasst wurden (z.B.: der Themenindex eines Buches). *Wissen* schließlich beinhaltet ein Urteil darüber, wie wichtig einzelne Elemente und Geschehnisse sind, welches von einem bestimmten Kontext und/oder einer Theorie abgeleitet ist (z.B.: wenn der Leser eines Buches einen eigenen auf seinen spezifischen Bedarf angelegten Index erstellt und individuelle Anmerkungen anfügt)[4]. Diese Definition impliziert, dass sich Daten, Information und Wissen auf einem Kontinuum befinden, abhängig vom Grad der Beeinflussung durch ein Individuum und dessen Verarbeitung der Wirklichkeit.[5]

---

[1] vgl. etwa Tsoukas und Vladimirou (2001), S. 976; oder Boisot (1995); Davenport und Prusak (1998b); Nonaka und Takeuchi (1995); bzw. Kogut und Zander (1992); Krogh und Venzin (1995); North (1999); Rehäuser und Krcmar (1996)
[2] Tsoukas und Vladimirou (2001), S. 976
[3] vgl. Bell (1999), S. lxi-lxiv
[4] vgl. dazu die Definition von Wissen als „*justified true belief*" dargestellt etwa bei Bell (1999), S. lxii
[5] vgl. Tsoukas und Vladimirou (2001), S. 976

Eine differenziertere Darstellung dieses Begriffskontinuums wird in der „Wissenstreppe" von North[1] veranschaulicht, siehe Abbildung 3.1.

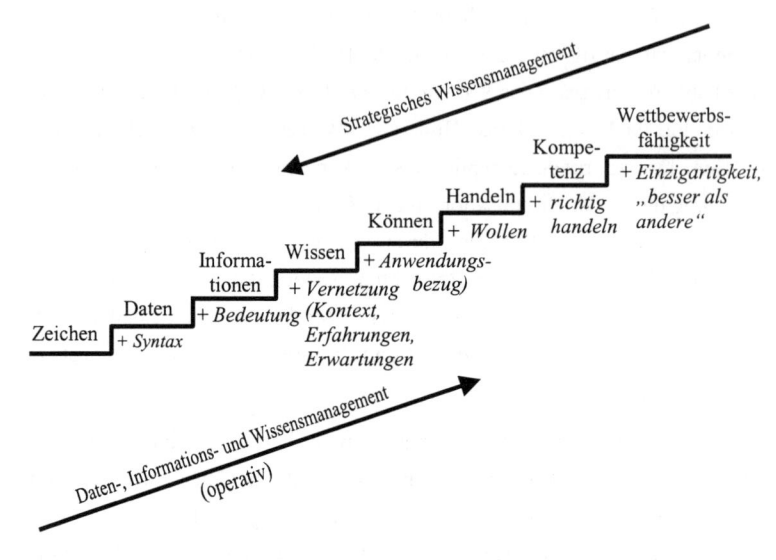

```
                    Strategisches Wissensmanagement
                                                                    Wettbewerbs-
                                                    Kompe-           fähigkeit
                                                    tenz    + Einzigartigkeit,
                                          Handeln  + richtig   „besser als
                                 Können   + Wollen  handeln    andere"
                    Informa-  Wissen  + Anwendungs-
                    tionen    + Vernetzung  bezug)
         Daten      + Bedeutung (Kontext,
Zeichen  + Syntax              Erfahrungen,
                               Erwartungen

              Daten-, Informations- und Wissensmanagement
                           (operativ)
```

Abb. 3.1: Die Wissenstreppe[2]

Zeichen (z.B.: Buchstaben, Ziffern, Sonderzeichen) stellen die erste Stufe der Wissenstreppe dar. Durch Ordnungsregeln (z.B.: Code, Syntax) werden Zeichen zu *Daten* (z.B.: 2, 25 oder 13) und erreichen die nächst höhere Stufe. *Information* entsteht, wenn Daten in Relation zu einem Bezugspunkt gesetzt werden (z.B.: Außentemperatur 13° C). Informationen sind Daten, die in einem Bedeutungskontext stehen. Werden einzelne Informationen verknüpft, entsteht *Wissen*. Aus dieser Sicht ist Wissen die zweckorientierte Verknüpfung von Informationen.[3] Die kontextbezogene Vernetzung erfordert Kenntnisse darüber, in welchem Zusammenhang die Informationen zueinander stehen und wie diese sinnvoll verknüpft werden können, um dem damit verfolgten Zweck zu genügen. North führt das Kontinuum Zeichen, Daten, Information und Wissen dann weiter in Richtung Umsetzung des erworbenen Wissens innerhalb des Unternehmens und deren Prozesse der Leistungserstellung. Es genüge

---

[1] vgl. North (1999), S. 39ff
[2] Quelle: North (1999), S. 41
[3] siehe auch Rehäuser und Krcmar (1996) bzw. zum Informationsbegriff Picot, Reichwald und Wigand (1996)

nicht, Wissen zu erwerben, es müsse auch in Fertigkeiten (*Können*) überführt werden und in die Produkte und Dienstleistungen einfließen. Nur dann ist das Wissen für das Unternehmen wertvoll. Die Umsetzung des Wissens in Können basiert auf der Motivation, dem Antrieb und somit dem Wollen des Mitarbeiters, dies auch zu tun. Nur durch dieses Wollen wird konkretes *Handeln* bewirkt. Die Fähigkeit, Wissen zweckorientiert in Handlungen umzusetzen, stellt für North die nächste Stufe in der Wissenstreppe, die *Kompetenz*, dar. Wettbewerbsrelevante Kompetenzen, die das Unternehmen in die Einzigartigkeit führen, symbolisieren schließlich die Vollendung der Wissenstreppe, die *Wettbewerbsfähigkeit* einer Organisation. Daten-, Informations- und Wissensmanagement auf operativer Ebene soll sicherstellen, dass die Wissenstreppe im Unternehmen Stufe für Stufe nach oben führt. Strategisches Wissensmanagement setzt an der Spitze an und ist bestrebt, die „richtigen" Kompetenzen aufzubauen.

Die Definition von Wissen über das Begriffskontinuum der Zeichen, Daten, Information und Wissen etc. ist einer Sensibilisierung für die Unterscheidung dieser Begriffe dienlich und transportiert klar die Kernaussage, dass Wissen mehr ist als Information. Die Ausführungen dazu etwa bei North oder Rehäuser et al.[1] beschränken sich jedoch auf die Abgrenzung von Wissen zu Information etc. und geben wenig Aufschluss über das Wissenskonzept selbst.

Auf der Suche nach einer umfassenderen Auslegung des Wissensbegriffs wird man bei Probst et al., ein Klassiker im Bereich des Wissensmanagements im deutschen Sprachraum, fündig:

„Wissen bezeichnet die Gesamtheit der Kenntnisse und Fähigkeiten, die Individuen zur Lösung von Problemen einsetzen. Dies umfasst sowohl theoretische Erkenntnisse als auch praktische Alltagsregeln und Handlungsanweisungen. Wissen stützt sich auf Daten und Informationen, ist im Gegensatz zu diesen jedoch immer an Personen gebunden. Es wird von Individuen konstruiert und repräsentiert deren Erwartungen über Ursache-Wirkungs-Zusammenhänge."[2]

Auch diese Definition inkludiert Daten und Information als Komponenten von Wissen. Diese Definition weist jedoch eine Erweiterung des Wissensbegriffs in dreifacher Hinsicht auf:

---

[1] vgl. North (1999), S. 39ff; Rehäuser und Krcmar (1996), S. 6ff
[2] Probst, Raub und Romhardt (1998), S. 44

(1) Handlungsorientierung: Wissen wird bei der Lösung von Problemen angewendet und bezieht sich auf das Handeln von Personen.[1]

(2) Unterscheidung in zwei Dimensionen: Wissen umfasst sowohl theoretisches als auch praktisches Wissen.[2]

(3) Soziale Konstruktion: Wissen wird in den Prozessen der Interaktion zwischen den beteiligten Personen konstruiert.[3]

Diese drei Faktoren weisen auf die drei wesentlichen Merkmale des Wissensbegriffs hin. Die *Handlungsorientierung* bedeutet, dass Wissen immer auf konkretes Tun bezogen ist und somit nicht losgelöst vom Kontext betrachtet werden kann. Wissen wird hier nicht als Objekt verstanden, das durch die Zusammensetzung von Daten und Informationen entsteht, sondern impliziert vielmehr einen Erkenntnisprozess, der sich in Form von konkreten Handlungen zeigt bzw. aus den Handlungen auch wiederum Wissen hervorgeht und somit die Grundlage für das Entdecken neuer Möglichkeiten darstellt. Die Unterscheidung in *zwei Dimensionen* des Wissens als zweites Merkmal betont, dass sich Wissen aus unterschiedlichen Formen zusammensetzt und es neben der expliziten theoretischen auch eine implizite praktische Dimension des Wissens gibt. Das dritte Merkmal, die *soziale Konstruktion* als Grundlage des Wissens zeigt, dass Wissen nicht als etwas objektiv gegebenes verstanden wird, sondern in Prozessen der Interaktion der beteiligten Personen entsteht. Wissen ist abhängig von den beteiligten Individuen und deren Erfahrungen, Werten und Einstellungen, die sie einbringen[4]. Wissen ist von Natur aus subjektiv und gebunden an die Person oder Gruppe von Personen[5].

Im Kontext dieser Arbeit ist es notwendig, den Wissensbegriff differenziert zu betrachten. Es ist zu ergründen, welchen Einfluss die drei oben genannten Merkmale des Wissensbegriffs auf den Umgang mit Wissen in Organisationen haben. Es sollen jene Parameter ermittelt werden, die die Einzigartigkeit von Wissen begründen und die Prozesse des Wissensaustausches maßgeblich beeinflussen. In Anlehnung an die oben darstellten Konzeptionen werden folgende drei Attribute zur Charakterisierung des Wissensbegriffs herangezogen, siehe auch Abbildung 3.2:

---

[1] vgl. auch Nonaka und Takeuchi (1995), S. 58f
[2] vgl. etwa Polanyi (1962); Nonaka (1991)
[3] vgl. etwa Berger und Luckmann (1999); Nonaka (1991); Schneider (1996)
[4] vgl. etwa Davenport und Prusak (1998b), S. 5
[5] vgl. etwa Baumard (1999), S. 19

- die implizite Dimension des Wissens,
- die Handlungsorientierung des Wissens und
- die soziale Konstruktion des Wissens

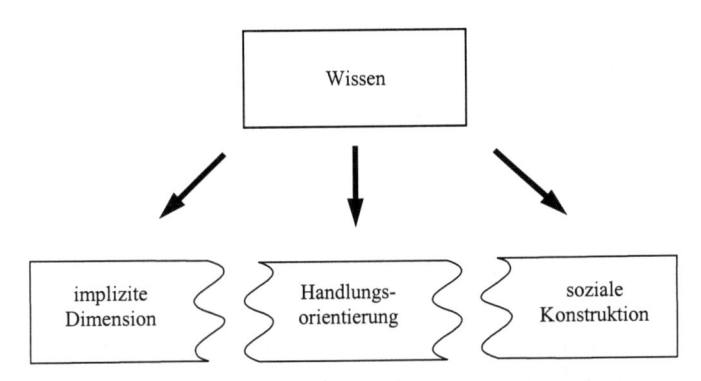

Abb. 3.2: Merkmale zur Charakterisierung von Wissen

3.1 Implizite Dimension des Wissens

Die Differenzierung zwischen der expliziten und impliziten Dimension des Wissens soll hier als erstes Merkmal zur Charakterisierung des Wissensbegriffs thematisiert werden. Die Unterscheidung unterschiedlicher Wissensdimensionen ist elementar für das Verständnis des Wissenskonzepts und somit für den Umgang mit Wissen im Organisationskontext. Denn Wissen beinhaltet neben der im Vordergrund stehenden expliziten Dimension als akademisch-theoretische und formale Ausprägung des Wissens[1] immer auch eine persönliche, häufig im Verborgenen liegende implizite Dimension. Der Abschnitt ist folgendermaßen aufgebaut, siehe Abbildung 3.3:

---

[1] vgl. Wagner und Sternberg (1986), S. 54

```
                                    griechische Philosophie der Antike
                                    kognitiv versus praktisch-technische Seite
              Annäherungen
                                    tacit-embodied versus self-transcending knowledge
                                    terminologisch-semantische Perspektive

    Implizite Dimension                                      funktionaler Aspekt
       des Wissens                                           phänomenaler Aspekt
                                    Struktur nach Polanyi
                                                             semantischer Aspekt
                                                             ontologischer Aspekt
```

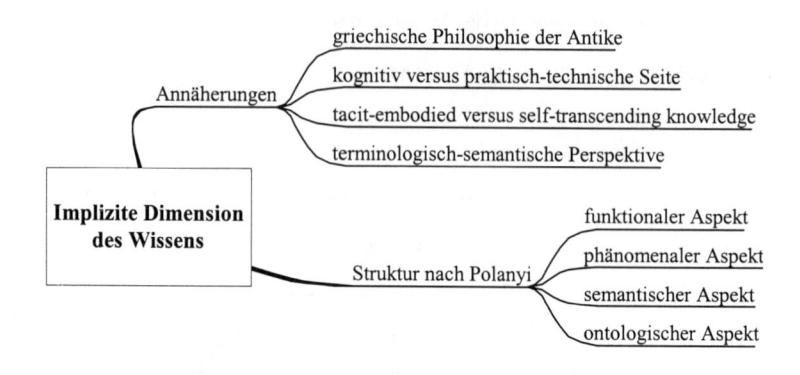

Abb. 3.3: Aufbau des Abschnitts über die implizite Dimension des Wissens

Einführend werden Annäherungen an die implizite Dimension des Wissens dargestellt. Es wird das grundlegende Konzept und dessen Relevanz für das Wissensmanagement skizziert. Dabei wird auf die in diesem Bereich viel zitierten Arbeiten der beiden Autoren Nonaka und Takeuchi[1] hingewiesen, deren Modell der organisationalen Wissensentwicklung sich auf die Arbeiten Michael Polanyis[2] und das Konzept des impliziten Wissens bezieht. Es wird gezeigt, dass in den Arbeiten Nonaka und Takeuchis offensichtlich das Konzept der impliziten Wissensdimension nach Polanyi missverstanden oder missinterpretiert wurde. Nonaka und Takeuchis Modell als eines der Hauptwerke im Bereich des Wissensmanagements ist nicht mit Polanyis Wissensverständnis kompatibel. Die Begründung dieses Arguments bedarf einer ausführlicheren Auseinandersetzung mit implizitem Wissen und Polanyis Arbeiten auf die schließlich übergeleitet werden soll. Dabei wird kurz auf die Schwierigkeiten eingegangen, dieses abstrakte Konzept des impliziten Wissens fassbar zu machen und versucht, die neben den oftmals unklaren Ausführungen Polanyis vorhandenen Arbeiten zum impliziten Wissen anzuführen. Dazu wird zunächst auf den Wissensbegriff in der griechischen Philosophie der Antike zurückgegriffen, die Unterscheidung zwischen einer kognitiven und technisch-praktischen Seite impliziten Wissens vorgestellt, daran anschließend auf tacit-embodied knowledge versus self-

---

[1] vgl. Nonaka (1991); Nonaka (1992); Nonaka und Takeuchi (1995)
[2] vgl. Polanyi (1962); Polanyi (1969a); Polanyi (1983)

transcending knowledge hingewiesen und schließlich eine terminologisch-semantische Annäherung an die implizite Wissenskomponente angeführt.

Im nächsten Schritt wird das Konzept des impliziten Wissens nach Polanyi präsentiert und versucht, dessen Struktur nach seinem erkenntnistheoretischen Konzept zu veranschaulichen. Dies geschieht anhand der vier Aspekte impliziten Wissens: der funktionale, phänomenale, semantische und ontologische Aspekt.

3.1.1 Annäherungen an die implizite Wissensdimension

Wissen zeichnet sich dadurch aus, dass *wir oft mehr wissen, als wir imstande sind zu sagen*[1]. Der explizite Anteil des Wissens ist nur die Spitze des Eisbergs, die aus dem Wasser ragt. Der überwiegende Anteil des Wissens liegt im Verborgenen, ist häufig unbewusst vorhanden und bildet zugleich das Fundament des Wissens. Michael Polanyi spricht von der impliziten *Dimension* des Wissens; Fahrrad fahren oder schwimmen sind hervorragende Beispiele: zu wissen wie man mit einem Fahrrad fährt oder wie man schwimmt, heißt noch nicht, dass man sagen kann, wie man bei einem Rad die Balance oder wie man sich beim Schwimmen über Wasser hält. Ähnlich dazu erkennen wir das Gesicht einer Person unter tausenden von Menschen heraus, obwohl wir normalerweise nicht sagen können, wie wir ein bekanntes Gesicht wieder erkennen[2]. Wir können die Einzelheiten, an denen wir es erkennen, nicht benennen. Der überwiegende Anteil dieses Wissens lässt sich nicht in Worte fassen und ist daher schwierig zu artikulieren.[3]

Michael Polanyi, der als Begründer dieses erkenntnistheoretischen Konzepts gilt[4], betont, dass Wissen immer auf einer impliziten Komponente basiert. Ein rein explizites Wissen ist unvorstellbar.[5] Explizites und implizites Wissen sind die zwei komplementären Anteile des Wissens, siehe Abbildung 3.4.

---

[1] vgl. Polanyi (1983), S. 4
[2] vgl. Polanyi (1969b), S. 141f
[3] vgl. Polanyi (1983), S. 4f
[4] vgl. etwa Gourlay (2002), S. 1
[5] vgl. Polanyi (1969b), S. 144

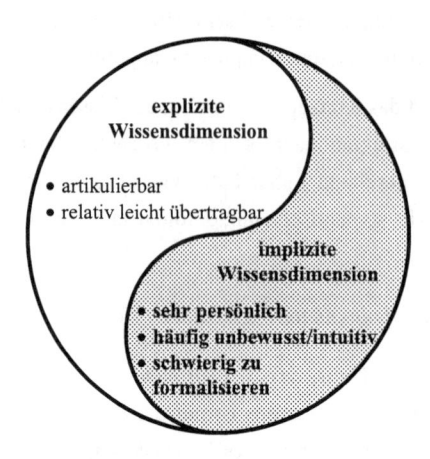

Abb. 3.4: Explizite und Implizite Wissensdimension

Die Unterscheidung in eine implizite und eine explizite Wissensdimension ist insofern relevant, als jede Wissensart auf unterschiedliche epistemologische Annahmen basiert und daher eine jeweils andere Wissens-Umwelt und Wissens-Infrastruktur vonnöten ist.[1]

In die Managementliteratur wurde Polanyis implizite Wissensdimension von Nelson und Winter in ihrer *Evolutionary Theory of the Firm*[2] *(1982)* eingeführt[3]. Die Unterscheidung in implizites und explizites Wissen ist zumindest seit Nonaka und Takeuchis[4] Veröffentlichung *The Knowledge-creating Company (1995)* im Bereich des Managements bekannt. Grundlage der Theorie Nonakas und Takeuchis ist die Unterscheidung in

- explizites und implizites und
- individuelles und kollektives Wissen

---

[1] vgl. Scharmer (2001), S. 137
[2] vgl. Nelson und Winter (1982), S. 76ff
[3] vgl. Spender (1996a), S. 50
[4] vgl. Nonaka und Takeuchi (1995), S. 59ff

und die Prozesse der Interaktion zwischen diesen vier Wissensformen in denen neues Wissen generiert wird.[1]

Nonaka und Takeuchi beziehen sich in ihren Arbeiten auf das Konzept des impliziten Wissens von Polanyi. So wie Polanyi sehen sie den Ursprung allen Wissens in einer sehr persönlichen und intuitiven Komponente, die schwierig zu beschreiben ist. Die Autoren heben die Bedeutung der impliziten Wissensdimension für die Generierung von neuem Wissen hervor und versuchen, es in die Prozesse der Wissensschaffung einfließen zu lassen. Das Verdienst ihrer Arbeit besteht darin, die Aufmerksamkeit auf diese implizite, im Verborgenen liegende, oft irrationale Dimension des Wissens zu lenken.

Nonaka und Takeuchi haben mit ihren Arbeiten einen entscheidenden Beitrag für die Wissensmanagementdebatte geliefert und mit ihrer Unterscheidung in implizites und explizites Wissen einen neuen Grundpfeiler in Forschung und Praxis im Bereich des Wissensmanagements gesetzt und etabliert. Es wird gezeigt, wie insbesondere in den westlichen Industrieländern Wissen, im Sinne eines expliziten, rationalen Objektes verstanden wird, in der die subjektive Komponente völlig in den Hintergrund gedrängt wird. In der Ausbildung an unseren Universitäten beispielsweise liegt das Hauptaugenmerk auf der Vermittlung von theoretischem, explizitem Wissen und nicht auf dem Erwerb von praktischen Fähigkeiten und Kompetenzen.[2] Wissen zeigt sich jedoch sowohl in einer intellektuellen als auch in einer praktischen Art und Weise, wie die häufig zitierte Unterscheidung in *knowing what* und *knowing how* von Gilbert Ryle[3] zeigt oder dem *Wissen* und *Können* in der deutschen Sprache. Diese beiden Aspekte des Wissens weisen eine ähnliche Struktur auf und bedingen einander. Das eine wäre ohne das andere nicht vorstellbar. Wenn Polanyi von *Wissen* spricht, möchte er es immer sowohl als theoretisches als auch praktisches Wissens verstanden wissen.[4]

Die Unterscheidung in implizites und explizites Wissen scheint für die Wissensmanagementdebatte sinnvoll. Die meisten Arbeiten, die sich auf das Konzept des impliziten Wissens beziehen, verweisen auch auf Polanyi als Begriffsschöpfer. Eine ernsthafte Auseinandersetzung mit dem theoretischen und philosophischen Kontext des impliziten Wissens bei Polanyi bleibt zumeist jedoch aus. Dies führt dazu,

---

[1] eine detaillierte Darstellung dieser Theorie siehe unter 4.2.1 Die Wissensspirale von Nonaka und Takeuchi
[2] vgl. auch Scharmer (2000), S. 43
[3] vgl. Ryle (1969), S. 26
[4] siehe Polanyi (1983), S. 6f

dass Polanyi zwar „häufig zitiert, seltener gelesen und dann nicht immer verstanden"[1] wird und somit durch Missverständnisse und Oberflächlichkeiten gekennzeichnet ist. Problematisch bei der Theorie von Nonaka und Takeuchi ist, dass in ihrem Modell der *Spirale der organisationalen Wissensgenerierung* davon ausgegangen wird, den impliziten Anteil in explizites Wissen überführen zu können. Den Aussagen der Autoren zufolge, wird neues Wissen durch einen permanenten Prozess der Interaktion generiert, in der implizites Wissen in explizites Wissen transferiert wird und umgekehrt. Dem liegt die Annahme zugrunde, dass implizites Wissen artikuliert und transferiert werden *kann*. Denn ansonsten würde dieser Prozess nicht funktionieren. Es ist unwesentlich, ob dabei implizites Wissen zur Gänze in explizites überführt wird oder nur ein Teil des impliziten Wissens externalisiert wird. Es wird davon ausgegangen, dass es grundsätzlich möglich ist, implizites Wissen in eine formale Sprache zu überführen. Das bedeutet aber gleichzeitig, dass implizites Wissen mit *noch-nicht-artikuliertem Wissen* gleichgesetzt wird.[2] Implizites Wissen wäre eine Form, die zwar im Verborgenen liegt und daher unaussprechlich ist, aber dennoch an die Oberfläche transportiert werden kann.

Dies widerspricht jedoch dem Grundkonzept des Wissens im Sinne Polanyis[3], auf das sich auch Nonaka und Takeuchi in ihrem Modell beziehen. Es liegt hier also ein Missverständnis vor, das Wissenskonzept nach Polanyi wurde miss- bzw. fehl interpretiert. Nach Polanyi sind die explizite und implizite Dimension des Wissens zwei komplementäre Anteile, die jedes Wissen beinhaltet. Es ist daher nicht möglich von reinem explizitem oder reinem implizitem Wissen bzw. von der Überführung des einen in den anderen Teil zu sprechen.

Zur Untermauerung dieses Arguments ist eine fundierte Auseinandersetzung mit dem Konzept des impliziten Wissens notwendig. Da die Konzeption von Natur aus sehr stark verästelt ist und viele unterschiedliche Zugänge möglich sind, ist die klar strukturierte Darstellung impliziten Wissens mit einigen Schwierigkeiten verbunden. Gourlay stellt dazu fest: „It is a concept without consistency, or clear foundation."[4] Neuweg formuliert dies treffend:

---

[1] Neuweg (1999), S. 47
[2] vgl. etwa Tsoukas (2001), S. 23
[3] vgl. Tsoukas (2001), S. 23ff bzw. die Grundlagen dazu bei Polanyi (1962), S. 50
[4] Gourlay (2002), S. 1

„Der Begriff des „impliziten Wissens" vereinigt in sich nahezu alle Eigenschaften, die man sich von einem Terminus in der wissenschaftlichen Diskussion gerade nicht wünscht. Er ist, sich gleichsam selbst bestätigend, ausgesprochen unscharf, wird keineswegs einheitlich und im Rahmen verschiedener Theoriekontexte verwendet, die paradigmatisch partiell oder vollständig unverträglich sind, verbindet sich mit unterschiedlich starken Annahmen und besitzt Konnotationen, die ihn für Mystifizierungen anfällig machen."[1]

Das Konzept des impliziten Wissens ist unscharf und häufig undurchsichtig. Aus Gründen der besseren Verständlichkeit werden daher zunächst verschiedene Annäherungen an die implizite Wissensdimension skizziert, die (1) die umfassende Bedeutung des Wissensbegriffs zeigen, wie bereits in der griechischen Philosophie der Antike erkannt wurde, (2) eine kognitive und eine praktisch-technische Seite impliziten Wissens identifizieren, (3) auf die Unterscheidung zwischen tacit-embodied und self-transcending knowledge[2] hinweisen und (4) das Konzept vor dem Hintergrund seiner vielgestaltigen Komponenten aus terminologisch-semantischer Perspektive beleuchten.

3.1.1.1 Wissensformen in der griechischen Philosophie der Antike

Eine implizite Dimension des Wissens kann bereits im Wissensverständnis der griechischen Philosophie der Antike identifiziert werden. Es werden hier vier unterschiedliche Wissensformen unterschieden[3]:

- *episteme* (abstrakte Verallgemeinerung): allgemeingültiges Wissen, welches relativ einfach weiter gegeben und bewahrt werden kann. Es handelt sich dabei um Gesetzmäßigkeiten und Prinzipien. Episteme ist Wissen über etwas.

- *techne* (Fähigkeit bzw. Vermögen, eine Aufgabe zu vollbringen): Wissen darüber, wie Aufgaben praktisch (im Gegensatz zu theoretisch) bewältigt werden.

- *phronesis* (praktische und soziale Weisheit): Verständnis von gesellschaftlichen Belangen und Politiken; im Gegensatz zur episteme ist

---

[1] Neuweg (1999), S. 12
[2] vgl. Scharmer (2000), S. 36ff
[3] siehe Spender (1996a), S. 49 bzw. Baumard (1999), S. 53ff

phronesis das Ergebnis von Erfahrungen und gemeinsamer Praxis. Es ist einmaliges und idiosynkratisches Wissen, das sehr personen- und kontextgebunden ist und daher nicht so einfach transferiert werden kann.

- *mètis* (auf Vermutungen beruhende Intelligenz): praktisches, komplexes, implizites Wissen, das schwierig zu kommunizieren ist; es ist stark verwoben mit der konkreten Handlung und daher unvorhersehbar und intuitiv, eingebettet in den Kontext. Mètis bedeutet soviel wie Scharfsinn und Cleverness.

Der Wissensbegriff beinhaltet auch hier Teile, insbesondere in phronesis und mètis, aber auch Aspekte in techne, die sich im Hintergrund befinden, implizit vorhanden und nicht unmittelbar kommunizierbar sind. Es soll damit nochmals verstärkt werden, dass der gemeinhin verwendete Wissensbegriff nachweislich mehr beinhaltet als auf den ersten Blick zu sehen ist, und dies bereits von den Philosophen im antiken Griechenland erkannt wurde.

3.1.1.2 Kognitive und praktisch-technische Seite impliziten Wissens

Die Unterscheidung in eine kognitive und eine praktisch-technische Seite[1] impliziten Wissens ist bereits in den Arbeiten Polanyis anzutreffen; die implizite Wissensdimension ist sowohl bei der Wahrnehmung und den Akten des Erkennens und Wissens als Ausdruck kognitiver Prozesse als auch bei den praktisch-körperlichen Fertigkeiten von zentraler Bedeutung. Dies wird auch in den bereits weiter oben erwähnten Beispielen deutlich, etwa das Erkennen eines Gesichtes, indem die Aufmerksamkeit von den einzelnen Merkmalen auf die gesamte Erscheinung gerichtet und somit das Gesicht erkannt wird als Beispiel für die *kognitive* Dimension impliziten Wissens. Implizites Wissen integriert nicht nur kognitive Elemente, sondern auch kognitives Wissens mit *praktischen Fertigkeiten*, wie das im Beispiel des Einschlagens eines Nagels veranschaulicht wurde. Die Aufmerksamkeit wird dabei von den einzelnen Elementen einer Bewegung auf die Durchführung eines vereinten Bewegungsablaufes gelenkt.[2]

Implizites Wissen im Sinne von praktischen, technischen Fertigkeiten gilt als etwas Unspezifisches, kaum Beschreibbares, das häufig unter den Begriff *Know-how*

---

[1] Polanyi (1983), S. 7; Nonaka (1992), S. 97; Baumard (1999), S. 59
[2] Polanyi (1983), S. 7; Baumgartner (1993), S. 221f

subsumiert wird; etwa ein Handwerksmeister, der in jahrelanger Erfahrung etwas entwickelt, das gemeinhin Fingerspitzengefühl etc. genannt wird. Die betreffende Person sieht sich außerstande, die dahinter steckenden technischen Regeln oder Kausalitäten zu erklären. Gleichzeitig weist implizites Wissen eine bedeutende *kognitive Dimension* auf. Dabei handelt es sich um mentale Bilder oder Modelle, Überzeugungen oder Perspektiven, die so tief verwurzelt sind, dass sie für selbstverständlich gehalten werden und daher schwierig zu artikulieren sind. Die impliziten Vorstellungen beeinflussen jedoch nachhaltig die Art und Weise wie die Welt um einen herum wahrgenommen und interpretiert wird.[1]

Die beiden Dimensionen impliziten Wissens werden in Tabelle 3.1 nochmals zusammengefasst:

kognitive Dimension	Glauben, Ideale, Werte, Schemata, Denkmuster, mentale Modelle, Paradigmen, Repräsentationen; formt die Art, wie wir die Welt erleben
technische Dimension	Know-how, Expertise, die in einem spezifischen Kontext angewandt wird; informelle persönliche Fähigkeiten und Fertigkeiten; Beispiel Nagel einschlagen mit einem Hammer; Balance halten beim Radfahren etc.

Tab. 3.1: Kognitive und technische Dimension impliziten Wissens

Im Kontext dieser Arbeit über die wissensbasierte Interaktion ist die kognitive Dimension von besonderer Relevanz insofern, als sie auf die Prozesse der Wahrnehmung und Interpretation der beteiligten Personen einwirkt. Die kognitive Dimension impliziten Wissens wirkt wie ein Raster (patterns), der die Personen in ihrem Handeln in der sie umgebenden Welt leitet. Individuen nehmen Informationen selektiv auf und bleiben dabei ihren individuell festgesetzten kognitiven Mustern treu.[2]

Der Begriff des *Paradigmas* bei Kuhn[3] als Denkmuster, welches das wissenschaftliche Weltbild einer Zeit prägt, ist in diesem Zusammenhang erwähnenswert[4]. Das Paradigma als ein Bezugsrahmen, der einerseits aus festgesetzten wissenschaftlichen

---

[1] Nonaka (1991) bzw. Nonaka (1992), S. 97 oder Nonaka und Konno (1998), S. 42
[2] vgl. Baumard (1999), S. 59
[3] vgl. Kuhn (1997)
[4] vgl. Baumard (1999), S. 59f

Fakten besteht und andererseits aber von den Denkweisen und Einstellungen der Wissenschafter und somit ihrem impliziten Wissen beeinflusst wird. Im Vergleich zu den Paradigmen, als ein relativ eng definierter Bezugsrahmen, stellen *mentale Modelle*[1] eher allgemeine und sehr individuell geprägte Denkmuster dar, die auf die Wahrnehmung der Umwelt einwirken. Dieser Definition liegt die These zugrunde, dass Individuen nicht einer formalen Logik zufolge urteilen und entscheiden, sondern indem sie Analogien entwickeln und anwenden. Auch Senge[2] stellt die Bedeutung der mentalen Modelle heraus und postuliert, dass die mentalen Modelle nicht nur bestimmen, wie die Welt interpretiert wird, sondern auch das Handeln lenken. Doch mehr dazu im Abschnitt 4.2.2.1 Kognitionsmuster der vorliegenden Arbeit.

3.1.1.3 Tacit-embodied knowledge versus self-transcending knowledge

Zusätzlich zur Unterscheidung einer kognitiven und einer praktisch-technischen Dimension impliziten Wissens im letzten Abschnitt ist im Kontext dieser Arbeit eine weitere Differenzierung erwähnenswert. Scharmer[3] unterscheidet zwischen folgenden zwei Formen impliziten Wissens: jenes, das bereits verinnerlicht wurde und gewissermaßen in Fleisch und Blut übergegangen ist und auf Erfahrungen im konkreten Handeln basiert *(tacit-embodied knowledge)*; vergleichbar mit dem Begriff des impliziten Wissens bei Polanyi[4] und Nonaka/Takeuchi[5]. Daneben kann implizites Wissen beobachtet werden, welches noch nicht internalisiert wurde und sich sozusagen noch an der Grenze zwischen drinnen und draußen oder Wissen und Handeln/Tun befindet, das not-yet-embodied tacit knowledge oder *self-transcending knowledge.* Bei letzterem handelt es sich um die Fähigkeit aufkommende Strömungen und Möglichkeiten wahrzunehmen und zu vergegenwärtigen, neue Trends vorherzusehen – eine Fähigkeit, die normalerweise mit Kunst und Künstlern verbunden wird und nicht mit Management oder Managern. Scharmer veranschaulicht dies mit der Arbeit eines Malers, die auf drei Arten betrachtet werden kann[6]: erstens das fertig gestellte Bild, zweitens, man kann einen Maler während des Malens beobachten und drittens, man kann einen Maler beobachten bevor er den Pinsel

---

[1] Johnson-Laird (1983) und Baumard (1999), S. 59
[2] Senge (1996), S. 214
[3] Scharmer (2000), S. 37
[4] Polanyi (1983)
[5] Nonaka und Takeuchi (1995)
[6] Scharmer (2001), S. 137f

ansetzt, wenn er die vor ihm liegende blanke Leinwand betrachtet. Das fertige Bild stellt das explizite Gegenstück der Arbeit dar, gleichsam die explizite Form des Wissens. Der Prozess des Malens ermöglicht Einblicke in das implizite Wissen, das er im Werk zu vollenden sucht. Es zeigt sich hier das internalisierte implizite Wissen. Der Künstler, der sich vor der blanken Leinwand in das entstehende Bild hineinversetzt; ähnlich wie Michelangelo über seine berühmte Skulptur David gesagt haben sollte, David war bereits im Stein, er habe nur alles weggenommen, das nicht David war. Die Fähigkeit einen David zu sehen, wo andere nur einen unbehauenen Stein sehen, ist der Unterschied, der einen großen Künstler ausmacht. Dies ist auch auf den organisationalen Kontext übertragbar: „The capacity to sense and actualize emergent realities distinguishes great entrepreneurial leaders from the rest."[1]

Die beiden Wissensformen unterscheiden sich insofern, als tacit-embodied knowledge auf dem Handeln basiert während das self-transcending knowledge auf Imagination und ästhetische Erfahrung aufbaut. Scharmer postuliert, dass nur die letztere Form Grundlage nachhaltiger Wettbewerbsvorteile sein kann, da hier das Entwickeln neuer Möglichkeiten im Vordergrund steht.[2] Die beiden Arten impliziten Wissens werden in Tabelle 3.2 nochmals dargestellt:

embodied tacit knowledge	basiert auf Erfahrungen und ist eingebettet in die tägliche Praxis; implizites Wissen, wie es bei Polanyi und Nonaka dargestellt ist
self-transcending knowledge (not-yet-embodied tacit knowledge)	basiert auf ästhetischer Erfahrung und Imagination; einzige Quelle nachhaltiger Wettbewerbsvorteile

Tab. 3.2: Embodied-tacit knowledge und self-transcending knowledge

Die Unterscheidung in unterschiedliche Wissensformen ist deshalb von Bedeutung, weil jede Form auf andere epistemologische Voraussetzungen und Annahmen aufbaut und daher auch eine unterschiedliche Handhabung erforderlich ist. So wie der Umgang mit der expliziten artikulierbaren Dimension des Wissens eine andere Infrastruktur

---

[1] Jaworski und Scharmer (2000); Scharmer (2001), S. 138
[2] vgl. Scharmer (2000), S. 37

mit der expliziten artikulierbaren Dimension des Wissens eine andere Infrastruktur erlaubt als es bei der unaussprechlichen impliziten Dimension möglich wäre, ist auch die Unterscheidung innerhalb des impliziten Wissens relevant[1]. Die Übertragung von praktisch-technischen Fähigkeiten von einer zu anderen Person etwa erfordert andere organisatorische Maßnahmen wie die kognitive Form oder das noch nicht internalisierte self-transcending knowledge.

3.1.1.4 Terminologisch-semantische Perspektive

Eine weitere Möglichkeit, sich dem Konzept des impliziten Wissens zu nähern besteht darin, den Begriff vor dem Hintergrund seiner Bedeutungskomponenten aufzuschlüsseln und darzulegen. Aus terminologisch-semantischer Perspektive weist implizites Wissen folgende Komponenten auf[2]:

- *unbewusste Verhaltenssteuerung und Intuition (tacit knowing):* Wissen als unbewusster, intuitiver mentaler Prozess, indem eine Person ohne bewusste Reflexion etwas wahrnimmt, ein Urteil fällt, etwas erwartet, zu einer Schlussfolgerung gelangt, eine Idee hat, ein Problem löst, ein Ziel erreicht, eine Tätigkeit ausführt etc; vergleichbar mit dem „knowing-in-action" bei Schön[3] als spontanes, intuitives Handeln.

- *Implizites Gedächtnis:* Implizites Wissen wird als etwas im Zeitablauf Erlerntes aufgefasst, „... wenn Lernerfahrungen aus der Vergangenheit funktional wirksam werden, indem sie perzeptuelle, motorische oder kognitive Leistungen zu einem späteren Zeitpunkt beeinflussen, ohne jedoch bewusst erinnert zu werden oder überhaupt erinnert werden zu können."[4]

- *Implizites Regelwissen (tacit knowledge):* Zusätzlich zum intuitiven Können, das auf vergangene Lernepisoden basiert, verfügt der Könner über implizites Wissen um die Regeln, denen das Können folgt. Dies gilt insbesondere, wenn die Person dieses Können wiederholt und in unterschiedlichen Situationen zu zeigen vermag.

---

[1] vgl. Scharmer (2000), S. 39
[2] siehe Neuweg (1999), S. 12-24
[3] siehe Schön (1983), S. 49
[4] Neuweg (1999), S. 14; der Autor verweist bei dem Begriff des „impliziten Gedächtnis" auf Schacter (1987)

- *Nichtverbalisierbarkeit:* Hier wird eines der häufigsten Zitate Polanyis thematisiert, „dass wir mehr wissen, als wir zu sagen wissen"[1]. Es geht dabei nicht nur darum, dass eine Person nicht mehr weiß, weil sie sich nicht mehr erinnert, sondern auch darum, dass sie mehr weiß, als sie überhaupt imstande ist zu sagen. „Der Könner kann etwas *nur zeigen*, aber nicht oder nicht angemessen darüber sprechen."[2]

- *Nicht-Formalisierbarkeit:* Implizites Wissen lässt sich nicht vollständig in formale Regeln überführen und dies ist nicht primär auf die fehlende Bewusstheit oder Verbalisierbarkeit von Wissen zurückzuführen. „Das reife Können des Experten erweist sich als zu kontextsensitiv und einzelfallbezogen, als dass seine Flexibilität in Algorithmen abgebildet werden könnte."[3] Schön umschreibt das folgendermaßen: „Wenn ein Praktiker eine Kunst ausübt, ist sein intuitives Wissen immer informationsreicher als jede Beschreibung es sein kann."[4]

- *Erfahrungsgebundenheit:* Implizites Wissen als Expertise, die vielmehr auf Erfahrungen aufbaut, als von Buchgelehrsamkeit herrührt. Im Zentrum des Interesses ist hierbei die Lehrer-Schüler- bzw. Experten-Novizen-Beziehung, in der die formulierbaren Regeln durch Beispiele und Übungsmöglichkeiten ergänzt werden. Betont wird dabei die Bedeutung der praktischen Erfahrung.

Diesen verschiedenen Sichtweisen der impliziten Wissensdimension gemeinsam ist ein umfassendes Wissensverständnis, welches durch die Auflistung der darin enthaltenen Komponenten dargestellt wird. Die Anführung des Wissensbegriffs der griechischen Philosophie der Antike soll auf die lange Tradition dieser ausgedehnten Interpretation von Wissen hinweisen; eine Dichotomie impliziten Wissens wird mit der Unterscheidung in eine kognitive und praktisch-technische Seite identifiziert; die mit den beiden Formen des tacit-embodied und self-transcending knowledge fortgeführt wird; während die terminologisch-semantische Sichtweise spezifischer auf implizites Wissen und dessen Bedeutungskomponenten eingeht.

---

[1] Polanyi (1983), S. 14
[2] Neuweg (1999), S. 16 (Hervorhebung im Original)
[3] siehe Neuweg (1999), S. 18
[4] Schön (1983), S. 276

Diese Annäherungen an den Wissensbegriff ermöglichen einen Überblick über die implizite Wissensdimension und erhöhen somit dessen Verständlichkeit. Im Umgang mit Wissen in Organisationen ist es jedoch notwendig mehr über die dem impliziten Wissen zugrunde liegenden *Prozesse* zu erfahren. Im folgenden Abschnitt wird näher auf implizites Wissen und den damit verbundenen Erkenntnisprozess auf Basis der Arbeiten von Michael Polanyi eingegangen.

3.1.2 Struktur impliziten Wissens nach Polanyi

Polanyi nimmt in der Diskussion um die implizite Wissensdimension eine zentrale Stellung ein und symbolisiert auch für diese Arbeit einen elementaren Grundpfeiler. Einführend wird daher kurz auf das *Werk und Denken Polanyis* eingegangen, um den Kontext zu veranschaulichen, in dem seine Arbeiten entstanden sind und somit ein besseres Verständnis zu ermöglichen. Weiters wird in einem kurzen Abschnitt die *Zweigliedrigkeit des impliziten Wissens* als grundlegende Struktur des impliziten Wissens erläutert.

Werk und Denken Polanyis

Michael Polanyi[1] wird als Mihály Polányi im Jahr 1891 in Budapest geboren. Er studiert Medizin in Budapest und Chemie an der Technischen Hochschule in Karlsruhe, habilitiert sich 1923 in Berlin und übernimmt die Leitung einer Abteilung des Instituts für Physikalische Chemie und Elektrochemie der Universität Berlin. Angesichts der politischen Situation in Deutschland nimmt Polanyi, der einer jüdischen Familie entstammte, im Jahr 1933 einen Ruf auf den Lehrstuhl für Physikalische Chemie in Manchester an. Er weist mit über 200 naturwissenschaftlichen Veröffentlichungen eine insgesamt sehr erfolgreiche Karriere als Naturwissenschafter auf bevor er sich der Philosophie und Erkenntnistheorie zuwendet. Mit *Science, Faith and Society* legt Polanyi im Jahr 1946 erstmals seine wissenschaftsphilosophische Position dar.

> „Polanyi fasst Wissenschaft als Grundlage einer besondern Art der Wahrnehmung, Wissenschaftswissen als Basis für ein Gestalterkennen auf, dem eine (damals noch relativ unspezifisch als „intuitiv" bezeichnete)

---

[1] siehe Neuweg (1999), S. 126ff und detaillierter bei Prosch (1986), S. 319ff

Vorstellung vom allgemeinen Wesen der Dinge zugrunde liegt, die sich so nicht der rohen Wirklichkeit selbst entnehmen lässt."[1]

Polanyi übernimmt im Jahr 1948 den speziell für ihn eingerichteten Lehrstuhl für Sozialwissenschaften in Manchester, den er zehn Jahre innehat. Sein philosophisches Hauptwerk *Personal Knowledge* erscheint im Jahr 1958, indem er die Ideen aus *Science, Faith and Society* auf den Gesamtbereich des menschlichen Wissens ausdehnt und die Theorie des impliziten Wissens systematisch darlegt. Es folgen zahlreiche Forschungsaufenthalte und Gastprofessuren. Dabei entsteht unter anderem mit *The Tacit Dimension* (1966) „… eine Kurzfassung und die vielleicht präziseste Darstellung seiner Theorie mentaler Akte."[2] Marjorie Grene gibt 1969 unter dem Titel *Knowing and Being* eine Sammlung wichtiger Aufsätze aus den Jahren 1959 bis 1968 heraus. Die letzte große Publikation verfasst Polanyi gemeinsam mit Harry Prosch und erscheint 1975 mit *Meaning*. Michael Polanyi stirbt im Jahr 1976 im Alter von 85 Jahren und hinterlässt zusätzlich zu seinen naturwissenschaftlichen Publikationen 12 Bücher und etwa 130 Beiträge in Fachzeitschriften.

Polanyis intellektueller Werdegang führt von den Naturwissenschaften zur Erkenntnistheorie und später schließlich zu anthropologischen und psychologischen Fragestellungen. Dabei ist seine Entwicklungslinie in engem Zusammenhang mit den Umständen der damaligen Zeit zu sehen. Das Ideal der persönlichen intellektuellen Freiheit und der Freiheit der Wissenschaften sind ihm ein zentrales Anliegen und stellen die Basis für seine umfassende Theorie des menschlichen Wissens dar, in der er die Bedeutung des Subjekts in den Prozessen der Wissensgewinnung besonders hervorhebt. Polanyis Theorie stellt sich als konträr zur positivistische Wissenschaftstradition dar, in der kein Platz für das verantwortliche Urteil des Subjekts ist. Innerhalb der positivistischen Denktradition wird unterstellt, dass die Realität uns die Tatsachen vorgibt. Polanyi betont jedoch, dass alles Wissen, auch unser Wissen über die Tatsachen an persönliche Erkenntnisakte gebunden ist, in denen das Subjekt Wahlentscheidungen treffen muss. In den Vordergrund rückt dabei die Frage nach der Struktur jener mentalen Akte, in denen Subjekte tradiertes Wissen assimilieren und neues Wissen schaffen.

---

[1] Neuweg (1999), S. 127
[2] Neuweg (1999), S. 128

Polanyis Theorie über die Erkenntnisprozesse und die zugrunde liegende Struktur impliziten Wissens wird nachfolgend skizziert. An dieser Stelle soll erwähnt werden, dass sich die Aufgabe, Polanyis Theorien über den *Akt des Wissens* nachzuzeichnen, als eine relativ schwierige erweist und folgendes Zitat von Neuweg angeführt werden:

> „Charakteristisch für Polanyi ist, dass sein holistischer Standpunkt auch auf die Art und Weise durchschlägt, in der er seine Ideen entfaltet. Stringente, wohlsequenzierte und redundanzfreie Argumentationslogik sucht man im Werk Polanyis vergeblich. Zentrale Argumente werden oft eher angedeutet als elaboriert, eher über Beispiele plausibilisiert als systematisch entfaltet."[1]

Die Art und Weise wie Polanyi sein Denken und seine Theorien darstellt und mit Beispielen illustriert, gleicht einem Erzählstil, der angenehm zu lesen, aber gleichzeitig wenig strukturiert ist. Es gestaltet sich relativ schwierig, seine Ideen kurz zusammengefasst wiederzugeben und die Beispiele zu rekonstruieren, die das Denken veranschaulichen sollten. Die Theorie des impliziten Wissens wird bei Polanyi nicht in Form eines klar strukturierten Modells präsentiert, wie im folgenden Zitat argumentiert wird:

> „Technisch gesehen wirft der Versuch, Polanyis Modell mentaler Akte systematisch anzueignen oder gar darzustellen, vor allem das Problem auf, dass er selbst eine solche Darstellung nicht gibt. Wir finden weder in den zahlreichen Aufsätzen Polanyis noch in seinem Hauptwerk *Personal Knowledge* eine zusammenfassende Darlegung der wesentlichen Konzepte, die in der Theorie des impliziten Wissens verwendet werden, und der Funktionszusammenhänge, die sie behauptet. Überwiegend wird der theoretische Rahmen über Beispiele illustriert und, mit Bruner gesprochen, gleichsam spiralcurricular entwickelt."[2]

Diese Unklarheit und Unübersichtlichkeit in der Darstellung trifft insbesondere auf Polanyis Modell der mentalen Akte zu, welches Wissen als einen Prozess impliziten Wissens beschreibt. Dies ist auch darauf zurückzuführen, dass dieser vielschichtige Prozess unterschiedliche Ebenen umfasst, nicht direkt beobachtbar und daher schwierig darzustellen ist.

---

[1] Neuweg (1999), S. 53
[2] Neuweg (1999), S. 131 (Hervorhebung im Original)

Zweigliedrigkeit des impliziten Wissens

Zum besseren Verständnis dieses Modells sollte zunächst die Zweigliedrigkeit impliziten Wissens erläutert werden. Denn die grundlegende Struktur impliziten Wissens beinhaltet nach Polanyi immer zwei Elemente, die er als die beiden Glieder impliziten Wissens bezeichnet.[1] Es handelt sich hierbei um zwei Bewusstseinsebenen (siehe Abbildung 3.5): das *unterstützenden Bewusstsein*[2] *(A)* oder Hintergrundbewusstsein (subsidiary awareness oder from-awareness) im Gegensatz zum *zentrale Bewusstsein (B)* (focal awareness). Implizites Wissen basiert auf einem Prozess, der die Integration auf diesen beiden Bewusstseinsebenen umfasst.

Abb. 3.5: Zweigliedrigkeit des impliziten Wissens

Als Beispiel dafür führt Polanyi die Benützung eines Werkzeuges an, das die Bedeutung dieser doppelten Wahrnehmungs- und Bewusstseinsstruktur für die Bewältigung von Alltagssituationen veranschaulichen soll[3]: Wenn wir einen Hammer benützen, um einen Nagel in die Wand zu schlagen, so richten wir unsere Aufmerksamkeit sowohl auf den Nagel als auch auf den Hammer, aber in unterschiedlicher Art und Weise. Unser Ziel ist es, den Nagel in die Wand zu schlagen. Wir fokussieren daher unsere Aufmerksamkeit auf den Nagel. So passen wir beispielsweise auf, dass er im richtigen Winkel zur Wand steht, dass er sich nicht verbiegt, dass sich unsere Finger nicht zu nahe am Nagelkopf befinden und so weiter. Weil wir den Nagel intensiv beobachten, erlangen wir über ihn ein *zentrales Bewusstsein*, über das wir auch kommunizieren können. Der Hammer hingegen stellt nur ein Instrument, ein Mittel zum Zweck dar. Wenn wir den Hammer benützen, fühlen wir nicht in erster Linie, dass der Griff gegen unseren Handballen schlägt,

---

[1] Polanyi (1983), S. 9
[2] vgl. unterstützendes Bewusstsein bei Baumgartner (1993), S. 165 und Hintergrundbewusstsein bei Neuweg (1999), S. 187
[3] vgl. Polanyi (1962), S. 55 und Baumgartner (1993), S. 165

sondern dass der Hammer den Nagel getroffen hat. Wir haben jedoch eine Art *unterschwellige Wahrnehmung* vom Griff des Hammers in unserer Hand, auf die wir uns beim Hämmern verlassen, um die Schläge gezielt und dosiert ansetzen zu können. Wir können unsere Aufmerksamkeit auf den Nagel konzentrieren, indem wir uns auf dieses *unterstützende Bewusstsein,* dem Empfinden in unserem Handballen, verlassen können. Die beiden Bewusstseinsebenen stellen die Grundlage für die Prozesse impliziten Wissens dar. Implizites Wissen, das sich etwa in Form einer praktischen Fähigkeit zeigt, basiert auf mentalen Prozessen auf unterschiedlichen Bewusstseinsebenen.

Der Teil des Wissens über den wir nicht kommunizieren können liegt zumeist körperlich näher und wird daher von Polanyi als *proximaler*[1] Term des impliziten Wissens bezeichnet. Das zweite Glied, auf das wir unsere Aufmerksamkeit richten ist demzufolge der *distale* Term.[2] Die allgemeine Struktur impliziten Wissens mit den beiden Bewusstseinsebenen wird in Abbildung 3.6 nochmals zusammengefasst.

erstes Glied = proximaler Term	zweites Glied = distaler Term
Hintergrundwahrnehmung	**zentrale Wahrnehmung**
von →	zu
unterstützendes Bewusstsein (subsidiary awareness)	fokales, zentrales Bewusstsein (focal awareness)
Wissen, auf das wir uns *verlassen*	Wissen, auf das wir unsere *Aufmerksamkeit lenken*

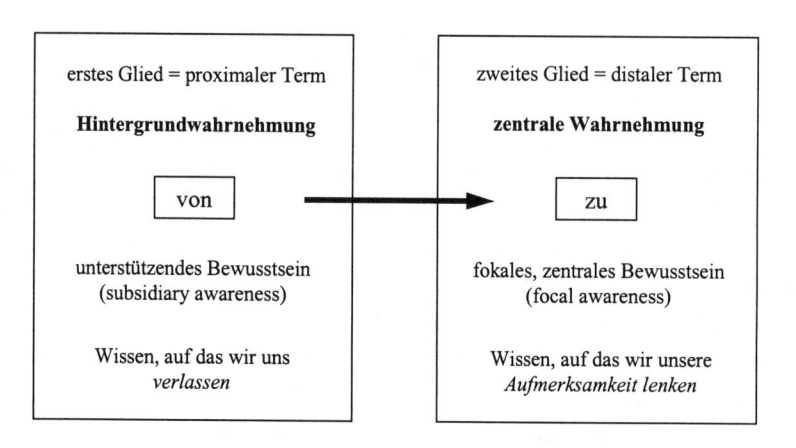

Abb. 3.6: Allgemeine Struktur des impliziten Wissens[3]

---

[1] vgl. Baumgartner (1993), S. 166: „proximal" ist die anatomische Lagebezeichnung für näher zum Rumpf gelegene Teile eines Körpergliedes, „distal" die Bezeichnung für die entfernteren Teile; vgl. auch proximaler und distaler Reiz in der Wahrnehmungspsychologie bei Zimbardo und Gerrig (1999), S. 109
[2] vgl. Polanyi (1969b), S. 140 und Baumgartner (1993), S. 165f
[3] Quelle: modifiziert nach Baumgartner (1993), S. 166

Wichtig ist, dass die beiden Glieder impliziten Wissens, unterstützendes und zentrales Bewusstsein, zwei völlig getrennte Terme sind, d.h. das eine schließt das andere aus. Wenn wir unser zentrales Bewusstsein auf die Einzelheiten lenken, die wir zuvor nur unterschwellig wahrnahmen, geht ihre Bedeutung verloren und das damit verbundene Handeln wirkt ungeschickt. Polanyi nennt dazu folgende Beispiele[1]: Ein Klavierspieler, der seine zentrale Aufmerksamkeit nicht mehr dem Stück, das er spielt, sondern auf die Bewegung seiner Finger lenkt; ein Redner, der die Regeln der Grammatik zentral fokussiert, anstatt die Rede selbst. Wir verlassen uns (bzw. wir lernen uns darauf zu verlassen) auf unser unterstützendes Bewusstsein und auf die dahinterliegenden Einzelheiten, um uns auf etwas anderes zu konzentrieren, d.h. unser Wissen darüber bleibt im Hintergrund. Im Zusammenhang mit der Ausführung einer Tätigkeit heißt das, dass wir eine Reihe von Einzelheiten wissen ohne imstande zu sein, diese zu identifizieren. In Polanyis einprägsamen Worten:

„we can know more than we can tell"[2].

Die implizite Dimension des Wissens besteht den Arbeiten Polanyis zufolge aus Akten des Erkennens und Tuns. Er versucht, die diesen mentalen Akten zugrunde liegenden Prozesse bewusstseinstheoretisch aufzuschlüsseln und zu erklären. Die oben beschriebene Zweigliedrigkeit stellt dabei die Grundlage dar. Darauf aufbauend identifiziert Polanyi vier Aspekte[3] impliziten Wissens, siehe Abbildung 3.7.

---

[1] siehe Polanyi (1962), S. 56; Polanyi (1983), S. 10; Tsoukas (2001), S. 11
[2] Polanyi (1983), S. 4
[3] Polanyi (1983), S. 10ff

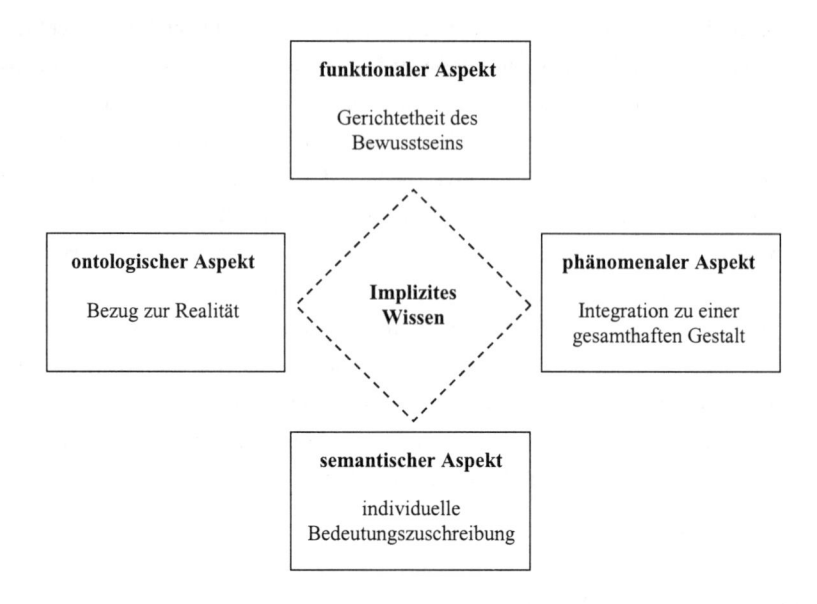

```
┌─────────────────────────┐
│   funktionaler Aspekt   │
│                         │
│    Gerichtetheit des    │
│      Bewusstseins       │
└─────────────────────────┘

┌──────────────────────┐      ◇           ┌──────────────────────┐
│  ontologischer Aspekt│   Implizites     │  phänomenaler Aspekt │
│                      │    Wissen        │                      │
│   Bezug zur Realität │                  │   Integration zu einer│
│                      │                  │   gesamthaften Gestalt│
└──────────────────────┘      ◇           └──────────────────────┘

         ┌─────────────────────────┐
         │   semantischer Aspekt   │
         │                         │
         │      individuelle       │
         │  Bedeutungszuschreibung │
         └─────────────────────────┘
```

Abb. 3.7: Vier Aspekte impliziten Wissens

Die vier Aspekte stellen vier Sichtweisen dar, die jeder für sich die Prozesse des impliziten Wissens aus einem anderen Blickwinkel beleuchten. Dabei ist zu erwähnen, dass die in den vier Aspekten betrachteten Prozesse nicht getrennt voneinander ablaufen, sondern sich häufig sogar überschneiden und aufeinander einwirken. Die Abgrenzung der einzelnen Aspekte dient jedoch der analytischen Betrachtungsmöglichkeit. Es geht darum die Besonderheit impliziten Wissens herauszustellen und zu zeigen, dass implizites Wissen die Integration verschiedener Bewusstseinsebenen erfordert und die Rolle des Individuums in diesen Prozessen zentral ist.

3.1.2.1 Funktionaler Aspekt – Gerichtetheit des Bewusstseins

Der erste hier thematisierte funktionale Aspekt impliziten Wissens schließt unmittelbar an die oben beschriebene Zweigliedrigkeit impliziten Wissens an. Die beiden Formen des Bewusstseins – unterstützendes und zentrales Bewusstsein – und ihre unterschiedliche *Funktion* im Rahmen unseres Erkennens oder Handelns ist der entscheidende Punkt für das Verständnis des impliziten Wissens. Das unterstützende

Bewusstsein ist sozusagen ein psychologisches Hilfsmittel und nicht Ziel der Aufmerksamkeit; es wird benützt, um etwas anderes zu erreichen. Eine Person stützt sich oder verlässt sich auf das subsidiäre Bewusstsein, um etwas anderes zu erkennen. Das unterstützende Bewusstsein gibt Hinweise, die einem helfen, die eigentlich interessante Sache zu erschließen. Diese *Gerichtetheit des Bewusstseins* bezeichnet Polanyi als den funktionalen Aspekt impliziten Wissens.[1]

Der funktionale Aspekt besteht aus der Beziehung *von* einem oder mehreren Subsidien *auf* einen Fokus. Wie bereits weiter oben als Beispiel erwähnt, erkennen wir ein Gesicht unter tausenden heraus, indem wir *von* den Einzelheiten, die wir subsidiär wahrnehmen, auf das gesamte Gesicht achten. Es ist uns dabei nicht möglich, diese Einzelheiten genauer zu spezifizieren.[2] „Implizites Wissen ist von-zu-Wissen."[3] Ein Teil des Wissens bleibt dabei im Verborgenen. Die funktionale Ausrichtung des Bewusstseins (wir werden uns des Fokalen nur unter dem Gesichtspunkt der Subsidien gewahr) bewirkt eine Veränderung des Gesamtphänomens, welches im Rahmen des phänomenalen Aspekts impliziten Wissens im nächsten Abschnitt dargelegt wird.

3.1.2.2 Phänomenaler Aspekt – Integration zu einer gesamthaften Gestalt

Ausgehend von der im letzten Abschnitt gezeigten funktionalen Beziehung der Einzelteile vom unterstützenden Bewusstsein auf die zentrale Aufmerksamkeit geht es hier darum, zu zeigen, wie die einzelnen Teile ineinander übergehen und in einer gesamthaften Gestalt erscheinen. Als Gesamtphänomen werden die proximalen Teile anders wahrgenommen, als wenn sie direkt fokussiert werden würden. Die *Veränderung des Phänomens in Abhängigkeit von der Aufmerksamkeit* entspricht dem phänomenalen Aspekt impliziten Wissens bei Polanyi.[4]

„Genauso nehmen wir die einzelnen Merkmale einer Physiognomie nicht an und für sich wahr, sondern *als* das Gesicht eines Bekannten, und registrieren während einer ausgeübten Fertigkeit die Muskelbewegungen *als* Ausführung unseres Könnens, auf das wir unsere Aufmerksamkeit richten."[5] Der phänomenale Aspekt beinhaltet die Transformation des subsidiären Erlebnisses in ein neues sensorisches Erlebnis,

---
[1] siehe Polanyi (1969b), S. 140; Baumgartner (1993), S. 166
[2] Polanyi (1983), S. 10 siehe auch Neuweg (1999), S. 196
[3] Polanyi und Prosch (1975), S. 34
[4] siehe Polanyi (1969b), S. 141; Baumgartner (1993), S. 172; Neuweg (1999), S. 197f
[5] Baumgartner (1993), S. 172f (Hervorhebungen im Original)

welches durch die implizite Integration der subsidiären Sinneswahrnehmung hervorgerufen wird[1]. Die implizite Integration der einzelnen Teile findet durch das zentrale Bewusstsein statt. Dabei werden die verschiedenen Aspekte nicht zufällig zusammengefasst, sondern dies geschieht nach einem spezifischen Gesichtspunkt, der Funktion als Schlüssel für eine andere Wahrnehmung oder Handlung zu dienen. Die unterschiedlichen Aspekte werden implizit integriert, um etwas anderes zu erschließen oder zu steuern.[2]

Polanyi weist in diesem Zusammenhang auf die Gestaltpsychologie[3] hin. Gestalt als das Ergebnis, einer aktiven Wahrnehmung im Zuge des Erkenntnisprozesses. In der Gestaltpsychologie wird die Rolle (bewusster oder unbewusster) Strukturen bei der Wahrnehmungserfahrung hervorgehoben. Dabei geht es nicht um eine Wahrnehmungserfahrung der Sinnesorgane, sondern es wird die Wahrnehmungs-Umwelt miteinbezogen. Wir nehmen Dinge wahr, die bereits mit *Bedeutung* versehen sind. Die Wahrnehmung weist eine unteilbare, ganzheitliche Struktur auf, die die vergangenen Erfahrungen mit den gegenwärtigen vereint und durch dieses kontinuierliche Zurückblicken auf die Erfahrungen wird ein Repertoire an Wahrnehmungsstrukturen konstruiert. Diese Strukturen sind nur in ihren Ganzheiten zu verstehen, nicht aber, wenn sie in Grundeinheiten zerlegt werden. „Der Begriff „Gestalt" bedeutet hier so viel wie „Form", „Ganzes", „Konfiguration" oder „Wesen". *… das Ganze sei mehr als die Summe seiner Teile."*[4]

Beispielsweise erkennen wir einen Gesichtsausdruck, indem wir die Einzelheiten des Ausdrucks zu einem Ganzen integrieren, ohne diese Einzelheiten im Detail zu analysieren. Innerhalb dieses Integrations- und Konstruktionsprozesses werden Kontext- und Erwartungseinflüsse geltend gemacht, die eine hohe persönliche Komponente aufweisen und in den Prozess einfließen.[5] Die Gestalt als das Ergebnis einer aktiven Formung der Erfahrung während des Erkenntnisvorganges.

> „This shaping or integrating I hold to be the great and indispensable tacit power by which all knowledge is discovered and, once discovered, is held to be true."[6]

---

[1] Tsoukas (2001), S. 12f
[2] vgl. Baumgartner (1993), S. 173
[3] vgl. Polanyi (1962), S. vii; Baumard (1999), S. 63; Zimbardo und Gerrig (1999), S. 149
[4] Zimbardo und Gerrig (1999), S. 149
[5] vgl. Zimbardo und Gerrig (1999), S. 147f
[6] Polanyi (1983), S. 6

Das subsidiäre Bewusstsein nimmt dabei eine Schlüsselfunktion wahr und ist dafür verantwortlich, dass die unterschiedlichen Aspekte zu einer einheitlichen *Gestalt* integriert werden. Die Integration zu einem kohärenten Ganzen ist mit einer Aktivität verbunden, die gewisse Fähigkeiten erfordert.[1] Dabei ist die Leistung des Individuums von zentraler Bedeutung. Dies wird im semantischen Aspekt behandelt.

3.1.2.3 Semantischer Aspekt – individuelle Bedeutungszuschreibung

In diesem Abschnitt über den semantischen Aspekt wird gezeigt, wie die zwei Glieder impliziten Wissens um eine dritte Komponente zur Triade des Wissens erweitert werden. Es geht dabei um die Rolle des Individuums, das in diesen Prozessen unterstützendes und zentrales Bewusstsein integriert und mit Bedeutung versieht. Der Prozess der Integration wird näher betrachtet und die schwierig zu artikulierende persönliche und intuitive Komponente impliziten Wissens dargelegt, siehe Abbildung 3.8.

```
                         Einführung Triade impliziten Wissens
                    ┌────────────────────────────────────────┐
┌──────────────────┐│   Internalisierung impliziten Wissens  │
│ semantischer Aspekt ├────────────────────────────────────────┤
│ impliziten Wissens │  Bedeutung und persönliches Urteilsvermögen
└──────────────────┘└────────────────────────────────────────┘
                         intuitive Dimension impliziten Wissens
```

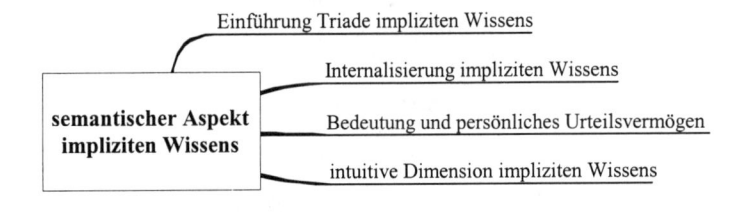

Abb. 3.8: Überblick semantischer Aspekt impliziten Wissens

Der semantische Aspekt beleuchtet die Prozesse impliziten Wissens, vor deren Hintergrund die unterstützenden und zentralen Bereiche unserer Aufmerksamkeit verbunden werden. Indem wir uns auf den unterstützenden Bereich verlassen und ihn als Schlüssel für den zentralen Fokus unserer Aufmerksamkeit benützen, registrieren wird den fokalen Bereich als das, was er für uns bewirkt. Die Wirkung ist seine Bedeutung für uns. Es ist die Bedeutung, die unsere Aufmerksamkeit und unser

---

[1] vgl. Polanyi (1983), S. 6 oder auch Polanyi (1962), S. vii

Bewusstsein leitet. Die implizite Integration ist somit ein Akt der Sinngebung. Polanyi bezeichnet dies als den semantischen Aspekt impliziten Wissens.

Die dualistische *von/zu*-Struktur wird zu einer triadischen Struktur erweitert, siehe Abbildung 3.9. Neben dem proximalen Term in unserem unterstützenden Bewusstsein (A), der uns als Schlüssel für den distalen Term in unserem zentralen Bewusstsein (B) dient, bedarf es einer Person (C), die die beiden zu einem kohärenten Ganzen integriert.[1]

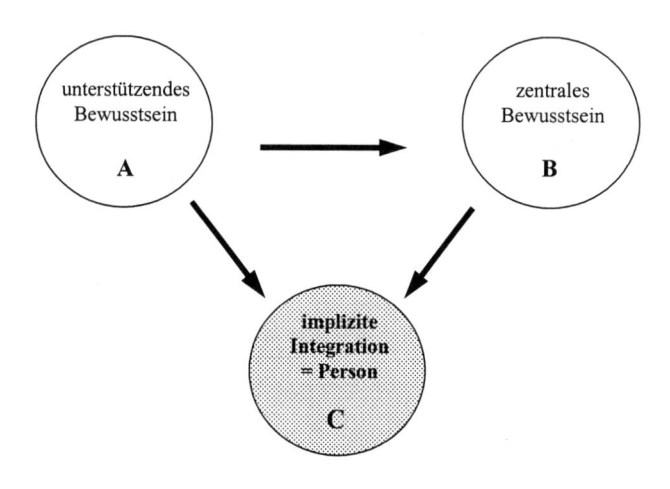

Abb. 3.9: Die Triade des impliziten Wissens[2]

Dabei ist zu betonen, dass die Integration der unterstützenden Einzelglieder zu einem zentralen Ziel nicht automatisch ohne persönliches Zutun passiert, sondern das Ergebnis eines Erkenntnisprozesses ist. Die beiden Glieder werden in einem Akt des Wissens oder Erkennens miteinander verbunden. In diesem Zusammenhang spricht Polanyi davon, dass jedes Wissen persönlich sei und immer einen Akt des Wissens beinhaltet, das heißt Wissen immer ein Prozess ist; „all knowledge being *personal* and

---

[1] vgl. Polanyi (1969c), S. 181f und Baumgartner (1993), S. 180
[2] Quelle: modifiziert nach Baumgartner (1993), S. 180

all knowing being *action*"[1]. Wissen setzt die Integration der unterstützenden Belange zum zentralen Fokus voraus, wobei dieser Prozess implizit im Hintergrund abläuft.[2] Das Beispiel eines Blinden, der einen Blindenstab benützt, um seinen Weg zu ertasten soll dies veranschaulichen. Jeder, der zum ersten Mal einen Blindenstab verwendet, wird zunächst den Einfluss des Stabes in Form eines gewissen Drucks auf seine Finger und Hand spüren. Im Laufe der Zeit, wenn wir lernen den Blindenstab zu benützen, wird unsere Aufmerksamkeit vom Einfluss des Stabes auf unsere Hand transformiert in ein Gefühl dafür, die jeweiligen Gegenstände mit der Spitze des Stabes zu ertasten und zu erfühlen. Dies erklärt, wie bedeutungslose Empfindungen durch Interpretation mit Bedeutung versehen werden. Wir erfahren diese Empfindungen in unserer Hand mit Bezug auf ihre Bedeutung, die eigentlich bei der Spitze des Stabes liegen.[3]

Internalisierung impliziten Wissens

Der Blindenstab oder auch andere Werkzeuge werden so zu einer empfindungsbegabten Verlängerung des Körpers. Es entsteht eine Vertrautheit mit dem Werkzeug und wir verlassen uns völlig darauf; so wie wir auch unseren Körper nicht als Gegenstand empfinden, sondern unsere Aufmerksamkeit *von* ihm als subsidiären Bereich *auf* die Welt richten, wird auch das Werkzeug durch ständiges Üben internalisiert.[4]

„we may say that when we learn to use language, or a probe, or a tool, and thus make ourselves aware of these things as we are our body, we *interiorize* these things and *make ourselves dwell in them*"[5]

Der Begriff des *indwelling* (internalisieren, innewohnen, einverleiben, verinnerlichen) ist für Polanyi von großer Bedeutung und wird in seinen Werken immer wieder thematisiert.[6] Dies gilt nicht nur für den Umgang mit Werkzeugen, auch bei komplizierten Aufgabenstellungen und Theorien assimilieren wir das neue Wissen, indem wir es uns einverleiben, uns mit den Hilfsmitteln identifizieren und sie internalisieren, damit wir sie effizienter und effektiver bewältigen können.

---

[1] Tsoukas (2001), S. 11; vgl. Polanyi (1983)
[2] vgl. Tsoukas (2001), S. 11; Polanyi (1983)
[3] vgl. Polanyi (1983), S. 12
[4] vgl. Polanyi (1969b), S. 148 und Baumgartner (1993), S. 182
[5] Polanyi (1969b), S. 148
[6] vgl. Polanyi (1962), S. 59; Polanyi (1969b), S. 148; Tsoukas (2001), S. 14f

Durch das Internalisieren gelingt es uns, dass wir die Tätigkeiten ausführen und Theorien anwenden, ohne die Einzelheiten dieser Dinge beachten zu müssen. Das Internalisieren ist gleichsam eine Integration der einzelnen Merkmale zu einer komplexen Einheit. Eine analytische Betrachtungsweise würde diese Einheit in seine Einzelteile zerlegen und somit zerstören. Denn wenn wir die Aufmerksamkeit auf die Einzelheiten lenken, wird ein Prozess der Veräußerung (*exteriorization*) in Gang gesetzt. Das vorher verinnerlichte Objekt wird uns wieder fremd, wird wieder externer Gegenstand der zentralen Aufmerksamkeit. Während durch die Integration der Einzelheiten die Internalisierung zur Sinngebung führt, geht umgekehrt der Sinn wieder verloren.[1]

Bedeutung und persönliches Urteilsvermögen

Wissen kann nicht losgelöst von seinem Bedeutungshintergrund betrachtet werden. Die implizite Wissensdimension beinhaltet eine Beurteilungskomponente, die jedes faktische Wissen formt und somit die Verbindung zwischen dem wissenden Subjekt und dem Wissensobjekt herstellt. Jedes so genannte objektive, kodifizierte Wissen beinhaltet somit eine persönliche Komponente.[2] Wissen schließt ein Urteil über die Bedeutung der vorliegenden Tatbestände ein, das entweder aus einem speziellen Kontext und/oder von einer Theorie, einem Modell abgeleitet wurde[3] oder wie Tsoukas und Vladimirou es ausdrücken: „*knowledge is the individual ability to draw distinctions within a collective domain of action, based on an appreciation of context or theory, or both.*"[4] Das Urteilsvermögen einer Person ist die Fähigkeit, Unterschiede zu erkennen und Unterscheidungen zu treffen. Das Urteil der betreffenden Person stellt einen mentalen Akt dar und basiert auf den individuellen Denkmodellen.

An dieser Stelle soll nochmals gesondert auf die *Konstruktionsprozesse der Wahrnehmung* hingewiesen werden, in denen das wahrnehmende Subjekt die Perzepte identifiziert und einordnet und damit eine Entscheidung trifft. Diese Entscheidung stellt ein Urteil im oben genannten Sinn dar und bildet die Grundlage für die Bedeutung, die eine Person dem Wahrgenommenen verleiht.

---

[1] vgl. Polanyi (1969c), S. 185 und Baumgartner (1993), S. 183f
[2] Polanyi (1962), S. 17
[3] Bell (1999), S. lxiv; für eine ausführliche Diskussion sieheTsoukas und Vladimirou (2001), S. 976
[4] Tsoukas und Vladimirou (2001), S. 979 (Hervorhebung im Original)

Identifizieren und Einordnen ist hier im Sinne des Erkennens der Kategorienzugehörigkeit gemeint. Ereignisse oder Objekte werden von der betreffenden Person interpretiert und Kategorien zugeordnet, welche aufgrund von bisherigen Erfahrungen geformt wurden. Dabei werden auch Erwartungseinflüsse wirksam. Die Wahrnehmungsergebnisse sind abhängig vom Kontext und vom Vorwissen der betreffenden Person.

Innerhalb dieser Einordnungsprozesse werden zwei Arten der Verarbeitung unterschieden[1]:

(1) die Bottom-up-Verarbeitung als die von der Datenbasis geleitete und

(2) die Top-down-Verarbeitung als von den übergeordneten Konzepten geleitete Verarbeitung des Wahrgenommenen

Wenn ein Gegenstand identifiziert wird, muss das, was gesehen wird, mit dem vorhandenen Wissen verglichen und in das Wahrnehmungssystem aufgenommen und weitergeleitet werden. Dabei spricht man von Bottom-up-Verarbeitung; während bei der Top-down-Verarbeitung Erwartungen, Vorerfahrungen, Motivation und kulturelle Hintergründe auf die wahrgenommene Welt einwirken und somit das Identifizieren und Einordnung unterstützen, siehe Abbildung 3.10.

---

[1] Zimbardo und Gerrig (1999), S. 143ff

```
         ┌─────────────────────────────────────┐
         │  Kontext- und Erwartungseinflüsse   │
         └─────────────────────────────────────┘
                              top down

                       ⎛ Wahrnehmung ⎞

               bottom up

         ┌─────────────────────────────────────┐
         │           Daten, Info etc.          │
         └─────────────────────────────────────┘
```

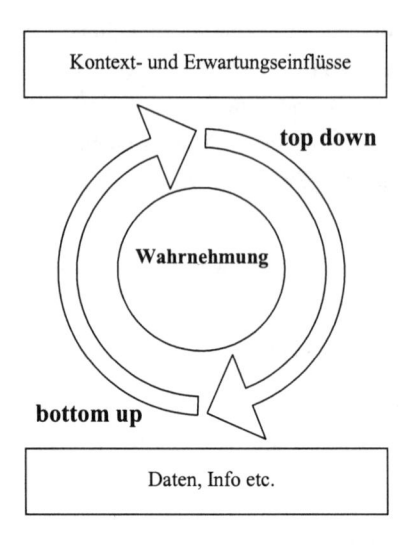

Abb. 3.10: Bottom-up- und Top-down-Verarbeitung während des Wahrnehmungsprozesses

Diese Verarbeitungs- und Einordnungsprozesse sind abhängig von der Person, die wahrnimmt. Es gibt keine Erkenntnis ohne das erkennende Subjekt. Der implizite Wissensanteil kann nicht losgelöst von der Person, die weiß, betrachtet werden. Persönliche Werte und Einstellungen üben einen maßgeblichen Einfluss auf implizites Wissen aus.[1] Diese persönliche Komponente stellt einen zentralen Bestandteil von Wissen dar:

> "... into every act of knowing there enters a passionate contribution of the person knowing what is being known, and .. this coefficient is no mere imperfection but a vital component of his knowledge."[2]

Es ist dieser idiosynkratische persönliche Anteil, der die Außergewöhnlichkeit von Wissen im Vergleich zu anderen Unternehmensressourcen begründet. Implizites Wissen beinhaltet Ideale, Gefühle und mentale Modelle so tief verwurzelt in uns, dass wir sie als selbstverständlich erachten.[3]

---

[1] Nonaka, Davenport etc. anführen
[2] vgl. Polanyi (1962), S. viii
[3] vgl. Takeuchi (1998)

Da Wissen diese kognitive Dimension beinhaltet, stellt es sich als besondere Herausforderung dar, dieses Wissen zu artikulieren und zu transferieren. Es ist jedoch nicht ohne weiteres möglich, die zugrunde liegende Konzeption, die sich eine Person von einer Sache gebildet hat, direkt auf eine andere Person zu übertragen.[1] Dazu ist ein subtiler Kommunikationsprozess vonnöten, der diese Dimension des Wissens in Betracht zieht.

Intuitive unaussprechliche Dimension impliziten Wissens

Die Schwierigkeit, implizites Wissen zu artikulieren, beruht auf dieser unbewussten, intuitiven Dimension. Dabei wird auf die unaussprechliche Komponente hingewiesen, die tief in uns Personen verwurzelt ist und auf die Prozesse der Wahrnehmung einwirkt.

> "Augustinus (Conf. XI/14): ... Das, was man weiß, wenn uns niemand fragt, aber nicht mehr weiß, wenn wir es erklären sollen, ist etwas, worauf man sich *besinnen* muss. (Und offenbar etwas, worauf man sich aus irgendeinem Grunde schwer besinnt)."[2]

Das Zitat von Augustinus weist auf den Aspekt von Wissen hin, der unbewusst vorhanden ist und schwierig zu erklären ist. Es geht dabei um jenen impliziten Wissensanteil, der ohne bewusste Erinnerung zur Anwendung kommt und dennoch das menschliche Verhalten beeinflusst und sogar steuert. Dies führt auf der Bewusstseinsebene zu intuitiven *über*zufällig richtigen Entscheidungen.[3] Der intuitive, unbewusste Aspekt impliziten Wissens ermöglicht ein nicht auf Reflexion beruhendes Erkennen ähnlich einer plötzlichen Eingebung oder unmittelbarem Erfassen. Es geht dabei um eine Regelhaftigkeit, die wir zwar benutzen, aber nicht durchschauen und nicht erklären können.[4] Es sind uns die zugrunde liegenden kausalen Zusammenhänge nicht klar, nicht bewusst. So lernen wir auch, ohne uns dessen bewusst zu sein, was gelernt wird[5]. Daher können wir es auch nicht erklären. Was wir tun können, ist,

---

[1] vgl. Sparrow (1998), S. 51
[2] Wittgenstein (1975 (1. Aufl. 1958)), S. 71, Nr. 89; siehe auch, Tsoukas (2001), S. 2
[3] Perrig (1990), S. 234
[4] Perrig (1990), S. 246
[5] zur Thematik des Lernens und implizites Wissen vgl. Reber (1993)

darüber zu reflektieren und zu lernen die diesen Aktivitäten zugrunde liegenden Unterschiede hervorzuheben.[1]

Um dies zu veranschaulichen, soll hier das Beispiel der Entwicklung einer automatischen Haushalts-Brotbackmaschine bei Nonaka[2] und Takeuchi angeführt werden. Ikuko Tanaka, Leiter der Softwareentwicklung bei Matsushita Electric, und seine Ingenieure versuchen eine Brotbackmaschine zu entwickeln, mit der ermöglicht wird, Brot wie frisch vom Meisterbäcker vollautomatisch zuhause zu backen. Das Kernproblem für die Ingenieure besteht darin, die Kunst den Teig so zu kneten wie ein Meisterbäcker auf einen mechanischen Prozess zu überführen. Zur Lösung des Problems gehen einige aus dem Entwicklungsteam beim besten Bäcker der Stadt in die Lehre. Hier sollen sie dieses (implizite) Wissen über die Kunst des Brotbackens und dieses speziellen Teigknetens erlernen, dann analysieren und auf das Entwicklungsprojekt übertragen. Nonaka und Takeuchi sprechen dabei davon, das implizite Wissen des Teigknetens zu externalisieren und in eine explizite formale Sprache zu übertragen.

Inhaltlich wird dabei Wissen, das durch Sozialisation und Imitation in der Meister-Lehrling-Beziehung gelernt wird, dem Lesen von Handbüchern gleich gestellt. Denn in beiden Fällen kann Wissen in formalen Regeln artikuliert werden – nur die Art und Weise der Aneignung unterscheidet sich. Die „Röhrenmetapher"[3] der Kommunikation, die dieser Sichtweise von Nonaka und Takeuchi zugrunde liegt, dass Ideen wie Objekte von den Personen extrahiert werden können und auf andere durch eine Leitung (oder eine Röhre) übertragen und zum anderen Ende übermittelt werden, reduziert die praktische implizite Wissensdimension zu formalem Wissen[4]. Tanaka hat aber in dieser Meister-Lehrlings-Beziehung mehr gelernt, als durch formales Wissen expliziert werden kann. Diese Art von Wissen enthält ein unaussprechliches Element, das auf einen Akt persönlicher Einsicht basiert und durch eine Person zu einem kohärenten Ganzen integriert wurde.

Der holistische Charakter der Integration ist jedoch auch genau jener Bereich, der „eine Darstellung mittels diskursiver Symbolsysteme – wie es beispielsweise unsere Sprache ist – verhindert".[5] Es ist häufig nicht möglich, die Fähigkeiten und

---

[1] vgl. Tsoukas (2001), S. 27ff
[2] siehe Nonaka und Takeuchi (1995), S. 63f bzw. Tsoukas (2001), S. 23ff
[3] vgl. Lakoff (1995), S. 18f; Tsoukas (1997)
[4] vgl. Tsoukas (2001), S. 24
[5] Baumgartner (1993), S. 172

Fertigkeiten einer spezifischen Tätigkeit zu artikulieren. Es ist aber dennoch möglich darüber zu sprechen, indem versucht wird, sich die Tätigkeit wieder in Erinnerung rufen und Revue passieren lassen. Dabei kann die Aufmerksamkeit auf neue Aspekte gelenkt und so in ein neues Licht gerückt werden. Es wird ermöglicht, die Aufmerksamkeit auf *bedeutende* Merkmale zu lenken, die zuvor ausgeklammert wurden.[1]

Tanaka lernte vielleicht diesen gewissen Dreh auf den es beim Teigkneten ankommt, damit gutes Brot gelingt, aber ihr war dies nicht bewusst. Sie musste erst wieder daran *erinnert* werden. Es geht darum, auf die im fraglichen Kontext bedeutende Dinge zu achten, neu zu integrieren und „immer wieder Unterscheidungen hervorheben, die unsre gewöhnlichen Sprachformen leicht übersehen lassen."[2] In Bezug auf das Artikulieren impliziten Wissens bedeutet das: aufhören, implizites Wissen in eine formale Sprache *übersetzen* zu wollen und anstatt dessen beginnen, unsere Aufmerksamkeit rekursiv darauf zu lenken, wie wir die Dinge betrachten und bewährte Muster in Frage stellen.[3] Doch dazu mehr in Kapitel 4 über die Prozesse der Wissenstransformation.

Innerhalb des semantischen Aspekts wurden die zwei Glieder impliziten Wissens um eine dritte Komponente, die Person, die Hintergrundwahrnehmung und zentrale Wahrnehmung integriert und mit Bedeutung versieht, zur Triade impliziten Wissens erweitert. Dabei wurde ausdrücklich auf Prozesse wie die Internalisierung, das persönliche Urteilsvermögen und die intuitive unaussprechliche Dimension impliziten Wissens hingewiesen. Abschließend wird nun darauf hingewiesen, dass diese Prozesse innerhalb einer realen Entität stattfinden. Dies kommt im ontologischen Aspekt impliziten Wissens zum Ausdruck.

3.1.2.4 Ontologischer Aspekt – Bezug zur Realität

Neben dem funktionalen, phänomenalen und semantischen führt Polanyi den ontologischen Aspekt impliziten Wissens an, der die Frage betrifft „*was* wir beim Verstehen einer komplexen Entität verstehen"[4]. Die Hinweise, die durch die subsidiären Einzelheiten unterschwellig integriert wurden, bedeuten nicht nur etwas,

---

[1] vgl. Tsoukas (2001), S. 24ff
[2] Wittgenstein (1975 (1. Aufl. 1958)) Nr. 132
[3] vgl. Tsoukas (2001), S. 29
[4] Polanyi (1985), S. 36

sondern deuten auf den zentralen Fokus hin. Die Merkmale des unterstützenden Bewusstseins werden dazu verwendet, um den fokalen Bereich aufzuschließen und ihn mit Bedeutung zu versehen. Bei der Sinngebung wird implizit davon ausgegangen, dass diese Hinweise auf bisher noch nicht entdeckte oder verstandene Zusammenhänge in der Realität hindeuten. Es handelt sich dabei darum, *wovon* das implizite Wissen einen in Kenntnis setzt.[1] Das Ergebnis impliziten Wissens ist ein Aspekt der Realität. Dabei ist zu betonen, dass die Aspekte, unter denen sich diese Realität noch enthüllen kann, unendlich und nicht vorhersehbar sind.[2]

Resümee

Abschließend ergibt sich über die Struktur impliziten Wissens nach Polanyi folgendes Resümee. Polanyi versucht das Konzept des impliziten Wissens aufzuschlüsseln, indem er die zugrunde liegenden Prozesse analysiert und in seinem Modell der mentalen Akte beschreibt. Die Basis stellt dabei die zweigliedrige Struktur impliziten Wissens dar, welches eine subsidiäre und eine zentrale Aufmerksamkeit und demzufolge zwei Bewusstseinsebenen unterscheidet. Darauf aufbauend identifiziert Polanyi vier Aspekte, aus deren Perspektive die Prozesse impliziten Wissens betrachtet und erklärt werden. Dabei zeigt sich, dass implizites Wissen nicht als unmittelbarer, direkter Prozess zu verstehen ist, sondern mit Hilfe der Hinweise aus dem unterstützenden Bewusstsein gelingt. Dies ist auf die grundsätzliche Struktur der Wahrnehmung zurückzuführen; eine äußere Gegebenheit kann nicht als solche wahrgenommen werden, sondern bedarf zugleich einer mentalen Aktivität und setzt sich somit immer aus zwei getrennten Ereignissen, der äußeren Gegebenheit und der mentalen Aktivität, zusammen. In diesen Prozessen ist die Rolle der Person zentral, die diese beiden Ereignisse mit Bedeutung versieht und zu einem kohärenten Ganzen integriert. Es wird betont, dass die Prozesse impliziten Wissens eine unbewusste, intuitive Komponente aufweisen und daher schwierig zu artikulieren sind. Schließlich wird darauf hingewiesen, dass implizites Wissen Teil der Realität ist und im Gegenzug auch wiederum Realität konstruiert.

Polanyis Wissenstheorie ist ausdrücklich als Alternative zur platonischen Lösung der Paradoxie im Menon zu verstehen, welche einen Widerspruch in unserem

---

[1] siehe Polanyi (1983), S. 13 und Baumgartner (1993), S. 185
[2] siehe Polanyi (1969b), S. 141

Wissenschaftsverständnis zum Ausdruck bringt: die Suche nach einer Problemlösung sei absurd; denn entweder man wüsste wonach man suche, dann gibt es kein Problem; oder man weiß nicht, wonach man sucht und dann könne man auch nicht erwarten, etwas zu finden. Wenn nun aber trotzdem Probleme vorhanden sind und auch Lösungen dazu gefunden werden können, dann folgt daraus, dass wir etwas wissen können, *ohne imstande zu sein, es auszudrücken.* Das bringt für Polanyi klar zum Ausdruck, dass es nicht möglich ist, ein Problem zu erkennen oder das Problem einer Lösung zuzuführen, wenn alles Wissen explizit, das heißt klar angebbar wäre. Auf der Grundlage dessen, was wir gegenwärtig wissen, begegnen wir neuen Situationen, erkennen und lösen Probleme, machen Entdeckungen und Erfindungen. In diesem Sinne wissen wir gar nicht, was wir alles wissen. Die implizite Dimension des Wissens erklärt die Selbsterneuerungsfähigkeit des Wissens und die Paradoxie, dass Neues als neu erlebt wird und dennoch aufgrund des alten Wissens bewältigt werden kann und unterscheidet Menschen von Maschinen.[1]

Abschließend kann nochmals festgehalten werden, dass die implizite Dimension eine wesentliche Komponente des Wissens und ausschlaggebend für dessen Besonderheit als Unternehmensressource ist. Die Prozesse impliziten Wissens wurden in diesem Abschnitt skizziert und gezeigt, dass sie (1) abhängig sind von der betreffenden Person und (2) eine intuitive, unaussprechliche Komponente beinhalten und somit denkbar ungünstige Voraussetzungen für die gezielte Steuerung und Beeinflussung im Sinne des Managements dieser Unternehmensressource aufweisen. Aus der Perspektive der Organisation von Wissen im Unternehmen wird es daher als sinnvoll erachtet, danach zu trachten, die dem Wissen zugrunde liegenden Prozesse zu ermöglichen und einen günstigen Nährboden zu schaffen.

Es gilt hier nochmals zu betonen, das Wissen neben der vordergründigen expliziten Seite immer auch diese unaussprechliche implizite Dimension im Hintergrund beinhaltet und wesentlich davon geprägt ist. Implizites Wissen wirkt auf viele Prozesse unseres alltäglichen Handelns ein und ist zentraler Bestandteil der so genannten Praxis. Dabei ist ausdrücklich hervorzuheben, dass es unmöglich ist, den handelnden Körper (Praxis) vom denkenden Subjekt (Kognitionen) zu trennen[2]. Dies kommt im nächsten Abschnitt zum Ausdruck

---

[1] vgl. Neuweg (1999), S. 138f; Polanyi (1983), S. 21f
[2] vgl. Baumard (1999), S. 75; Dies steht im Gegensatz zur kartesianischen Trennung von Denken und Handeln.

3.2 Handlungsorientierung des Wissens

Aufbauend auf die im vorigen Abschnitt dargestellte implizite Dimension des Wissens und der zugrunde liegenden Prozesse, liegt hier der Fokus auf dessen Auswirkungen im konkreten Tun und wie umgekehrt Handeln wiederum Wissen schafft. Es geht um Wissen als Prozess, als aktives Tun, als Gesamtheit der Kenntnisse und Fähigkeiten, die bei der Lösung von Problemen eingesetzt werden.[1] Wissen ist immer mit einem *Akt* des Wissens verbunden, als ein Erkennen, Tun, Denken oder Wahrnehmen, mehr ein *knowing* als *knowledge*[2]. Entscheidend sind dabei die Bewusstseinsvorgänge, die diese mentalen Akte begleiten. Nicht das Gedächtnis als der Ort an dem Wissen vermeintlich aufbewahrt wird, steht im Vordergrund, sondern hauptsächlich die Dynamik des menschlichen Wahrnehmens, Handelns und Denkens, Prozesse also.

„Knowledge is an activity which would be better described as a process of knowing."[3]

Die englische Sprache erlaubt hierbei eine feinere Unterscheidung zwischen *knowing* und *knowledge*, die im deutschen Wissen verloren geht. Knowing impliziert diese dynamische Komponente des Wissens, die sich in den Prozessen und in der konkreten Handlung zeigt.

In Zusammenhang mit Wissen als Prozess und somit Teil des Handelns soll hier auf die Arbeiten von Dewey[4], als Vertreter des amerikanischen Pragmatismus hingewiesen werden[5], der eine Alternative zur dominierenden kartesianischen Sichtweise und der damit verbundenen Trennung zwischen Denken und Handeln darstellt[6]: Der *pragmatischen* Sichtweise folgend, soll der primäre Fokus nicht (allein) auf abstrakten Konzepten und von der Theorie abgeleiteten Prinzipien einer externen Realität liegen, sondern die konkrete Handlung und die Praxis im Vordergrund stehen. Ausschlaggebend dafür sind die charakteristischen Eigenschaften von Wissen, welche nicht losgelöst vom Kontext betrachtet werden können und eng verwoben sind mit der betreffenden Person und deren Erfahrungen. Das Handeln und die praktischen Problemstellungen sind Ursprung und Ausgangspunkt für das Denken gemäß der

---

[1] vgl. die auch zu Beginn angeführte Definition von Probst, Raub und Romhardt (1998), S. 44
[2] vgl. Neuweg (1999), S. 135; Polanyi (1969a), S. 162
[3] Polanyi (1969a), S. 132
[4] vgl. etwa Dewey (1922)
[5] vgl. Baumard (1999), S. 63; Spender (1996a), S. 49
[6] vgl. Cook und Brown (1999), S. 78

pragmatischen Sichtweise. In Bezug auf die Wissensdebatte gilt hier das primäre Interesse nicht dem Wissen als *knowledge*, das abstrakt, statisch und universell gültig ist, sondern dem *knowing*, als Teil eines konkreten, dynamischen Handelns von Menschen. Das Handeln ist abhängig von der jeweiligen Situation, dem konkreten Problem, das zu lösen ist, der Kontext, indem das Handeln stattfindet.

Die Handlungskomponente ist insbesondere im organisationalen Zusammenhang von Bedeutung. Das Wissen einer Organisation zeigt sich in den Aktivitäten der Organisationsmitglieder und somit den Produkten und Leistungen des Unternehmens. Nachfolgend wird Wissen und Handeln vor dem Hintergrund ihrer gegenseitigen Beeinflussung erörtert: (1) Wissen als Grundlage für Handlungsfähigkeit und (2) Handeln, das wiederum Wissen generiert [1].

3.2.1 Wissen als Grundlage für die Handlungsfähigkeit

„Wissen ermöglicht Handlungsfähigkeit"[2], wie es Roehl zurückhaltend formuliert, um jeden Anschein eines Determinismus zu vermeiden. Implizites Wissen als Prozess des Wissens inkludiert Bewusstseinsvorgänge, die eine Person in ihrem Handeln anleitet, wie im letzten Abschnitt im semantischen Aspekt impliziten Wissens (unter 3.1.2.3) thematisiert wurde. Die Beispiele bei Polanyi wie etwa das Einschlagen eines Nagels mit einem Hammer sollten verdeutlichen, welche bewussten und unbewussten Prozesse des Wissens dieser alltäglichen Aktivität zugrunde liegen und unser Verhalten beeinflussen.

Roehl[3] verweist auf Wissen als handlungsleitende und prozesssteuernde *Interpretationsschema*[4]; *action theory*[5] als „wenn-dann-Verknüpfungen", die von den Handelnden im Alltagsleben gelernt, gespeichert und abgerufen werden können; *actionable knowledge*[6], das nicht nur für die Welt der Praxis relevant ist, sondern das Wissen, das man anwendet, um die Welt zu schaffen; *theory of action*[7], kognitive Strukturen, die Signale aus der Umwelt filtern und interpretieren und schließlich

---

[1] siehe Roehl (2000), S. 47ff
[2] Roehl (2000), S. 47
[3] siehe Roehl (2000), S. 47f
[4] vgl. Ranson, Hinings und Greenwood (1980)
[5] vgl. etwa in Argyris (1993), S. 3; Argyris und Schön (1974)
[6] vgl. Argyris (1997), S. 12
[7] siehe etwa Hedberg (1981), S. 7f; Weick (1995)

verknüpfen; *Routine¹*, *organisational akzeptierte Wirklichkeitskonstruktionen²*, als Basis für die Problemlösungsfähigkeit im alltäglichen Handeln; *cognitive map³*, als handlungsleitende Entitäten, die den Akteuren Handlung ermöglichen, „ohne jede Situation erneut auf ihren Bedeutungsgehalt analysieren zu müssen"⁴; bzw. *mental model⁵* und *action scheme⁶* oder in Form anderer Zwischeninstanzen eine Orientierung gegenüber der Umwelt ermöglichen. Die Personen beziehen sich auf diese Modelle automatisch, un- oder vorbewusst oder aber auch bewusst. Die Bezugnahme auf das Wissen einer Person in Form von Erfahrungen, Schemen oder auch intuitiven Elementen erlaubt Handlungsfähigkeit. So auch im Umkehrschluss, wo Handeln in kognitiv anspruchsvollen Situationen zu beobachten ist, muss (in irgendeiner Form) Wissen zugrunde liegen⁷.

3.2.2 Handeln generiert Wissen

Die Handlungen innerhalb einer Organisation werden nicht nur vom Wissen geleitet, sondern schaffen ihrerseits wiederum neues Wissen. Handlungen in Sozialisations- und Lernprozessen etwa stellen Bereiche dar, in denen organisationsbezogenes Wissen generiert wird.⁸ In der täglichen Praxis werden Erfahrungen gemacht, die Grundlage für die Weiterentwicklung des Wissens darstellen. Die konkreten Handlungen stellen gewissermaßen eine ständige Revision und Weiterentwicklung des aktuellen Wissens dar.⁹ Wissen wird aufgrund der Aktivitäten innerhalb einer Organisation permanent (re)konstruiert.¹⁰

Es ist dieser Handlungskontext, „the location of an individual within a collectively generated and sustained domain of action"¹¹, a „form of life"¹², a „practice"¹³, a

---

[1] vgl. u.a. Levitt und March (1988)
[2] siehe Probst und Naujoks (1993)
[3] vgl. u.a. Weick (1987); Weick und Bougon (1986) oder detaillierter bei Bougon (1992); Eden (1992); Lehner (1996); ausführlicher dazu auch unter 6.2.1Cognitive Mapping
[4] Hanft (1996), S. 150
[5] vgl. u.a. Kim (1993), S. 45
[6] vgl. Glasersfeld (1988), S. 234
[7] vgl. Willke (1995), S. 293
[8] vgl. Roehl (2000), S. 52
[9] vgl. Willke (1998)
[10] vgl. Tsoukas (1996), S. 22
[11] Tsoukas und Vladimirou (2001), S. 977 (Hervorhebung B.R.)
[12] Wittgenstein (1975 (1. Aufl. 1958))
[13] MacIntyre (1985)

"horizon of meaning"[1] or a "consensual domain"[2], aufgrund dessen es den Individuen möglich ist, Unterscheidungen zu treffen und zu urteilen. Unterscheiden und Urteilen als Teil des Wissensprozesses beinhaltet die Einordnung in Kategorien, d.h. während des Handelns wird permanent selektiert. Dabei greifen Personen auf ihre kollektive Handlungsdomäne zurück, d.h. der Arbeitskontext und die Gruppe von Personen, die einen umgeben etwa eine Gruppe von Handwerkern.[3] Die Schlüsselkategorien werden während des Handelns, der gemeinsamen Praxis etc. gebildet und leiten ihre Bedeutung davon ab, wie sie eben in bestimmten Situationen benutzt werden. Dabei werden immer wieder neue Unterscheidungen getroffen, bestehendes Wissen wird (re)konstruiert und somit neues Wissen geschaffen[4].

Abschließend soll hier nochmals darauf hingewiesen werden, den Begriff Wissen aus seinem Handlungskontext und somit als eine Aktivität zu verstehen und den Analysefokus auf den *Prozess* des Wissens zu richten.

> „Rather than regarding *knowledge* as something that people have, it is suggested that *knowing* is better regarded as something that they do. Such an approach draws attention to the need to research ways in which the systems which mediate knowledge and action are changing and might be managed."[5]

Wissen wird hier nicht als etwas objektiv Gegebenes erachtet, das vorab definiert und wie ein Paket geschnürt und transferiert werden kann, sondern als ein Wissensprozess. Im Umgang mit Wissen in Organisationen gilt es daher, den Prozess des Wissens innerhalb der betreffenden Handlungsdomäne zu analysieren, um daraus Möglichkeiten der gezielten Beeinflussung abzuleiten. Dabei ist anzumerken, dass in dieser Handlungsdomäne die Person in einem Kontext zumeist nicht allein agiert, sondern im Austausch mit anderen Personen steht.

---

[1] Gadamer (1989)
[2] Maturana und Varela (1987)
[3] vgl. Tsoukas und Vladimirou (2001), S. 978; siehe näheres dazu auch den Abschnitt über „communities of practice" unter 4.3.1
[4] vgl. etwa Bell (1999), S. lxiv
[5] Blackler (1995), S. 1023 (Hervorhebung im Original)

3.3 Soziale Konstruktion des Wissens

Wissen wird in Interaktion der beteiligten Individuen konstruiert. Die Konstruktion des Wissens in Interaktion stellt neben der impliziten Dimension und der Handlungsorientierung des Wissens das dritte Charakteristikum dar, das den Wissensbegriff im Kontext dieser Arbeit veranschaulichen soll.

3.3.1 Soziale Komponente

Wissen als ein Prozess ist neben dem Handlungskontext abhängig von den beteiligten Personen. Aufgrund der gemeinsamen Tätigkeiten entwickeln die Personen ein gemeinsames Verständnis. Die Individuen agieren im Rahmen dieses sozialen Kontextes. Sie tauschen Wissen untereinander aus und konstruieren dabei neues Wissen, das wiederum Einstellungen, Verhalten und Urteilsvermögen beeinflusst[1].

Soziale Interaktion bezieht sich auf das, was zwischen den Menschen abläuft und Sprache benötigt.[2] Die soziale Interaktion ist auch im *Modell der Knowledge Creation* von Nonaka und Takeuchi[3] zentral. In den Prozessen der Interaktion tauschen Personen Wissen untereinander aus, entwickeln es weiter und schaffen neues Wissen. Dabei wird betont, dass die Interaktionsprozesse immer zwischen zwei oder mehreren Personen stattfinden, niemals innerhalb einer einzigen Person. Die Prozesse der Wahrnehmung und des Wissens finden niemals losgelöst vom sozialen Kontext statt. Individuen agieren nicht isoliert, sondern immer vor dem Hintergrund ihrer sozialen Austauschbeziehungen. Bereits in *phronesis*[4], der „sozialen Weisheit" der griechischen Philosophie der Antike wurde der Ursprung des Lernens und Wissens in der sozialen Interaktion, in der Beobachtung und Imitation der anderen gesehen[5].

---

[1] vgl. Berger und Luckmann (1999); Nonaka und Takeuchi (1995), S. 59
[2] vgl. Glasersfeld (1997), S. 182
[3] vgl. Nonaka und Takeuchi (1995), S. 61ff
[4] siehe auch Abschnitt Wissensformen in der griechischen Philosophie der Antike (unter 3.1.1.1)
[5] vgl. Baumard (1999), S. 64

3.3.2 Komponente der Konstruktion

An dieser Stelle soll auf die konstruktivistische[1] Sichtweise des Wissens und die aktive Rolle des erkennenden Subjekts in den Prozessen des Wissens nochmals gesondert hingewiesen werden. Im Konstruktivismus bezieht sich Wissen auf „begriffliche Strukturen, die erkennende Akteure in ihrem Erfahrungsbereich im Rahmen ihrer Tradition des Denkens, Sprechens und Schreibens für viabel halten."[2] Der Begriff der Viabilität ist im Konstruktivismus zentral und deutet darauf hin, dass nur das wahrgenommen wird, was für den Wahrnehmenden im Handlungszusammenhang brauchbar ist.

Wissen wird nicht passiv aufgenommen, weder durch die Sinnesorgane noch durch Kommunikation, sondern vom denkenden Subjekt *aktiv aufgebaut*, d.h. konstruiert. Wissen ist daher nicht neutral, sondern vom Interesse des Wissenden abhängig. Es wird lokal in den Prozessen der Interaktion, im Dialog mit anderen gebildet. Wissen weist eine hohe in-situ-Komponente auf. Im Umgang mit Wissen in Organisationen ist daher zu berücksichtigen, dass Wissen stark mit dem Entstehungskontext verbunden ist und nicht losgelöst davon betrachtet werden kann. Die Prozesse der sozialen Konstruktion werden im Kapitel fünf zur wissensbasierten Interaktion unter 6.1.1.2 Sozialer Konstruktivismus näher betrachtet.

---

[1] vgl. etwa Foerster (1992); Glasersfeld (1997); Watzlawick (1991)
[2] Glasersfeld (1997), S. 175f

4 Prozesse der Wissenstransformation

"Wenn Siemens wüsste, was Siemens weiß"[1], lautet ein häufig zitierter Ausspruch von Heinrich von Pierer, Vorstandsvorsitzender der Siemens AG. Dieser vielfach zitierte Satz soll verdeutlichen, dass ein beträchtliches Reservoir an Wissen in Unternehmen vorhanden ist, welches jedoch oft ungenutzt bleibt. Wissen liege brach in den Köpfen der Mitarbeiter und müsse lediglich von dort zu dessen Einsatzort transportiert werden. Dies setzt aber zweierlei Dinge voraus: (1) dass man weiß, welches Wissen vorhanden ist und wo dieses zu welchem Zeitpunkt gebraucht wird und (2) dass Wissen wie ein Paket von einem Ort zum anderen verschoben werden kann. Diese Voraussetzungen können nicht erfüllt werden, wie im Folgenden argumentiert wird.

Im vorangehenden Kapitel wurde der Wissensbegriff dargestellt und erklärt, dass Wissen als Prozess verstanden wird. Der Wissensprozess weist

(1) eine implizite Dimension auf,
(2) ist immer mit einem Erkenntnisakt verbunden und
(3) wird im sozialen Kontext konstruiert.

Aufgrund dieser Merkmale ist es daher nicht möglich, Wissen wie ein Paket von einer Person zur nächsten zu verschieben und von Wissens*transfer* zu sprechen. Denn um dieses Paket schnüren zu können, bedarf es relativ genauer Kenntnis über dessen Inhalte, d.h. Wissen müsste vorab definiert und abgebildet werden können (siehe Paketmodell in Abbildung 4.1.).[2] Da keine Abbildung von Wissen im Sinne einer objektiven Darstellung möglich ist, kann es auch nicht im Sinne einer vollständig planbaren Steuerung als solches identifiziert und beliebig eingesetzt werden.

Dem Paketmodell steht die Sichtweise gegenüber, Wissen nicht als gegeben und vordefiniert zu erachten, sondern es als Prozess der Interpretation und Konstruktion zu verstehen (siehe Interaktionsmodell in nachfolgender Abbildung). Wissen ist hier stark

---

[1] Pierer (2000); eine Wiederholung dieses bereits zu einem früheren Zeitpunkt getätigten Ausspruchs; siehe auch das Zitat von Lew Platt, Geschäftsführer von Hewlett-Packard: „Wenn *HP* wüsste, was *HP* alles weiß, wären unsere Gewinne dreimal so hoch.", in: Davenport und Prusak (1998a), S. 18
[2] vgl. Schneider (1996), S. 18

an die Wahrnehmung der beteiligten Personen gebunden.[1] Der Aspekt der interpersonellen Kommunikation, des Findens einer gemeinsamen Sprache zur Verständigung über lose gekoppelte Netzwerke hinweg, ist hier von großer Bedeutung. Kommunikation und Interaktion ermöglichen den individuellen Wissensträgern, sich über eigene und fremde Ideen zu verständigen und gemeinsam Problemlösungen und somit neues Wissen zu entwickeln[2]. Wissen fließt im Unternehmen, wird ausgetauscht und weiterentwickelt, so dass neues Wissen entsteht. Solange dieser Wissensfluss innerhalb eines Unternehmens aufrecht ist, wird es auch in die Wissensprozesse einfließen und, um das eingangs erwähnte Beispiel fortzuführen, *Siemens wissen, was Siemens weiß*.

Paketmodell   **Wissen**   *Interaktionsmodell*

Wissen ist Input in Prozesse   Wissen ist ein Prozess
Wissen ist *Abbildung* von Realität   Wissen ist *Konstruktion* über Realität

Wissens**transfer**   Wissens**transformation**

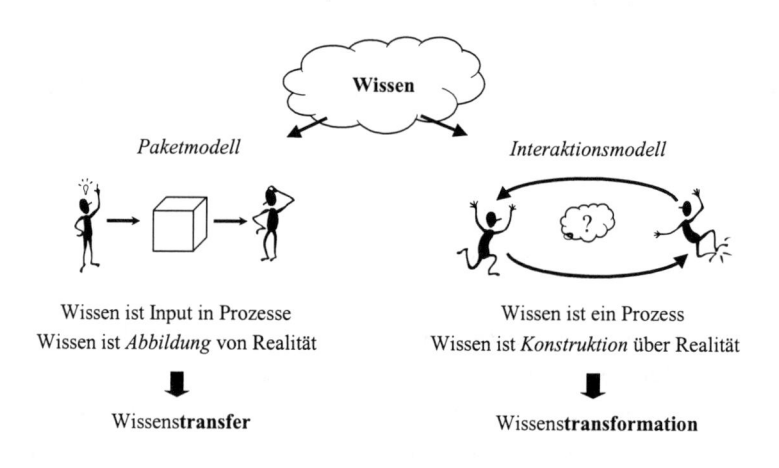

Abb. 4.1: Modelle des Wissens[3]

Im Interaktionsmodell wird davon ausgegangen, dass im Umgang mit Wissen in Organisationen die *soziale Interaktion* zentral ist. Personen interagieren und tauschen dabei Wissen aus und entwickeln es weiter. Wissen wird von den Beteiligten konstruiert, das heißt, es entsteht erst in diesem *sozialen* Prozess und ist nicht

---

[1] vgl. Krogh, Roos und Slocum (1994), S. 55ff
[2] vgl. Probst, Raub und Romhardt (1998), S. 196
[3] Quelle: modifiziert nach Schneider (1996), S. 19

vordefiniert. Das menschliche Verhalten steht hier im Mittelpunkt des Interesses. Der Fokus liegt klar im Bereich der Beziehungspflege und des Prozessmanagements.[1]

Wissen wird von den beteiligten Personen geteilt, in Bezug auf den jeweiligen Kontext interpretiert und weiterentwickelt, d.h. das Wissen wird *transformiert*. Aufbauend auf dem Vorhandenen entsteht in den Prozessen der Interaktion neues Wissen. Denn Wissen ändert sich in Abhängigkeit vom jeweiligen Kontext und den beteiligten Personen. Der Begriff der Wissenstransformation beinhaltet daher sowohl den *Austausch* von Wissen als auch die gleichzeitige Weiterentwicklung durch die Interpretationsleistung der Individuen und somit die *Generierung* neuen Wissens.[2] In weiterer Folge wird in dieser Arbeit der Begriff der **Wissenstransformation** sowohl für die Prozesse des Wissensaustausches als auch der Wissensgenerierung verwendet (siehe Abbildung 4.2).

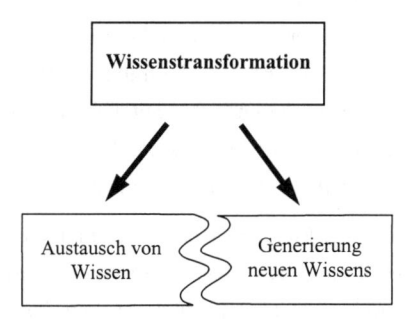

Abb. 4.2: Der Begriff der Wissenstransformation

Die Prozesse der Wissenstransformation stellen die Basis für einen kontinuierlichen Wissensfluss im Unternehmen dar und sind daher zentral für den Umgang mit Wissen in Organisationen. Ziel dieses Kapitels ist es daher, Wissenstransformation im organisationalen Kontext zu erklären und die wesentlichen Einflussfaktoren herauszustellen (siehe Überblick in Abbildung 4.3).

---

[1] vgl. Schneider (1996), S. 20f
[2] die Prozesse der Wissensexploitation und Wissensexploration vgl. Gabel (2001) werden hier nicht differenziert betrachtet;

```
                                    Sprache als Kommunikationsinstrument
            Die Rolle der Sprache
                                    Kognitionsfunktion

                                         Wissensspirale von Nonaka und Takeuchi
                    Soziale Interaktion
Wissenstransformation                    Soziale Kognition

                                                        Communities of Practice
            Die organisationale Wissensbasis      "ba"
                                                  "care"
```

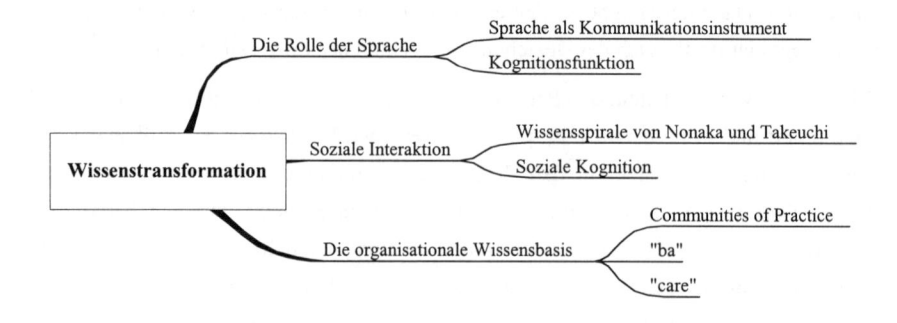

Abb. 4.3: Überblick Wissenstransformation

Im ersten Abschnitt wird die *Rolle der Sprache* in den Prozessen der Wissenstransformation thematisiert. Sprache stellt einerseits das Medium dar, durch das Wissen von einer Person zur anderen übermittelt wird; andererseits verleiht die Sprache den Worten ihre Bedeutung und ist somit Teil der Wissensprozesse. Sprache wird vor dem Hintergrund der beiden Funktionen als *Kommunikationsinstrument* und mit Bezug auf dessen *Kognitionsfunktion* näher betrachtet.

Im Anschluss daran wird das Phänomen der sozialen Interaktion näher betrachtet. Nach einer kurzen Einführung und Begriffsdefinition wird als Beispiel für ein Interaktionsmodell die bereits im letzten Kapitel erwähnte *Wissensspirale* von Nonaka und Takeuchi[1] dargestellt. Wie bereits im letzten Kapitel (unter 3.1.1 Annäherungen an die implizite Wissensdimension) kritisch angemerkt, wird in diesem Modell der impliziten Wissensdimension jedoch nicht hinreichend Rechnung getragen und von der Möglichkeit der Externalisierung impliziten Wissens ausgegangen. Die Kritik richtet sich somit an einen Kernbereich dieses Modells, der für das Aufrechterhalten und die Dynamik der Wissensspirale von großer Bedeutung ist. Konzepte, die Interaktion in den Wissensprozessen in Gang zu bringen bzw. aufrechtzuerhalten, werden im Anschluss daran skizziert.

Dazu werden zunächst die Prozesse der *sozialen Kognition* thematisiert. Dabei wird deutlich, dass die Wissensprozesse in der Organisation abhängig sind vom Zusammenspiel der beteiligten Personen, ihren Wahrnehmungen und Interpretationen

---

[1] vgl. Nonaka und Takeuchi (1995), S. 56ff

und wie sie diese einander näher bringen. Vieles bleibt dabei unausgesprochen. Die gezielte Steuerung dieser Prozesse ist daher nur begrenzt möglich.

Es geht vielmehr darum, das Zusammenwirken der Personen zu fördern und Rahmenbedingungen zu schaffen, die einen kontinuierlichen Wissensfluss im Unternehmen ermöglichen. Dazu werden in den darauf folgenden Abschnitten Konzepte vorgestellt, die eine förderliche Basis für die Wissenstransformation darstellen. In der Literatur[1] sind dazu folgende drei Konzepte zu finden, die sich mit den Bedingungen einer geeigneten *Wissensbasis* auseinandersetzen.

Als erstes wird das Phänomen der *Communities of Practice*[2] beschrieben, zu denen sich Personen mit ähnlichen Aufgaben- und Problemstellungen im täglichen Arbeiten zusammenschließen. Innerhalb dieser Gemeinschaften entwickeln die Personen ein gemeinsames Verständnis und bilden ähnliche Interpretationsmodelle, so dass Wissenstransformation innerhalb des besagten Personenkreises erleichtert wird.

Im darauf folgenden Abschnitt wird das Konzept „*ba*"[3] als Ort der Wissensentstehung gezeigt, das so wie die Communities of Practice durch einen gemeinsamen Bezugspunkt der beteiligten Personen eine Wissensbasis schafft. *Ba* bedeutet auf Japanisch Ort und beschreibt einen aktivierenden Wissensraum, der insbesondere für die Entwicklung von neuem Wissen die geeigneten Rahmenbedingungen darstellt.

Schließlich wird im dritten Abschnitt das Konzept „*care*"[4] als Grundwert einer Wissenskultur vorgestellt, welches als das umfassendste dieser drei Konzepte darauf hinweist, dass eine Atmosphäre des Vertrauens und der gegenseitigen Unterstützung sich förderlich auf den Wissensfluss im Unternehmen auswirkt.

4.1 Die Rolle der Sprache

Wissen wird in den Prozessen der Interaktion konstruiert. Grundlage der Interaktionsprozesse ist die Kommunikation zwischen den beteiligten Personen und die Wahl der *Sprache*, um sich einander verständlich zu machen. Sprache ist somit

---

[1] vgl. Krogh, Ichijo und Nonaka (2000)
[2] vgl. Lave und Wenger (1991) bzw. Wenger (1998); Brown und Duguid (1991)
[3] vgl. Nonaka und Konno (1998)
[4] vgl. Krogh (1998)

wesentlich an den Wissensprozessen beteiligt oder wie von Krogh und Roos es ausdrücken:

„If the currency of business operations is money, the currency of knowledge development is language."[1]

Wissen wird mit Hilfe des Mediums Sprache transportiert und Sprache stellt eine Grundvoraussetzung für die Konstruktion des Wissens und die soziale Konstruktion der Realität und Wirklichkeit dar:

„*The world is brought forth in language.*"[2]

Sprache schafft Wirklichkeit und die Wirklichkeit beeinflusst gleichzeitig wiederum die Sprache. So beinhaltet die Sprache der Eskimos etwa dreißig verschiedene Wörter für Schnee, weil dies in und für ihre Lebenswelt von Bedeutung ist; und vielleicht können sie zwischen so vielen Arten von Schnee unterscheiden, weil sie so viele Wörter dafür haben.[3]

„The language we use influences how we experience our world and thus how we know our world."[4]

Sprache übt also auch einen Einfluss darauf aus, wie die Aspekte des täglichen Lebens erfahren werden und welche Bedeutung ihnen verliehen wird.

Sprache erfüllt daher prinzipiell zwei Funktionen[5]: (1) die Funktion eines Kommunikationsinstruments und (2) eine Kognitionsfunktion (*vehicle of thought*) (siehe Abbildung 4.4).

---

[1] Krogh und Roos (1996), S. 220
[2] Krogh und Roos (1995), S. 95; vgl. dazu auch die konstruktivistische Sichtweise etwa bei Glasersfeld (1997), S. 185ff
[3] vgl. Krogh und Roos (1995), S. 95
[4] Sorri und Gill (1989), S. 71
[5] vgl. Dummett (1993), S. 151

```
            Sprache
           /      \
          /        \
   Kommunikations-  Kognitions-
   instrument       funktion
```

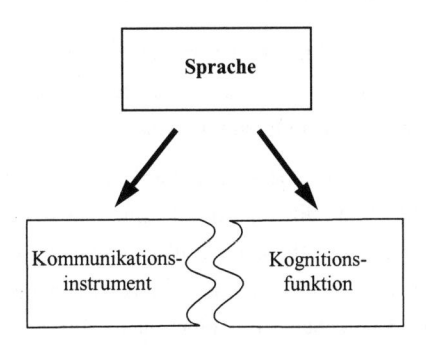

Abb. 4.4: Funktionen der Sprache

Die beiden Funktionen sind eng miteinander verbunden und beeinflussen sich gegenseitig:

(1) Sprache dient als Kommunikationsinstrument, das ermöglicht, Gedanken und Wissen zu übermitteln und auszudrücken.

(2) Sprache verleiht den Worten jedoch auch Bedeutung, die wiederum ausschlaggebend für die Entwicklung von Denken und Wissen ist.

Die Rolle der Sprache in den Prozessen der Wissenstransformation wird hier anhand dieser beiden Funktionen dargestellt: zunächst wird Sprache als Kommunikationsinstrument skizziert. Im nächsten Schritt wird die Kognitionsfunktion eingehender betrachtet. Dazu werden *Sprachspiele* vorgestellt als ein Prozess, in dem Individuen den Wörtern und Konzepten Bedeutung verleihen und somit die Grundlage für ein gemeinsames Verständnis eines Begriffes schaffen. Abschließend wird auf *Sprachbilder* oder Metaphern als eine Form von Sprache hingewiesen, die erlaubt, auch schwierig zu Artikulierendes auszudrücken. Es sollte an dieser Stelle nochmals betont werden, dass hier die Rolle der Sprache nur insoweit behandelt wird, wie es im Kontext dieser Arbeit notwendig erscheint.

4.1.1 Sprache als Kommunikationsinstrument

Das Medium Sprache ermöglicht einem Individuum, Wissen anderen zu kommunizieren. Sprache wird dabei als das Mittel betrachtet, durch das Wissen mehreren Personen innerhalb einer Organisation zuteil wird.

Sprache ist das wichtigste Zeichensystem der menschlichen Gesellschaft. Der Gebrauch der Sprache und die Wortwahl sind ausschlaggebend dafür, wie kommuniziert wird. Sprache bezieht sich auf die Alltagswelt, die eine Person umgibt und gibt gewisse Regeln vor. So ist die Syntax der deutschen Sprache in der englischen nicht zu gebrauchen. Es gibt auch Sprachregeln für bestimmte Gelegenheiten und Situationen. Die Sprache der Geschäftswelt unterscheidet sich von jener, die eine Person in der Kommunikation mit einem Kleinkind verwendet. Dabei ist zu beachten, dass auch die Kultur eines Landes oder einzelner Regionen oder die Unternehmenskultur und jene der unterschiedlichen Branchen einen Einfluss auf den Sprachgebrauch ausüben. Organisationen verfügen über gewisse Traditionen im Sprachgebrauch und in der Verwendung einzelner für sie typischer Ausdrücke. Wörter leiten ihre Bedeutung davon ab, wie und in welchem Kontext sie verwendet werden. Der Kontext wird mit der Sprache kommuniziert.[1]

4.1.2 Kognitionsfunktion der Sprache

Neben der Übermittlung von Wissen, auf die im vorigen Abschnitt hingewiesen wurde, ist Sprache auch Ausdruck der Bedeutung des Gesagten und vermittelt den Sinn der Wörter. Sprache ermöglicht einer Person, seine Gedanken zu artikulieren und Wissen hervorzubringen. Die Bildung von Begriffen macht Unterscheidungen unterscheidbar.[2] Die Quintessenz der Sprache liegt darin, dass sie einem Individuum

> „*die Beschreibung seiner selbst* und der Umstände seiner Existenz erlaubt."[3]

Diese Beschreibung funktioniert über die Fähigkeit der sprachlichen Unterscheidung. Sprache ermöglicht somit Phänomene wie Reflexion und Bewusstsein. Individuen

---

[1] vgl. Berger und Luckmann (1999), S. 39ff; Krogh und Roos (1995), S. 98f
[2] vgl. Luhmann (1990), S. 124
[3] Maturana und Varela (1987), S. 227 (Hervorhebung im Original)

existieren daher in der Sprache und die Bereiche der sprachlichen Interaktion sind Teile der Existenz und des Milieus, die Identität und soziale Anpassung verleihen.[1] Sprache ist ein Speicher der im Laufe der Zeit gemachten Erfahrungen und ihrer Bedeutungen. Mit Hilfe der Sprache werden Erfahrungen typisiert und in Kategorien eingeteilt, damit sie für einen selbst und seine Mitmenschen Sinn erhalten. Jedem Wort ist eine Bedeutung zugeordnet. Die Bedeutung ist der Gegenstand, für den das Wort steht.

„Es ist wichtig, festzustellen, dass das Wort „Bedeutung" sprachwidrig gebraucht wird, wenn man damit das Ding bezeichnet, das dem Wort ‚entspricht'. Dies heißt, die Bedeutung eines Namens verwechseln mit dem Träger des Namens. ... Die Bedeutung eines Wortes ist sein Gebrauch in der Sprache."[2]

Sprache als Deutungssystem ist also das Instrument, das dem Wort seine Bedeutung verleiht. Hier lässt sich die Parallele zur impliziten Dimension des Wissens ziehen, die dafür verantwortlich ist, *wie* dieses Deutungssystem arbeitet[3].

"... tacit knowing is the fundamental power of the mind, which creates explicit knowing, lends *meaning* to it and controls its uses."[4]

Die Prozesse des impliziten Wissens sind für die Bedeutungszuschreibung eines Wortes verantwortlich. Dabei werden die Wissensprozesse auf den unterschiedlichen Bewusstseinsebenen aktiviert. Durch Integration einzelner Aspekte wird einem Konstrukt Sinn verliehen. Die Konstrukte erlangen ihre Bedeutung. Wissen entsteht.

Der Sinn und die Bedeutung als der Kern des Wissens wird also mittelbar durch Worte kreiert. Aneinandergereihte Worte ergeben Sätze und diese bilden wiederum die Grundlage für die Konversation, in der Erfahrungen geschildert und Wissen ausgetauscht wird. Wissensprozesse werden daher über die Sprache in Gang gehalten. Die Sprache erlaubt, Gesagtes einzugrenzen und Kategorien zu bilden, denen Aspekte des Wissens zugeordnet werden können. Sprache erlaubt auch Labels zu kreieren, die wie bei Etiketten eine rasche Zuordnung der Bedeutung ermöglichen.[5]

---

[1] vgl. Maturana und Varela (1987), S. 227ff
[2] Wittgenstein (1975 (1. Aufl. 1958)), S. 40f, Nr. 40 bzw. 43
[3] siehe dazu auch unter 3.1.2.3 Semantischer Aspekt – individuelle Bedeutungszuschreibung
[4] Polanyi (1969b), S. 156 (Hervorhebung nicht im Original)
[5] vgl. Weick (1995), S. 106

Wesentlich dabei ist auch das soziale Gefüge, die Deutungsgemeinschaften[1], die den Wissensprozessen die Richtung vorgeben, und die nachfolgend dargestellten Sprachspiele, innerhalb derer die Aushandlungsprozesse stattfinden.

4.1.2.1 Sprachspiele

Organisationen entwickeln im Laufe der Zeit häufig ihre eigene Sprache und können sogar als Sprachsysteme betrachtet werden. Der Gebrauch des Wortes ‚Organisation' etwa, deutet darauf hin, dass ‚Organisation' sprachlich von etwas anderem unterschieden werden kann, z.b.: Organisation als gesamte Einheit versus Unternehmensleitung. *Sprachspiele*[2] bezeichnen den Prozess, in dem Sprache gepflegt und permanent wieder neu geschaffen wird. Ein Wort stellt nicht eine Abbildung der Wirklichkeit dar und wird daher nicht wie ein Etikett auf das Objekt ‚geklebt', sondern *erlangt seine Bedeutung durch den Gebrauch* und funktioniert wie ein Spiel.[3]

Der Begriff des Sprachspiels soll durch folgendes Beispiel erklärt werden: Die Wörter der Sprache funktionieren wie die Spielfiguren im Schachspiel. Betrachtet man beispielsweise den Begriff *Pferd* in einem Schachspiel und versucht diesen zu erklären, wird man mit der Antwort, „eine Spielfigur auf dem Schachbrett", kaum das Auslangen finden. Denn es gibt diese Figur in vielen Variationen, so, dass man den Gegenstand *Pferd* nicht einmal durch eine konstante Form oder ein gleich bleibendes Material festlegen könnte. Dennoch werden alle diese Figuren als *Pferd* bezeichnet. Worin besteht also die Bedeutung des Wortes *Pferd* in einem Schachspiel? Nicht im Gegenstand, der Spielfigur, sondern in den *Gebrauchsregeln zur Verwendung des Wortes*. Diese Regeln legen den logischen Ort des Wortes im Spiel fest und verleihen dem Wort auch seine Bedeutung.[4]

Die Bedeutung eines Wortes wird durch den Gebrauch innerhalb des sozialen Gefüges definiert. Die diesem Gebrauch zugrunde liegenden Regeln sind abhängig vom sozialen Kontext.

---

[1] vgl. Hinterhuber und Stahl (2000), S. 42ff; Hinterhuber, Friedrich, Matzler und Pechlaner (2000), S. 1358;
[2] Sprachspiele als Aktivitäten von Individuen innerhalb eines breiteren sozialen Kontextes vgl. Wittgenstein (1975 (1. Aufl. 1958)), S. 19, Nr. 7
[3] vgl. Krogh und Roos (1995), S. 99; Wittgenstein (1975 (1. Aufl. 1958)), S. 15, Nr. 1 bzw. Maturana und Varela (1987), S. 225
[4] vgl. Fischer (1995b), S. 269

"Every company has its own unique set of concepts and phrases – its own language – that cannot be easily translated or adopted by anyone else. Unless you are part of the conversations that made the language, and continually remake it, important meanings can be totally missed."[1]

Diese Regeln des Sprachgebrauchs sind in den seltensten Fällen statischer Natur, sondern entwickeln sich im Zeitablauf weiter, insbesondere in Organisationen in einem sich rasch ändernden wirtschaftlichen Umfeld. Von Krogh et al.[2] identifizierten zur Erklärung der Sprachspiele in Organisationen die in Abbildung 4.5 dargestellte Matrix, welche die Entwicklung von Worten/Konzepten und deren Bedeutung im Zeitablauf zeigt. Dabei können folgende drei Formen von Sprachspielen unterschieden werden:

(1) *Sprachflexibilität*: die Bedeutung der bestehenden Wörter und Konzepte kann verändert werden, z.B.: ein ‚agreement' kann in einem Land mit einer eher legeren Gesetzesauslegung auch etwas weniger Verbindliches ausdrücken;

(2) *„Alter Wein in neuen Schläuchen"*: neue Wörter und Konzepte können für bereits bestehende Bedeutungen eingeführt werden, z.B.: Total Quality Management;

(3) *Neue Wortkreation*: neue Wörter und Konzepte, welche eine neue Bedeutung vermitteln, können erfunden werden, z.B.: transnational, Wellness, Edutainment;

---

[1] Roos und Krogh (2002), S. 259
[2] vgl. Krogh, Roos und Yip (1996), S. 207f

	Wort/Konzept	
	traditionell	neu
Bedeutung traditionell	Status quo	„alter Wein in neuen Schläuchen" *z.B: Total Quality Management*
neu	Sprachflexibilität *z.B: Agreement*	neue Wortkreation *z.B: Transnational Management*

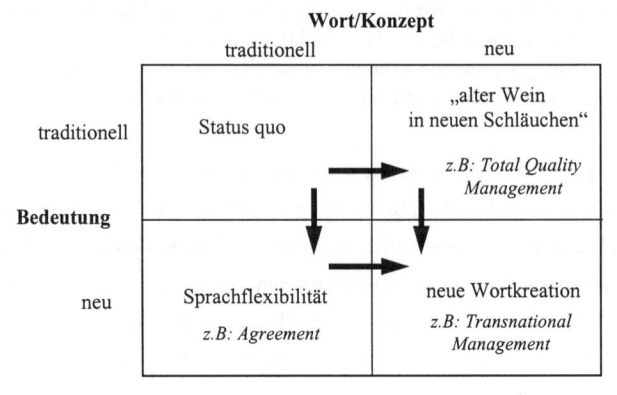

Abb. 4.5: Bedeutungsmatrix für Sprachspiele[1]

Die Beispiele aus der oben dargestellten Bedeutungsmatrix zeigen die Weiterentwicklung der Sprache einerseits durch die Einführung neuer Wörter und andererseits durch die Veränderung der ursprünglichen Bedeutung bzw. eine Kombination der beiden. Dabei ist zu betonen, dass dies durch Aushandlungsprozesse zwischen den Individuen im sozialen Kontext erfolgt. Dies kann innerhalb einer kleinen Gruppe von Personen geschehen, die ihre eigene Sprache kreieren, oder auch in gesamten Organisationen bzw. in einer Branche, z.B.: die Sprache innerhalb der Unternehmen der neuen Informations- und Kommunikationstechnologie. Individuen können dabei zur gleichen Zeit in verschiedenen Gruppen teilnehmen. Wesentlich ist, dass Sprache Ausdruck des Sprachgebrauchs ist und mit den verschiedenen Bezugsgruppen variiert. Für die Wissenstransformation ist wichtig, dass die beteiligten Personen in den Sprachspielen eine gemeinsame Sprache finden und Wissen zwischen den Individuen diffundieren kann.

4.1.2.2 Sprachbilder

Metaphern als Sprachbilder stellen eine Sonderform der sprachlichen Ausdrucksform dar. Die bildhafte Sprache ermöglicht, schwierig zu artikulierendes Wissen auf Umwegen auszudrücken und neue Impulse zu geben.[2] In diesem Abschnitt wird auf den Einsatz von Metaphern zur Wissensübertragung hingewiesen. Der Begriff der

---

[1] Quelle: modifiziert nach Krogh, Roos und Yip (1996), S. 208
[2] vgl. Nonaka (1992), S. 95

Metapher stammt aus dem Griechischen *metapherein* und heißt Bedeutungsübertragung.

"Das Wesen der Metapher besteht darin, dass wir durch sie eine Sache oder einen Vorgang in Begriffen einer anderen Sache bzw. eines anderen Vorgangs verstehen und *erfahren* können."[1]

Die Leistung der Metapher erweist sich also dadurch, das *eine* durch das *andere* zu erfassen und auszusprechen. Das Erfassen ist dabei auch im Sinne eines Rückgriffs auf Wissen aus dem eigenen Erfahrungsbereich zu verstehen, d.h. Neues wird durch bereits Bekanntes *erfahren*. Das wiederum bedeutet, dass unterschiedliche Wissensbereiche über die Metapher miteinander in Verbindung gebracht werden können. Es wird somit eine gänzlich neue Betrachtungsweise ermöglicht und neues Denken und Wissen hervorgebracht.

"... metaphors can be seen as important to the advancement of knowledge and understanding."[2]

Metaphern erlauben, Wissen über ein geläufiges Konzept, das auch häufig als die *source or base domain* bezeichnet wird, auf ein verhältnismäßig unbekanntes Konzept, die *target domain* zu übertragen.[3] Durch die Metapher wird ein gedankliches Konzept mit Hilfe der Vorstellung und des Vergleichs mit einem anderen Konzept intuitiv begriffen; etwa die Metapher der Automobil*evolution,* die sich auf die fortschreitende Entwicklung von Autos bezieht. Der Begriff der Evolution stammt aus der Biologie und überträgt die Vorstellung einer natürlichen Weiterentwicklung auf die mechanisch formale Welt der Automobilindustrie.[4]

Durch die Metapher werden konkrete Aspekte eines Konzepts hervorgehoben und gleichzeitig andere verborgen[5]; im dargestellten Beispiel wird durch die Metapher der Aspekt, ‚wenn das Auto ein Lebewesen wäre, wie würde die nächste Generation aussehen' hervorgehoben und nicht das Auto insgesamt als Lebewesen betrachtet.

---

[1] Lakoff und Johnson (1998), S. 13 (im Original alles kursiv gesetzt)
[2] Grant und Oswick (1996), S. 3
[3] vgl. Grant und Oswick (1996), S. 2; Ortony (1993), S. 1; Sackmann (1989), S. 465; Tsoukas (1991), S. 568
[4] vgl. Nonaka (1992), S. 99
[5] vgl. Lakoff und Johnson (1998), S. 18f

Es gibt unterschiedliche Formen von Metaphern. Wenn etwa eine Organisation als ‚High-tech Unternehmen' bezeichnet wird, steht der Teil (das Produkt) für das Ganze (die Organisation). Dies wird als *Synekdoche* bezeichnet. In einem anderen Fall, wenn etwa die Organisation als Hierarchie das eine Konstrukt (Organisation) mit einem ähnlichen Konstrukt (Hierarchie) ersetzt, stellt das eine *Metonymie* dar.[1]

Durch Metaphern werden Bedeutungen übertragen. Dies geschieht aufgrund von Ähnlichkeiten der äußeren Gestalt, der Funktion und Verwendung und durch impliziten Vergleich oder Ineinanderfließen der Vorstellungen. Metaphern stellen aber auch eine Art und Weise des Denkens dar.

"Metaphor ... is, above all else, a mode of thought."[2]

Wenn beispielsweise die Metapher des Wissensflusses verwendet wird, um auszudrücken, dass sich Wissen wie Wasser im Flussbett des Unternehmens bewegt, ist gleichzeitig im Hintergrund das Denkmodell, Wissen als ein dynamisches Konstrukt zu verstehen, das ständig in Bewegung ist und das Unternehmen in kleinen Verästelungen durchdringt.

Auf der einen Seite ist es möglich, mit Hilfe von Metaphern Unklarheiten zu reduzieren und ein Konzept deutlich zu kommunizieren, andererseits stellen Metaphern aber wiederum selbst Quellen von Mehrdeutigkeit dar, die sie selbst beinhalten.[3] Diese Mehrdeutigkeit verleiht den Metaphern ihre Kraft und kann ihnen gleichzeitig auch zum Nachteil gereichen. Metaphern stellen ein schlagkräftiges Konzept dar. Denn sie inspirieren und motivieren. Metaphern geben auch Auskunft über ihre Verwendung und ihren Nutzen. Wenn eine Organisation als Maschine bezeichnet wird, wird nicht nur kommuniziert, dass sich ihre untergliederten Bereiche wie Teile einer Maschine verhalten sondern auch, dass der Nutzen einer Organisation dem einer Maschine entspricht. Dabei kann das Verhältnis zwischen einer Metapher und der tatsächlichen Situation als asymmetrisch beschrieben werden. Eine Situation kann einer Metapher ähnlich sein, nicht jedoch umgekehrt die Metapher einer Situation entsprechen.[4]

---

[1] vgl. Lehner (in Druck) bzw. Morgan (1983); Lakoff und Johnson (1998), S. 46ff
[2] Mangham (1996), S. 21
[3] vgl. MacCaskey (1982); Nonaka und Yamanouchi (1989)
[4] vgl. Lehner (in Druck)

Die Leistungen des Konzepts der Metapher im Kontext dieser Arbeit stellen sich folgendermaßen dar[1]:

(1) Metaphern erleichtern die Aufnahme neuen Wissens im Sinne von völlig neuen Erfahrungen.

(2) Metaphern laden dazu ein, die Welt aus einem anderen Blickwinkel zu betrachten und Neues zu entdecken.

(3) Metaphern sind für die Weiterentwicklung des Wissens und Verstehens von großer Bedeutung.

Es kann somit festgehalten werden, dass die Metapher als bildhafte Form des sprachlichen Ausdrucks einmal mehr die Kognitionsfunktion der Sprache unterstreicht. Die Sprache ist wesentlich daran beteiligt, wie sich Denken und Wissen entwickeln und welche Richtungen dabei eingeschlagen werden. Dies gilt insbesondere für den Einfluss des sozialen Kontextes, wenn in einer Gruppe von Personen Wissen ausgetauscht und neues Wissen geschaffen wird.

Der Gebrauch der Sprache, der über die Sprachspiele festgelegt wird und die damit verbundenen Aushandlungsprozesse sind grundlegend für das Deutungssystem. Es wird vereinbart, wie einzelne Konstrukte zu interpretieren sind. Dabei wird bewusst oder unbewusst auch transportiert, wie diese Konstrukte zusammenhängen und welche Kausalstrukturen erkennbar sind, d.h. es bilden sich innerhalb des sozialen Gefüges bzw. auch beim einzelnen Individuum mentale Modelle aus. Die mentalen Modelle stellen wiederum die Grundlage für die Wissenstransformation dar, denn sie leiten die (impliziten) Wissensprozesse und sind damit wesentlich an der Entwicklung des Wissens beteiligt. Mentale Modelle werden in den Prozessen der sozialen Interaktion entwickelt. Dies wird im folgenden Abschnitt ausgeführt.

---

[1] vgl. Barrett und Cooperrider (1990), S. 222ff; Grant und Oswick (1996), S. 3f; Lakoff und Johnson (1998), S. 161; Tsoukas (1991), S. 566

4.2 Soziale Interaktion

Soziale Interaktion stellt eine der wesentlichen Komponenten der Wissenstransformation dar und wird definiert als,

> „die durch Kommunikation (Sprache, Symbole, Gesten usw.) vermittelten wechselseitigen Beziehungen zwischen Personen und Gruppen und die daraus resultierende wechselseitige Beeinflussung ihrer Einstellungen, Erwartungen und Handlungen."[1]

In der Interaktion spielt also die Kommunikation eine zentrale Rolle[2], in der die beteiligten Personen einander den „gemeinten Sinn"[3] ihrer Handlungen vermitteln und ein gemeinsames Verständnis dessen entwickeln. Dabei orientieren sich die Personen in ihren Handlungen nicht nur am zufälligen gerade erkennbaren Verhalten der Interaktionspartner, sondern auch an deren Erwartungen, positiven und negativen Einstellungen sowie Einschätzung und Bewertung der gemeinsamen Situation.[4]

Individuen entwickeln gemeinsame Sinnbilder (z.B.: Wörter oder Gesten), die für die Beteiligten den gleichen Bedeutungsgehalt aufweisen und die Grundlage für das wechselseitig orientierte Handeln darstellen.[5] Soziale Interaktion findet nicht nur in formal definierten Gruppen, sondern auch bei zufälligen Begegnungen statt. Die der sozialen Interaktion zugrunde liegenden Ziele und Werte der Individuen bestimmen die Art des daraus entstehenden sozialen Prozesses.

Der Austausch und die Generierung neuen Wissens sind abhängig von den Prozessen der Interaktion der beteiligten Individuen, d.h. ob und wie es gelingt, diese wechselseitigen Beziehungen aufzubauen und die Einstellungen, Erwartungen und Handlungen als Grundlage der Wissensprozesse gegenseitig zu beeinflussen. Die Interaktion innerhalb der Individuen einer Organisationen mit Bezug auf deren Wissen stellt die Basis für das Modell der organisationalen Wissensspirale von Nonaka und Takeuchi dar, welches im Folgenden dargestellt wird.

---

[1] Fuchs-Heinritz, Lautmann, Rammstedt und Wienold (1994), S. 308
[2] zur Kommunikation siehe auch die Rolle der Sprache im vorhergehenden Abschnitt
[3] Fuchs-Heinritz, Lautmann, Rammstedt und Wienold (1994), S. 308
[4] vgl. Hartfiel und Hillmann (1982), S. 348
[5] vgl. Fuchs-Heinritz, Lautmann, Rammstedt und Wienold (1994), S. 308; bzw. zum *Symbolischen Interaktionismus* vgl. Mead (1973)

4.2.1 Die Wissensspirale von Nonaka und Takeuchi

Grundlage des Modells der organisationalen Wissensspirale nach Nonaka und Takeuchi[1] ist die Unterscheidung in einerseits unterschiedliche epistemologische Wissensarten (*implizites versus explizites Wissen*) und andererseits in unterschiedliche ontologische Wissensebenen (*individuelles versus kollektives Wissen*), die miteinander in Interaktion treten. Wissen wird durch *soziale Interaktion* und das implizite und explizite Wissen der beteiligten Individuen konstruiert. Das Spannungsverhältnis zwischen diesen beiden Wissensarten ist entscheidend für die Entstehung von Wissen. Das Modell weist also auf die zentrale Bedeutung der impliziten Wissensdimension hin und zeigt, dass Wissen in Interaktion von den beteiligten Personen konstruiert wird.

4.2.1.1 Wissenskonversion

In den Prozessen der Interaktion wird implizites und explizites Wissen innerhalb der beteiligten Personen ausgetauscht, weiterentwickelt und somit neues Wissen geschaffen. Wissen wird dabei verändert und umgewandelt. Nonaka und Takeuchi verwenden dafür den Begriff der *Wissenskonversion*[2].

Es werden grundsätzlich vier Formen der Wissenskonversion zwischen implizitem und explizitem Wissen unterschieden (siehe Abbildung 4.6):

1. *Sozialisation*: von implizitem Wissen zu implizitem Wissen
2. *Externalisation*: von implizitem Wissen zu explizitem Wissen
3. *Kombination*: von explizitem Wissen zu explizitem Wissen
4. *Internalisation*: von explizitem Wissen zu implizitem Wissen

---

[1] vgl. Nonaka (1991); Nonaka (1992); Nonaka und Takeuchi (1995), S. 56ff
[2] vgl. Nonaka und Takeuchi (1995), S. 61

	Implizites Wissen *zu*	Explizites Wissen
Implizites Wissen	**Sozialisation** *mitgefühltes, miterlebtes Wissen*	**Externalisation** *Konzeptionelles Wissen*
von		
Explizites Wissen	**Internalisation** *Operationalisiertes Wissen*	**Kombination** *Systemisches Wissen*

Wissens-Inhalte, die durch die vier Arten der Wissenskonversion geschaffen werden

Abb. 4.6: Vier Arten der Wissenskonversion[1]

Sozialisation

Die Sozialisation beschreibt die Prozesse des Teilens von Wissen, das über Erfahrungen erlangt wurde. Dabei entsteht mitgefühltes und miterlebtes Wissen. Da der implizite Wissensanteil grundsätzlich nicht artikulierbar ist, wird er in Form von geteilten mentalen Konstrukten und technischen Fertigkeiten ausgetauscht. Ein Beispiel dafür ist die Wissensvermittlung eines Handwerksmeisters an seinen Lehrling. Der Lehrling erlernt mittels praktischer Arbeit das Handwerk. Dies geschieht nicht durch die verbale Sprache, sondern durch Beobachtung, Imitation und praktisches Üben. Umgelegt auf Unternehmen entspricht das etwa dem Training on-the-job. Sozialisation geschieht auch zwischen Produktentwicklern und Kunden. Die Interaktion mit Kunden vor der Produktentwicklung und nach der Markteinführung ist ein fortlaufender Prozess von geteiltem implizitem Wissen und der Entstehung von neuen Ideen und Verbesserungsmöglichkeiten. Der Schlüssel zum Erwerben von implizitem Wissen ist *Erfahrung*. Die Übertragung von Information allein ist oft nicht sinnvoll, wenn es losgelöst von den begleitenden Emotionen und dem spezifischen Kontext gesehen wird, in den gemeinsame Erfahrungen eingebettet sind.[2]

---

[1] Quelle: modifiziert nach Nonaka und Takeuchi (1995), S. 72
[2] vgl. Nonaka und Takeuchi (1995), S. 62ff

Externalisation

Die Externalisation als Überführung impliziten Wissens in explizites wird als Schlüsselprozess dieses Modells gesehen. Dabei wird angenommen, dass Teile des impliziten Wissens artikuliert, d.h. externalisiert werden können und somit neues Wissen kreiert werden kann. Denn explizites Wissen kann in einer formalen Sprache ausgedrückt werden und ist somit mehreren Personen im Unternehmen zugänglich. Die Autoren weisen darauf hin, dass der Prozess der Externalisierung schwierig ist und auf Umwegen über Metaphern[1], Analogien und Modelle geschieht.

Die Externalisierung stellt das Artikulieren von eigenen Vorstellungen dar und bringt den Ausführungen der Autoren zufolge konzeptionelles Wissen hervor. Dies geschieht zumeist in irgendeiner Form von Sprache. Die Ausdrucksformen geben aber oft nur beschränkt wieder, was gemeint ist. Sie sind häufig unzureichend, nicht konsistent oder nicht adäquat, da sie den umgebenden Kontext und die begleitenden Emotionen nicht ausdrücken können.[2]

Kombination

Die Kombination ist der Prozess der Systematisierung eines Konzeptes. Diese Art der Wissensumwandlung befasst sich mit dem Zusammenfügen von verschiedenen Konzepten in Form von explizitem Wissen. Man tauscht und kombiniert dabei Wissen mittels Medien, wie Dokumenten, Meetings oder Telefongesprächen, aus. Die neue Zusammensetzung von bereits vorhandenen Informationen durch Sortieren, Addieren, Kombinieren und Kategorisieren von explizitem Wissen kann zur Entstehung von neuem Wissen führen.

Ein Beispiel dafür ist etwa die Arbeit von Führungskräften des mittleren Managements, die die unternehmensweite Vision konkretisieren und in den Geschäftseinheiten oder Produktlinien umsetzen. Die Führungskräfte nehmen hier eine kritische Rolle ein, indem sie neue Konzepte durch Vernetzung von bereits kodifizierten Informationen und Wissen hervorbringen. Informations- und Kommunikationstechnologie können hier wertvolle Dienste leisten.[3]

---

[1] Metaphern als Formen des (bild)sprachlichen Ausdrucks werden unter 4.1.2.2 Sprachbilder näher betrachtet
[2] vgl. Nonaka und Takeuchi (1995), S. 64ff
[3] vgl. Nonaka und Takeuchi (1995), S. 67ff

Internalisation

Die Internalisation ist ein Prozess, in dem explizites Wissen verinnerlicht wird. Es werden Erfahrungen, die durch Sozialisation, Externalisation und Kombination gewonnen werden, vom Individuum internalisiert. Die Internalisation ist in starkem Maße verbunden mit der 'Learning by Doing'-Konzeption. Die Erfahrungen dringen in die Ebene des verborgenen, stillschweigenden Wissens ein und werden in Form von gemeinsamen mentalen Modellen oder technischen Fertigkeiten innerhalb einer Unternehmung zu kostbarem Vermögen.[1]

Die Dokumentation von explizitem Wissen ist bei der Internalisation dieses Wissens äußerst hilfreich. Das explizite Wissen ist in weiterer Folge auch anderen Mitgliedern des Unternehmens zugänglich, die die Möglichkeit haben, indirekt an den Erfahrungen zu partizipieren. Explizites Wissen wird verbalisiert oder in Form von Diagrammen in Dokumenten oder Anleitungen übertragen. Wenn nun dieses individuelle implizite Wissen der gesamten Unternehmung von Nutzen sein sollte, muss das Individuum das verborgene Wissen durch Sozialisation anderen Mitgliedern der Unternehmung zuteil werden lassen, wobei die Wissensspirale erneut durchlaufen wird. Diese Form der Erweiterung von Erfahrung stellt eine kritische Funktion innerhalb eines Unternehmens dar. Wenn ein mentales Modell von einem Großteil der Mitglieder des Unternehmens geteilt wird, wird das implizite Wissen Teil der Unternehmenskultur.[2]

4.2.1.2 Wissensspirale

Die Internalisation von explizitem Wissen stellt zwar eine Form der Wissensentstehung dar, ist jedoch beschränkt auf diese eine Richtung.[3] Denn es wird davon ausgegangen, dass solange das geteilte Wissen in impliziter Form nicht wieder explizit gemacht wird, es nicht auf organisationaler Ebene erweitert werden kann. Gleiches gilt für die bloße Kombination von bereits vorhandener expliziter Information zu neuem Wissen, welches die organisationale Wissensbasis nicht wirklich erweitert. Erst durch die Interaktion zwischen implizitem und explizitem Wissen kann in diesem Modell neues Wissen entstehen. Die Autoren betonen, dass die unternehmensweite Wissensspirale ein kontinuierlicher und dynamischer Prozess der

---

[1] vgl. dazu die Ausführungen zur kognitiven Dimension des Wissens unter 3.1.1.2 Kognitive und praktisch-technische Seite impliziten Wissens
[2] vgl. Nonaka und Takeuchi (1995), S. 69f
[3] vgl. Nonaka, Takeuchi und Umemoto (1996), S. 841

Interaktion zwischen implizitem und explizitem Wissen ist. Der ständige Prozess der Umwandlung des Wissens innerhalb der vier Modi der Wissenskonversion, die *Wissensspirale*, stellt die Grundlage für das Aufrechterhalten der Interaktion und somit für die Wissensschaffung dar (siehe Abbildung 4.7).[1]

Dialog

	Sozialisation	Externalisation	
Feldaufbau			*Verbindung von explizitem und implizitem Wissen*
	Internalisation	Kombination	

Learning by Doing

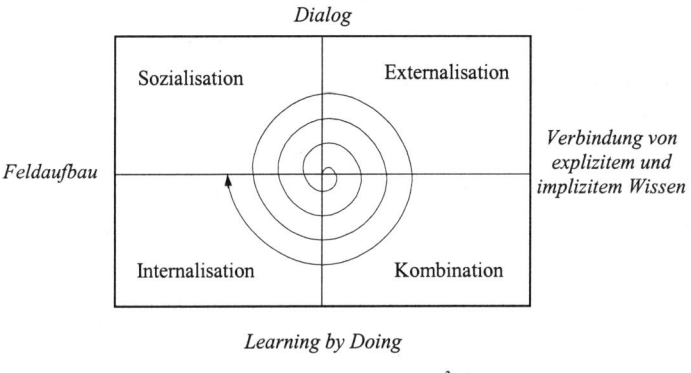

Abb. 4.7: *Wissensspirale*[2]

Die Wissensspirale beginnt mit der Sozialisation, die das Feld der Interaktion aufbaut. Dieses Feld ermöglicht den Mitgliedern, Erfahrungen und mentale Modelle zu teilen. Im nächsten Schritt der Externalisierung wird demzufolge implizites Wissen durch gehaltvollen Dialog und kollektive Reflexion explizit gemacht. Metaphern und Analogien sollen den beteiligten Personen helfen, ihr verborgenes implizites Wissen zu artikulieren. Das neu entstandene Wissen wird im Prozess der Kombination mit anderen Bereichen der Unternehmung in Form von Netzwerken verknüpft. Dabei wird ein neues Produkt, Dienstleistung oder System erstellt. Das 'Learning by doing' ruft schließlich wiederum den Internalisierungsprozess hervor. Die Wissensspirale beginnt von neuem.

Eine Unternehmung kann nicht von sich aus Wissen erschaffen. Das implizite Wissen der Mitglieder einer Unternehmung ist die Basis für die unternehmensweite Wissensentstehung. Die Aufgabe der Unternehmung ist es, das implizite Wissen zu mobilisieren, das auf der Ebene der Individuen entsteht und dort akkumuliert wird. Diese Aufgabe kann die Unternehmung über die Gestaltung der Organisationsstruktur wahrnehmen. Es gilt, die Organisationsstruktur so zu gestalten, dass bestmögliche

---

[1] vgl. Nonaka und Takeuchi (1995), S. 70ff
[2] Quelle: Nonaka und Takeuchi (1995), S. 71

Rahmenbedingungen geschaffen werden, um den Prozess der Wissenskonversion zu fördern. Die Wissensspirale, die über die vier Modi der Wissensumwandlung auf individueller Ebene aufgezeigt wurde, muss auf die Ebene der gesamten Organisation ausgedehnt werden.

Dies geschieht nach diesem Modell folgendermaßen: Das mobilisierte, implizite Wissen wird durch die vier Modi der Wissenskonvertierung unternehmensweit ausgedehnt und auf eine höhere ontologische Ebene gebracht. Das Wissen eines Mitglieds der Organisation wird auf die gesamte Organisation ausgedehnt und nun von dieser *gewusst*. Die organisationale Wissensschaffung ist also ein Prozess, der auf individueller Ebene beginnt und ausgedehnt wird auf alle an der Interaktion beteiligten Personen. Der Prozess zieht sich quer über die Funktionsbereiche, Divisionen und Unternehmensgrenzen hinweg, mit der Absicht das Wissen einer Person mehreren Personen zuteil werden zu lassen. Zur epistemologischen Dimension (explizites und implizites Wissen) tritt die Betrachtung der verschiedenen organisationalen Ebenen (die ontologische Dimension) bei der Entstehung von Wissen im Unternehmen (siehe Abbildung 4.8).[1]

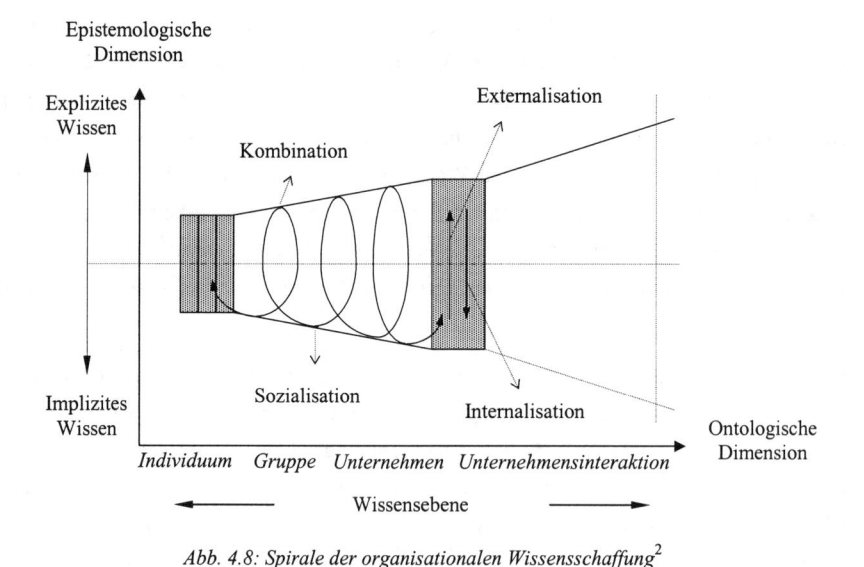

Abb. 4.8: Spirale der organisationalen Wissensschaffung[2]

---

[1] vgl. Nonaka und Takeuchi (1995), S. 70ff
[2] Quelle: Nonaka und Takeuchi (1995), S. 73

Die Organisation wird in diesem Modell als ein *lebendiger Organismus* betrachtet. Die Mitglieder einer Unternehmung teilen ihre Auffassung von der Unternehmung und dessen Fortgang; sie haben eine Vorstellung davon, wie sich diese Unternehmung in Hinkunft entwickeln sollte und wirken aktiv dabei mit. Sie sind es, die die Geschichte der Unternehmung gestalten und damit Wirklichkeit konstruieren. Nonaka et al. betonen, dass die grundlegende Aufgabe der Mitglieder einer Organisation daher *nicht* das Verarbeiten von Informationen ist, die objektiv gegeben sind.[1] Integraler Bestandteil von Wissen ist ein hoher Anteil von subjektiven Elementen, wie Intuition und andere eher gefühlsbetonte Elemente, die nicht unbedingt rational erklärbar sind. Der Begriff Wissen beinhaltet neben den zweifellos bedeutenden rationalen Elementen auch 'soft elements', Faktoren wie Ideale, Werte, Emotionen, Vorstellungen und Symbole.

Die Unterscheidung in *implizites und explizites Wissen* unterstreicht die Sichtweise von Organisationen als lebende Systeme und nicht nur als informationsverarbeitende Gebilde. Ist erst einmal die wichtige Rolle, die implizites Wissen in einer Organisation spielt, identifiziert, wird Innovation nicht nur als das Aufeinandertreffen von Daten und Informationen begriffen, sondern auch als individueller Prozess persönlicher und organisatorischer Selbsterneuerung. Die Autoren betonen die informalen und unsystematischen Charakteristika von Wissen, denen mehr Aufmerksamkeit gebührt als dem konventionellen Verständnis des Wissensbegriffes. Neues Wissen im Sinne einer Innovation beinhaltet auch das *über Bord werfen* von bereits bewährten Vorstellungsinhalten zugunsten der Erneuerung, des sich Öffnens für neue Inhalte. Innovation bedeutet im Sinne des Konstruktivismus das Rekonstruieren der Wirklichkeit den jeweiligen Idealen oder Visionen folgend und resultiert in einer veränderten Sichtweise gegenüber der Unternehmung.

4.2.1.3 Kritik an der Wissensspirale

Die beiden japanischen Autoren Nonaka und Takeuchi haben in ihrem Modell versucht, die westliche Tradition der modernen Subjekt/Objekt-Spaltung und des Körper-Geist-Dualismus mit dem auf Harmonie, Ganzheit und Konkretheit gerichteten japanischen Denken zu konfrontieren. Wie schon im letzten Kapitel bei der Darstellung der impliziten Wissensdimension erwähnt, haben Nonaka und Takeuchi

---

[1] vgl. Nonaka, Takeuchi und Umemoto (1996), S. 844

mit ihren Arbeiten zur *Knowledge Creating Company* wesentlich zur Wissensmanagementdebatte beigetragen. Ihr Verdienst besteht darin,

(1) die Aufmerksamkeit auf die implizite Wissensdimension gelenkt und

(2) die zentrale Rolle der sozialen Interaktionsprozesse herausgestellt zu haben.

Allerdings hat dieses Modell eine zentrale Schwäche: die *mangelnde Möglichkeit der Externalisierung impliziten Wissens*. So wie auch bereits im letzten Kapitel ausgeführt (siehe 3.1 Implizite Dimension des Wissens), setzten Nonaka und Takeuchi in ihrem Modell mit dem Prozess der Externalisierung die implizite Wissensdimension mit *noch-nicht-artikuliertem Wissen*[1] gleich. Diese Sichtweise ist nicht kompatibel mit dem Konzept des impliziten Wissens nach Polanyi; demzufolge werden implizites und explizites Wissen nicht als zwei selbständige Entitäten betrachtet, sondern es wird immer von den beiden Dimensionen des Wissens gesprochen. Die implizite und explizite Dimension sind die zwei komplementären Anteile eines jeden Wissens. Jedes Wissen besteht aus einem impliziten und einem expliziten Wissensanteil.

Die Unterscheidung in implizites und explizites Wissen im Modell von Nonaka und Takeuchi und die damit verbundene Trennung der beiden Wissensanteile ist zwar analytisch denkbar, in der praktischen Umsetzung jedoch nicht durchführbar.[2] Es ist nicht möglich, den impliziten Wissensanteil in explizites Wissen zu transferieren, da es

(1) kein rein explizites Wissen gibt, sondern Wissen immer aus beiden Anteilen besteht und

(2) sich der implizite Wissensanteil grundlegend vom expliziten unterscheidet, daher nicht einfach wie von einer Sprache in die andere übersetzt werden kann.

Daher ist es die grundlegende Struktur impliziten Wissens, die eine Steuerung des Wissens, wie im Modell der *Knowledge Creating Company* dargestellt, nicht erlaubt. Die planmäßige Umwandlung expliziten Wissens in implizites und umgekehrt ist nicht

---

[1] vgl. Tsoukas (2001), S. 23
[2] siehe dazu die Ausführung zur impliziten Wissensdimension (unter 3.1 Implizite Dimension des Wissens)

durchführbar und somit die Umsetzung des Modells in die Unternehmenspraxis nicht möglich.

Zusammenfassend kann nochmals festgehalten werden, dass sowohl die Bedeutung der impliziten Wissensdimension als auch die Interaktionsprozesse grundlegend für die Wissenstransformation in Unternehmen sind. Die oben dargestellte Wissensspirale als Motor, der die Wissensprozesse antreibt und in Gang hält, erweist sich jedoch als nicht praktikabel. Auf der Suche nach alternativen Möglichkeiten den Wissensprozessen die nötigen Impulse zu verleihen, stellt sich die Frage nach den Voraussetzungen, die zu erfüllen sind, damit Wissen in den Prozessen der Interaktion transformiert werden kann. Bevor jedoch geeignete Rahmenbedingungen als Voraussetzung der wissensbasierten Interaktion betrachtet werden, wird nochmals gesondert auf die Prozesse der sozialen Kognition hingewiesen. Denn die Interaktionen zwischen den Beteiligten schaffen einerseits die Voraussetzungen für die Entwicklung sozialer Kognitionen, d.h. sozialen Wissens und Verstehens, und andererseits ist soziales Wissen und Verstehen an der Ausführung sozialer Interaktion beteiligt. Soziale Kognition und Interaktion beeinflussen sich also gegenseitig.[1]

4.2.2 Soziale Kognition

Die Prozesse der Wissenstransformation sind abhängig von den beteiligten Personen und wie sie die einzelnen Vorgänge wahrnehmen, interpretieren und verstehen. Dabei stehen hier nicht die Abläufe innerhalb des einzelnen Individuums im Vordergrund, sondern welche Prozesse in einer Gruppe von Individuen erfolgen, um Wissen zu transformieren. Dazu wird nachfolgend die Theorie der sozialen Kognition näher betrachtet.

Soziale Kognition wird definiert als Wissen über die soziale Welt und Verstehen der Beweggründe für das Verhalten anderer[2] bzw.

> „Social cognition is the study of how people make sense of other people and themselves. It focuses on how ordinary people think about people and how they think they think about people."[3]

---

[1] vgl. Silbereisen (1998), S. 848
[2] vgl. Silbereisen (1998), S. 823
[3] Fiske und Taylor (1991), S. 1

Das Zusammenspiel der Individuen im Wissensprozess ist abhängig von den sozialen Kognitionen, d.h. wie die Personen das Verhalten der anderen interpretieren, deren Einstellungen einschätzen und welches Verhalten zu erwarten ist.[1] Das Verhalten einer Person stellt also auch eine Reaktion auf die anderen an diesem Prozess beteiligten dar. Kognitionen sind daher sowohl *intra*personelle Prozesse, also Denkvorgänge, die innerhalb eines Individuums ablaufen, als auch *inter*personelle Prozesse zwischen den Beteiligten.[2] Die Einblicke in die mentalen Prozesse und persönlichen Attribute anderer sind Voraussetzung für die Herausbildung sozialer Beziehungen.[3] Soziale Kognitionen bilden die Grundlage für das Zusammenwirken der Individuen und somit für die soziale Konstruktion des Wissens.

Nachfolgend werden zwei Aspekte sozialer Kognitionen dargestellt, die für diese Arbeit insbesondere im Hinblick auf mögliche Ansatzpunkte einer Intervention in die Prozesse der Wissenstransformation interessant sind. Es sind dies (1) Kognitionsmuster und (2) der Bezug zum sozialen Kontext.

4.2.2.1 Kognitionsmuster

Kognitionen folgen bestimmten Mustern oder Schemata. Personen bilden im Laufe der Zeit individuelle Kognitionsmuster aus. Durch die Wechselwirkung individueller Kognitionsmuster entstehen Denkstrukturen und Modelle auf der Gruppenebene und der Organisation insgesamt. Denkstrukturen oder Denkmuster leiten das Verhalten der Individuen, die Entscheidungen und die Verwendung von Wissen.[4]

Die Kognitionsmuster und mentalen Modelle stellen eine wesentliche Determinante der Wissensprozesse dar. Denn sie bestimmen nicht nur, wie die Personen ihre Umwelt interpretieren, sondern auch wie sie handeln.[5] Dabei ist nicht entscheidend, ob diese mentalen Modelle einer Person immer in vollem Umfang bewusst sind bzw. ob sie beabsichtigt und geplant sind. Argyris und Schön[6] unterscheiden in diesem Zusammenhang die offiziell verlautbarten Theorien (*espoused theories*) von den tatsächlich praktizierten Theorien (*theories-in-use*) als Ausdruck der mentalen

---

[1] vgl. dazu auch das Konzept des „Sensemaking" bei Weick (1995), S. 4ff
[2] Thompson, Levine und Messick (1999), S. xv; Hinterhuber, Friedrich, Handlbauer und Stuhec (1996)
[3] vgl. Durkin (1996), S. 71
[4] vgl. Lehner (1996), S. 85 bzw. 88
[5] vgl. Senge (1996), S. 214
[6] vgl. Argyris und Schön (1974), S. 6f

Modelle. Denn auch wenn Personen nicht gemäß ihrer verlautbarten Theorien handeln, so handeln sie doch in Übereinstimmung mit ihren praktizierten Theorien. In Zusammenhang mit Wissenstransformation in Organisationen ist es wichtig, dass die Kognitionsmuster, die einer Gruppe von Personen gemein sind, auch neuen Mitarbeitern zuteil werden und somit das Zusammenspiel der einzelnen Individuen ermöglicht wird.[1] Denn wie bereits erwähnt, stellt Wissen nicht eine gegebene Ordnung dar, sondern entsteht erst durch die kognitiven Tätigkeiten.[2] Es sind die kognitiven Prozesse, die Bedeutung und Gesetzlichkeiten hervorbringen und dies erfolgt auf interpersonaler Ebene im sozialen Kontext.

4.2.2.2 Bezug zum sozialen Kontext

Wissen wird innerhalb des sozialen Umfeldes transformiert. Der Inhalt der Kognition ist unablösbar mit dem sozialen Kontext verbunden, d.h. der ihn umgebende Sach- und Sinnzusammenhang beeinflusst die Prozesse des Verstehens und Wissens. Der soziale Kontext bildet den Ausgangspunkt für das Verständnis der anderen und ihrer Überzeugungen. Insbesondere die Entwicklungspsychologie beschäftigt sich mit der Frage der Entstehung von Ansichten und Einstellungen der handelnden Personen und dem Einfluss, der hier vom sozialen Umfeld ausgeübt wird. Zahlreiche empirische Arbeiten deuten darauf hin, dass Individuen die Ansichten ihrer jeweiligen Gemeinschaft teilen und sich die sozialen Kognitionen mit dem sozialen Kontext verändern.[3]

Wissen hat damit zu tun,

> „dass wir in einer Welt leben, die untrennbar ist von unserem Körper, unserer Sprache und unserer gesellschaftlichen Geschichte. Wissen ist folglich ein ständig ablaufender Verstehens- bzw. Interpretationsprozess, der nicht in irgendeiner angemessenen Weise als Menge von Regeln und Annahmen eingefangen werden kann, da er von Handeln und Geschichte abhängig ist, und da man in ihn nur durch Nachahmung und aktive Mitgliedschaft hineinwachsen kann. Wir können uns nicht außerhalb der Welt begeben, in der wir uns vorfinden, um zu sehen, wie deren Inhalte mit

---

[1] vgl. Levine und Moreland (1999), S. 267f
[2] vgl. Varela (1990), S. 18
[3] vgl. Durkin (1996), S. 72f

ihren Repräsentationen oder Abbildungen übereinstimmen: wir finden uns stets in eine Welt eingebunden, in diese Welt hineingeworfen."[1]

Der soziale Kontext beeinflusst die Prozesse der sozialen Kognition und somit die Wissenstransformation. Gemeinschaften bilden gemeinsame Kognitionsmuster aus und beeinflussen dadurch wiederum das Handeln des Einzelnen. Das Wissen eines Individuums ist eingebettet in der ihn umgebenden sozialen Welt.

Es kann somit festgehalten werden, dass die soziale Interaktion von zentraler Bedeutung für den Verlauf der Wissensprozesse ist. Die Wissensprozesse weisen häufig so genannte kognitive Muster auf, die Teil von übergeordneten mentalen Modellen und in einen sozialen Kontext eingebettet sind. Die Entwicklung der Wissensprozesse wird von der Interaktion der beteiligten Personen beeinflusst und wirkt gleichzeitig wiederum auf den Verlauf der Interaktion ein.

Das oben dargestellte Modell der Wissensspirale von Nonaka und Takeuchi zielt darauf ab, den Prozess der organisationalen Wissensschaffung mit Fokus auf die Interaktion zwischen den Beteiligten und ihrem expliziten und impliziten Wissen zu formalisieren. Dabei wurde auf die Problematik der Umwandlung der einzelnen Wissensdimensionen hingewiesen, d.h. das Modell weist zwar auf zentrale Aspekte von Wissen in Organisation hin, gibt aber wenig Aufschluss über praktikable Maßnahmen zur systematischen Unterstützung der Wissenstransformation in Organisationen.[2]

Das Management dieser intangiblen Ressource *Wissen* im Sinne einer kontrollierten Steuerung und gezielten Beeinflussung ist nur beschränkt möglich. Es ist daher unbedingt erforderlich, die Charakteristika impliziten Wissens und die damit verbundenen Prozesse bei der Organisation der Wissenstransformation zu berücksichtigen. Aufgabe der Organisation ist es, einen Raum im übertragenen Sinne zu schaffen, in dem sich die Wissensprozesse entfalten können. Dieser Raum dient als Wissensbasis und ermöglicht das Zusammenspiel der Individuen und somit einen kontinuierlichen Wissensfluss im Unternehmen. Im folgenden Abschnitt werden Konzepte vorgestellt, die auf die Merkmale einer konstruktiven organisationalen

---

[1] Varela (1990), S. 96
[2] vgl. Krogh, Ichijo und Nonaka (2000), S. viii; in dieser Veröffentlichung über *Enabling Knowledge Creation* streben Krogh, Ichijo und Nonaka eine Weiterentwicklung des Modells in Form der Gestaltung von förderlichen Rahmenbedingungen für die Wissensentwicklung an

Wissensbasis hinweisen und somit die Wissenstransformation unterstützen. Dabei wird insbesondere die *implizite Wissensbasis* einer Organisation betrachtet.

4.3 Die organisationale Wissensbasis

Die Wissenstransformation kann nicht losgelöst vom Kontext betrachtet werden, d.h. die organisationalen Strukturen, die das Beziehungsnetzwerk und die Zusammenarbeit zwischen den beteiligten Personen fördern, sind von erheblicher Bedeutung. In einem sich rasch wandelnden Umfeld, in dem hohe Flexibilität und Anpassungsfähigkeit gefordert sind, haben traditionelle starre Strukturen mit ihren langen Entscheidungswegen ausgedient[1]; an ihre Stelle treten offene Organisationen, die sich mit flexiblen Projektteams rasch auf neue Situationen einstellen können und eingebettet sind in ein kompliziertes Beziehungsgefüge in und außerhalb der fließenden Organisationsgrenzen.[2] Damit sich Wissen frei in diesen Strukturen bewegen kann, gilt es, ein Bewusstsein und Sensibilität für das soziale Beziehungsgeflecht innerhalb der Organisationen zu entwickeln. Denn die Beziehungen bilden die Basis dafür, wie Wissen im Unternehmen ausgetauscht und weiterentwickelt werden kann. Es ist diese Wissensbasis, die den Rahmen für die Wahrnehmung und Interpretationen der beteiligten Personen vorgibt[3].

> „Interaktion setzt gemeinsames Wissen voraus. Damit ist zugleich klargestellt, dass alle Organisationen eine Wissensbasis haben, gleichgültig, ob sie dies reflektieren oder nicht."[4]

Nach Probst et al.[5] setzt sich die Wissensbasis aus den Individuen und Teams einer Organisation verbunden mit ihren organisationalen Fähigkeiten und Prozessen zusammen. Organisationale Fähigkeiten bestehen in der Regel aus einer Vielzahl einzelner Bestandteile und individueller Wissenselemente, die miteinander zu einem Ganzen verwoben sind. Eine große Rolle spielt dabei die Vernetzung, die Beziehungen zwischen den Bestandteilen.

---

[1] vgl. Hinterhuber (1995); Hinterhuber, Handlbauer und Matzler (1997), S. 150
[2] vgl. etwa Lehner (2001)
[3] Bezugspunkt für Wissen als „*justified* true belief" vgl. Krogh, Ichijo und Nonaka (2000), S. 177
[4] Schreyögg (2001), S. 6
[5] vgl. Probst, Raub und Romhardt (1998), S. 37f; vgl. auch etwa Amelingmeyer (1999)

Die organisationale Wissensbasis ist daher vorstellbar als Speicher expliziten und impliziten Wissens. Dabei manifestiert sich die Wissensbasis in formalisierten Organisationselementen, z.b.: Strukturen, Technologien, Instrumente; Verfahren, Programme; Regeln, Beschreibungen, etc. Diese Ebene stellt den Akteuren einen äußeren Bezugsrahmen zur Verfügung, erleichtert die Orientierung und gibt ihnen dadurch Handlungssicherheit. Das Wissen, das in den Strukturen, Regeln und Verfahren enthalten ist, stellt (1) die *explizite Wissensbasis* dar und gilt für die gesamte Organisation und somit für eine Vielzahl an Personen, z.b.: eine unternehmerische Wissensvision[1], einheitliche Wissensstrategien[2], Verfahren, Ablaufprozesse, etc. Viel mehr Wissen ist aber in impliziter Form in den Köpfen der Personen und in Netzwerken der organisationalen Wissensbasis vorhanden. Komplementär zur expliziten Wissensbasis zeigt sich daher (2) die *implizite Wissensbasis*, die latent vorhanden und eng verknüpft ist mit den Personen und ihren Beziehungen zueinander. Dieses Tiefenwissen stammt aus der Zusammenarbeit der Personen mit ihren unausgesprochenen Regeln und Normen sowie kollektiven Grundannahmen, die oftmals als selbstverständlich gelten und an denen sich die Mitglieder bewusst oder unbewusst ausrichten.[3] Ein organisationales kollektives Wissen ist nicht von Personen als einzelne ‚Wissenspartikel' abhängig, sondern von den Relationen, Beziehungen und Verknüpfungsmustern zwischen diesen Wissenselementen.

> „Die Verknüpfungen selbst konstituieren das eigenständige kollektive oder systemische Wissen einer Organisation. Denn in der Art der Verknüpfungen, der Bahnung, Prägung, Konfirmierung und Institutionalisierung bestimmter Muster gehen die Lernerfahrungen der Organisation als System ein."[4]

Zusätzlich muss die organisationale Wissensbasis auch als eine Plattform für Aushandlungsprozesse in einem Spiel um die Erhaltung und den Ausbau von Handlungsspielräumen betrachtet werden. Denn was Organisationen lernen, ist beeinflusst von den Interessen der Mitglieder, ihrem Wissen und ihrer Bereitschaft, Wissen zu teilen. Die organisationale Wissensbasis wird daher auch als Ergebnis von

---

[1] vgl. etwa Hinterhuber und Renzl (2002), S. 21ff
[2] vgl. etwa Zahn (1998), S. 47ff
[3] vgl. dazu auch die Ausführungen etwa bei Schein (1992) über Unternehmenskultur, die als kollektiv geteiltes Wissen einen Teil der Wissensbasis darstellt
[4] Willke (1999), S. 4

Aushandlungsprozessen betrachtet.[1] Die dargestellte Beschreibung verdeutlicht, dass die organisationale Wissensbasis mehr beinhaltet als das unmittelbar benötigte Wissen, welches zur Durchführung der organisationalen Aufgaben erforderlich ist.[2] Die soziale Verankerung in Kombination mit den Verhandlungsprozessen scheint also eine Charakteristik der Wissensbasis von Unternehmen zu sein, und es ist nicht die einzelne Person, sondern die Vernetzung und die Beziehungen zwischen den Personen ausschlaggebend. In diesen Vernetzungen kommt es zu Interessensabwägungen und Machtspielen zwischen den Akteuren. Innerhalb einer Organisation bilden Personen unterschiedlich starke Beziehungen untereinander aus bzw. sind nicht gleich stark vernetzt. Es kann keine generelle implizite Wissensbasis für die gesamte Organisation geben, auf die jeder Zugriff hat. Diese ist weitaus differenzierter, unbestimmter und lokal unterschiedlich ausgebildet. Es herrschen hier natürliche Grenzen, da nicht jeder mit jedem gleichermaßen Kontakt pflegen kann. Es bilden sich innerhalb der Organisation Aggregate aus, die sich durch die gemeinsame Praxis und ein gemeinsames aber nicht unbedingt einheitliches Verständnis der Welt auszeichnen. Aufgabe der Organisation ist es, einen Nährboden zu schaffen, auf dem dieses implizite Beziehungsgeflecht als Grundlage für die Wissenstransformation gedeihen kann. Dazu werden nachfolgend Konzepte vorgestellt, die eine konstruktive Wissensbasis fördern.

Im Kontext dieser Arbeit und dem Augenmerk auf die impliziten Prozesse der Wissenstransformation werden hier die Elemente der *impliziten Wissensbasis* genauer betrachtet. Dazu sind in der Literatur folgende drei Konzepte zu finden, die sich für diese Arbeit als wertvoll erweisen: Zunächst wird (1) das Konzept der *Communities of Practice* vorgestellt, das eine Erklärung für die Entstehung dieser impliziten Wissensbasis liefert. Wissen ist eingebettet in diese Gemeinschaften und erweist sich in einem gemeinsamen Verständnis der organisationalen Tätigkeiten. Dies ist für den Austausch von Wissen im Zuge der Wissenstransformation von großer Bedeutung. Während das relativ beständige Gefüge der Communities of Practice Wissensaustausch fördert, ist für die Generierung neuen Wissens ein Raum vonnöten, der eine kreative Spannung für die Schaffung von Neuem bietet. Dieser Wissensraum wird (2) im Konzept „*Ba*" skizziert. Abschließend soll (3) mit dem Konzept „*care*" die Wissensbasis im Sinne einer Atmosphäre des Vertrauens und der gegenseitigen

---

[1] vgl. Hanft (1996), S. 135
[2] vgl. Müller und Hurter (1999), S. 7f

Unterstützung umschrieben werden, die die Verankerung der Wissensbasis in einer förderlichen Wissenskultur gewährleistet.

4.3.1 Communities of Practice

In seinen Studien über Kundendiensttechniker bei Xerox beobachtete Orr[1], dass die tatsächliche Arbeitspraxis der Techniker nicht den formalen Arbeitsanleitungen der Firmenunterlagen entsprach. Die Tätigkeiten waren zwar in bestimmten Arbeitsabläufen organisiert, doch die Reparaturarbeiten waren in erster Linie deshalb erfolgreich, weil sie von den förmlichen Prozessen abwichen. Denn die offiziellen Anleitungen zur Durchführung der Reparaturen gehen davon aus, dass die Geräte auf vorhersehbare Art und Weise funktionieren. Diese Annahme ist jedoch insbesondere bei den Großgeräten und ihren Subsystemen nicht zutreffend. Dazu kommt, dass jedes Gerät bestimmte Eigenarten aufweist und beobachtet wurde, dass die Techniker ihre Geräte sehr genau kennen – „wie Schäfer ihre Schafe".[2] Die Techniker hatten mit den Firmenunterlagen zwar einen Wegweiser, in entscheidenden Fragen bekamen sie aber nicht dort die gesuchte Antwort, sondern beim *Frühstücken*.

Orr begann also, seine Beobachtungen des Arbeitstages der Kundendiensttechniker bereits vor dem offiziellen Arbeitsbeginn anzusetzen, bei der gemeinsamen Kafferunde, dem Frühstücken der Techniker, in der sie ihre Erfahrungen mit komplizierten Geräten austauschen. Dabei diskutieren sie miteinander offene Fragen und Probleme, besprechen Lösungswege, amüsieren sich über gemachte Fehler etc. Orr fand heraus, dass die Servicetechniker diese Zusammenkünfte als gemeinsamen Pool an praktischen Erkenntnissen nützen. Jeder Techniker trägt je nach seinen Stärken dazu bei und macht ihn sich zunutze. Orr stellte fest, dass diese örtlich verteilten Gruppen eine Praktiker-Gemeinschaft oder die so genannten *Communities of Practice*[3] bilden.

Dabei ist das Phänomen der Communities of Practice an sich nicht neu. Bereits im antiken Griechenland gab es „Korporationen der Schmiede, Töpfer, Steinmetze und sonstigen Handwerker"[4], die sowohl einen sozialen (gemeinsame Götterverehrung und Feste) als auch einen ökonomischen Zweck (Ausbildung und Verbreitung von

---

[1] vgl. Orr (1996) bzw. Brown und Duguid (2000), S. 67f
[2] Wenger und Snyder (2000b), S. 67
[3] vgl. Lave und Wenger (1991) bzw. Wenger (1998); Brown und Duguid (1991)
[4] Wenger und Snyder (2000b), S. 56

Neuerungen) verfolgten. So spielten auch die Zünfte der Handwerker im Europa des Mittelalters eine ähnliche Rolle. Der Unterschied zu den heutigen Communities of Practice liegt darin, dass nicht mehr primär Selbständige zusammentreffen, sondern zumeist Leute, die in großen Organisationen arbeiten.[1]

Communities of Practice oder Gemeinschaften von Praktikern werden definiert als Gruppen von Menschen, die sich aufgrund ihrer Expertise und der Begeisterung für einen gemeinsamen Zweck informell zusammenschließen und ihre Erfahrungen und Kenntnisse untereinander austauschen, z.b.: Unternehmensberater, die sich auf strategisches Marketing spezialisiert haben.[2] Dabei existiert das informelle Geflecht an Beziehungen und ungezwungener Kommunikation der beteiligten Personen parallel zur Formalorganisation.[3]

Communities of Practice sind lokale, implizite Netzwerke in Organisationen, die durch ihren gemeinschaftlichen Charakter und durch persönliche Beziehungen gekennzeichnet sind.[4] Aufgrund ihrer impliziten Beschaffenheit werden sie aber oft nicht als Gruppen wahrgenommen. Durch die gemeinsame Praxis oder Interesse an einer Aufgabe entwickeln sich Gemeinschaftssinn, grundlegendes Verständnis für eine gemeinsame Sprache und die Basis für Lernprozesse. Als solches betrachtet, bilden diese *organischen Gemeinschaften* eine Art *implizite Wissensbasis* für ein Unternehmen.

Diese implizite Wissensgrundlage der Gemeinschaften bildet die Basis für den Austausch und die Entwicklung von neuem Wissen in der Unternehmung. Auf der Grundlage ähnlicher Denk- und Handlungsmuster der Beteiligten ist es möglich, komplexe Inhalte zu kommunizieren. Ein Beispiel dafür ist etwa die Diskussion zweier Servicetechniker über die Lösung eines spezifischen Problems, dessen Fehlercode nicht den wahrnehmbaren Symptomen entsprach und auch nicht laut Anleitung zu beheben war. Ein Außenstehender konnte diesem Gespräch kaum folgen. Es wurden Geräusche des Kopiergeräts imitiert, bestimmte Codewörter benutzt und Abläufe so rekonstruiert, dass sie nur innerhalb dieser Gemeinschaft aufgrund des gemeinsamen Erfahrungshintergrundes *verständlich* waren. Während des Gesprächs war es den

---

[1] vgl. Wenger und Snyder (2000b), S. 56
[2] vgl. Wenger und Snyder (2000b), S. 55f
[3] das Phänomen der Communities of Practice wurde sowohl in traditionell organisierten Unternehmen als auch in virtuellen Arbeitsumgebungen beobachtet; vgl. etwa Eppler und Diemers (2001); Putz und Arnold (2000)
[4] vgl. Lave und Wenger (1991), S. 98

beiden Technikern möglich, die unterschiedlichen Erfahrungen auszutauschen und eine neue Problemlösung zu entwickeln.[1]

Da der gemeinschaftliche Aspekt und die soziale Konstruktion von Wissen bereits unter 3.3 Soziale Konstruktion des Wissens und unter 4.2.2 Soziale Kognition dargestellt wurde, liegt der Fokus in diesem Abschnitt zunächst auf der Analyse des Konstrukts *Praxis* als wesentlichen Bestandteil des Phänomens der Communities of Practice. Im Anschluss daran wird auf die Theorie des *situativen Lernens* als theoretische Grundlage der Communities of Practice hingewiesen, welche die Verknüpfung der Wissensprozesse mit der täglichen Arbeitspraxis innerhalb des sozialen Gefüges einmal mehr unterstreicht.

4.3.1.1 Aspekte der Praxis

Praxis wird hier als die Durchführung der organisationalen Tätigkeiten betrachtet. Dazu zählen nicht die Tätigkeiten, die in den formalen Stellenbeschreibungen zum Ausdruck kommen, sondern wie die Personen in Organisationen ihre Aufgabenstellungen tatsächlich bewältigen. Es wird untersucht, wie Individuen *in der Praxis* vorgehen, um schwierige Problemstellungen zu lösen und dabei Wissen transformieren. Dies soll Aufschluss über das Phänomen der Communities of Practice als implizite Basis für den erfolgreichen Austausch von Wissen und einen kontinuierlichen Wissensfluss in der Organisation geben.

Das Konstrukt Praxis als wesentlicher Bestandteil des Phänomens der Communities of Practice wird anhand der folgenden, sich teilweise überschneidenden, Kategorien dargestellt[2] (siehe Abbildung 4.9):

- Anekdoten (*narration*)
- Zusammenarbeit (*collaboration*)
- soziale Konstruktion (*social construction*)

---

[1] vgl. Orr (1996), S. 90f
[2] vgl. Brown und Duguid (1991), S. 44ff

```
        ┌─────────┐
        │ Praxis  │
        └─────────┘
         ↙  ↓  ↘
┌──────────┬──────────┬──────────┐
│ Anekdoten│Zusammen- │ soziale  │
│          │ arbeit   │Konstruktion│
└──────────┴──────────┴──────────┘
```

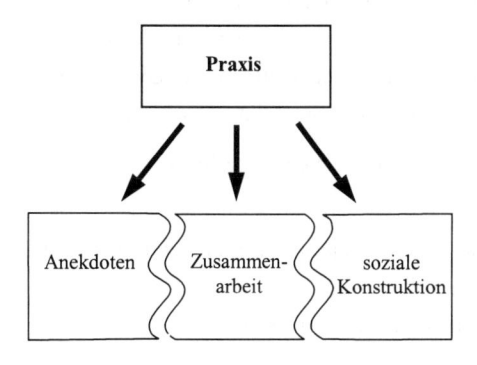

Abb. 4.9: Aspekte der Praxis

Anekdoten

Geschichten und Anekdoten ermöglichen es, Sachinhalte mit Bezug auf den dahinterliegenden Kontext wiederzugeben. In seinen Studien über die Kundendiensttechniker hat Orr[1] herausgefunden, dass das Erzählen von Anekdoten und Geschichten eine wichtige Rolle in Bezug auf die Transformation von Wissen spielt. Denn die Lösung einer Problemstellung vor Ort erfordert zunächst eine schlüssige Darstellung der Situation, in diesem Fall der Störung eines technischen Gerätes, welche sich aus vielen einzelnen Fehlermeldungen zusammensetzt. Die Techniker müssen sich ein zusammenhängendes Bild der Situation konstruieren. Dabei beraten sie sich mit ihren Kollegen und versuchen, jeweils ihre Sicht des Problems zu schildern und die Ursache des Problems zu diagnostizieren.

„The key element of diagnosis is the situated production of understanding through narration, in that the integration of the various facts of the situation is accomplished through a verbal consideration of those facts with a primary criterion of coherence. ... They do not know where they are going to find the information they need to understand and solve this problem. In their search for inspiration, they tell stories."[2]

---

[1] vgl. Orr (1990); Orr (1996), S. 12
[2] Orr (1990), S. 178f

Durch den verbalen Austausch und die Geschichten, die dabei erzählt werden, fließen die Erfahrungen der einzelnen ein und es kommt zu einer gemeinsamen Diagnose. Die Anekdoten und das Erzählen dieser Geschichten erlauben es, das komplexe soziale Gefüge, in dem die tägliche Arbeit stattfindet wiederzugeben, und geben Hinweise auf den Bezug, den der Erzähler und die Zuhörer zu diesem spezifischen Ereignis haben.[1]

Das Erzählen und Austauschen von Anekdoten weist daher zwei wichtige Aspekte auf[2]:

(1) die Entwicklung von kausalen Zusammenhängen und damit das Erklären der Problemstellung und
(2) den Aufbau eines Wissensreservoirs.

Der Lerneffekt ist bei Inhalten, die in Geschichten verpackt sind am höchsten[3], denn wie Weick es ausdrückt:

„People think narratively rather than argumentatively or paradigmatically".[4]

Die Anekdoten sind dabei Teil eines Prozesses, der gemeinsam durchlaufen wurde und durch den soziales Wissen vermittelt wird. Der Zuhörer ist Teil des Prozesses, in dem die Geschichte konstruiert wird. Diese Geschichten erlauben, jenen impliziten Anteil des Wissens zu übermitteln, der eingebettet ist in die Werte, Einstellungen und Historie des beteiligten Personenkreises.[5]

Zusammenarbeit

Anekdoten entstehen in einem gemeinsamen Kontext und in Zusammenarbeit der einzelnen Kollegen. Die Arbeitspraxis zeichnet sich als ein kollektiver Prozess aus.[6] Communities of Practice schaffen hier die Rahmenbedingungen und ermöglichen die Aufgabenstellungen zu bewältigen. Dazu gehört die Eingliederung in einen sozialen Kontext, Lernen, der Umgang mit Mitarbeitern und das Einlernen bzw. die Aufnahme

---

[1] vgl. Brown und Duguid (1991), S. 43f
[2] vgl. Brown und Duguid (1991), S. 45
[3] vgl. Davenport und Prusak (1998b), S. 81
[4] Weick (1995), S. 127
[5] vgl. Linde (2001), S. 163
[6] vgl. Wenger und Snyder (2000a), S. 139f

in die Gemeinschaft neuer Mitarbeiter. Die Mitglieder einer Community of Practice arbeiten unter denselben Bedingungen und im selben Kontext zusammen und haben ähnliche Ansprüche. Dabei verändert sich die Zusammensetzung und die Anzahl der Mitglieder ständig im Prozess der Aktivitäten, abhängig von der momentanen Aufgabe.

„Membership in a community of practice is therefore a matter of mutual engagement. That is what defines the community".[1]

Doch es geht nicht um die Anzahl der Mitglieder von Communities of Practice, sondern um die gemeinsame Durchführung von Aufgaben und die Ausbildung eines gemeinsamen Verständnisses für diese Aufgaben. Wesentlich dabei ist das Engagement und die Teilnahme. Denn nur durch dieses aktive Mittun wird man Mitglied der Gemeinschaft.

Soziale Konstruktion

Wissen wird innerhalb des sozialen Gefüges entwickelt und ausgetauscht. Gemeinsames Interesse, geteilte Normen und Werte sowie eine gemeinsame Interaktionsplattform sind die Grundlage dieser Gemeinschaften von Praktikern; darüber hinaus zeichnen sie sich durch emotionale Bindung, Kontinuität und Reziprozität aus.[2] Communities of Practice sind ein theoretisches Konstrukt für ein soziales, kulturelles oder organisatorisches Phänomen. Der Begriff bezeichnet informale Aggregate von Menschen, in denen gemeinsame Sprache, Geschichten, Regeln oder einfach Wege, wie Dinge zu tun sind, ausgebildet werden.

Wenn Personen eng zusammenarbeiten, entsteht durch gemeinsame Praxis, Diskussionen über gemeinsame Interessen, Probleme, die sie direkt betreffen, ein gemeinschaftlicher Charakter, der letzten Endes zu einer Sozialisierung und implizitem Lernen durch Beobachtung und Imitation führt. Die Mitglieder von Communities of Practice haben über viele Kriterien ein gemeinsames Verständnis und bilden ein „*shared understanding*"[3] aus. Es entwickelt sich eine *Weltsicht*, die die

---

[1] vgl. Wenger (1998), S. 73
[2] vgl. Eppler und Diemers (2001), S. 31; der Begriff der Reziprozität umschreibt die wechselseitige Unterstützung der Mitglieder untereinander als ein ausgeglichenes Geben und Nehmen;
[3] Brown und Duguid (1991), S. 46 vgl. hierzu auch die Theorie über „Sensemaking in Organizations" bei Weick (1995)

implizite Wissensgrundlage der Gemeinschaft darstellt.[1] Die gemeinsamen Erkenntnisprozesse und die gemeinsamen Realitäten erlauben es, dass sich diese Form des kollektiven Wissens entwickelt.

4.3.1.2 Situatives Lernen

Wissen, das in den Prozessen der sozialen Konstruktion ausgetauscht und weiterentwickelt wird, kann nicht losgelöst vom praktischen Handeln betrachtet werden. Wissen wird im Zuge dieser Aktivitäten erworben und gelernt.

> "What is learned is profoundly connected to the conditions in which it is learned."[2]

Der Lernprozess stellt eine soziale Konstruktion dar und ist unmittelbar mit der jeweiligen Situation verknüpft. Dies kommt in der Theorie des situativen Lernens und der *Legitimate Peripheral Participation* von Lave und Wenger[3] zum Ausdruck:

> „By this we mean to draw attention to the point that learners inevitably participate in communities of practitioners and that the mastery of knowledge and skill requires newcomers to move toward full participation in the sociocultural practices of a community."[4]

Communities of Practice als Grundlage situativer Lern- und Wissensprozesse zeichnen sich durch Interesse und aktives Mitwirken aus. Die Teilnahme an diesen Wissensprozessen erfordert daher, Mitglied in diesen Gemeinschaften, ein ‚Insider', zu werden. Dabei wird dem neuen Mitglied die spezifische Sichtweise der Gemeinschaft näher gebracht und gelernt, deren Sprache zu sprechen. Der Ausdruck der Legitimität in diesem Konzept soll dabei auf die Zugehörigkeit hinweisen, die ‚Berechtigung' zu haben, Teil dieser Gemeinschaft zu sein. Die Dezentralität in *peripheral participation* drückt aus, dass es unterschiedliche und über eine breite Palette verstreute Möglichkeiten der mehr oder weniger engagierten Teilnahme in den Gemeinschaften gibt.

---

[1] vgl. Brown und Duguid (1999), S. 80ff
[2] Brown und Duguid (1991), S. 48
[3] vgl. Lave und Wenger (1991), S. 29ff
[4] Lave und Wenger (1991), S. 29

Aus der Definition der Legitimate Peripheral Participation können daher drei Aspekte der situativen Lern- und Wissensprozesse identifiziert werden:

(1) *Partizipation* durch Engagement und aktives Teilnehmen

(2) *Legitimität*, d.h. als Mitglied der sozialen Entität zu gelten und somit am Lernprozess teilhaben zu können

(3) *Dezentralität* als Ausdruck der breit gestreuten Möglichkeiten und Formen der Teilnahme am Lernprozess

Communities of Practice sind auf allen Ebenen einer Unternehmung zu finden. Es gibt unterschiedlichste Arten von Gemeinschaften etwa in Bezug auf Intensität der Aktivitäten, Anzahl der Mitglieder, innerhalb einer Unternehmung oder über mehrere Unternehmungen hinweg. Eine Community wird durch das gemeinsame Interesse am jeweiligen Wissensgebiet oder durch ein besonderes Problem zusammengehalten. Dabei bleibt vor allem der Gemeinschaftscharakter, aber auch das geteilte Wissen oft unausgesprochen.[1] Communities of Practice werden nicht als Gruppe im herkömmlichen Sinn betrachtet, weil sie latent im Hintergrund agieren. Sie sind impliziter Natur[2] und werden meist durch andere offizielle Organisationsstrukturen wie Teams, Netzwerke oder formale Arbeitsgruppen überdeckt. Der explizite Teil sind die Hierarchie, die offiziellen Strukturen und das Organigramm.

Zwar sind naturgemäß immer Individuen beteiligt, doch spielt sich das Gemeinschaftliche auf einer anderen Ebene ab als das Individuelle. Es geht auch nicht um die Auflösung des Individuellen im Kollektiven: Personen haben ihre eigene Theorien und Arten des Verstehens, aber die Gemeinschaften sind Orte, wo diese Theorien gebildet, verschmolzen, geteilt und entwickelt werden. Ein erster wichtiger Schritt besteht für die Unternehmensleitung darin, zu erkennen, was diese Gemeinschaften ausmacht und wie sie funktionieren. Denn obwohl Communities of Practice grundsätzlich informeller Art sind und sich selbst organisieren, kommt es ihnen zugute, sie zu kultivieren.[3]

---

[1] vgl. Brown und Duguid (1999), S. 80
[2] vgl. Schoen (1999), S. 546
[3] vgl. Wenger (1998), S. 48ff

4.3.2 „Ba" als Ort der Wissensentstehung

Das Konzept „ba"[1] geht auf den japanischen Philosophen Nishida bzw. dessen Weiterentwicklung auf Shimizu zurück und bedeutet wörtlich übersetzt *Ort*. *Ba* drückt eine Verknüpfung von Raum und Zeit aus. Ein Konzept, das gleichzeitig Ort im

(1) physischen,
(2) virtuellen und/oder
(3) mentalen Sinne vereint.

Der Ort im *physischen* Sinne ist etwa ein Büroraum, *virtuell* über E-mail und Telekonferenz oder *mental* in Form von geteilten Erfahrungen, Ideen und Idealen.

Im Vergleich zu den im vorigen Kapitel dargestellten Communities of Practice, die insbesondere den *Austausch von Wissen* in Organisationen fördern, wird mit dem Konzept Ba ein Wissensraum beschrieben, der für die *Generierung neuen Wissens* von besonderer Bedeutung ist. Wissen als dynamischer, situations- und personenabhängiger Prozess erfordert einen Wissens*raum*, der diese Prozesse umgibt und unterstützt. Ba stellt eine Plattform zur Förderung von individuellem und/oder kollektivem Wissen dar. Wissen ist in ba eingebettet und wird dort durch eigene Erfahrung oder Reflexion über die Erfahrung anderer erlangt. Ba ist daher jener Ort, der die Basis für die Wissensentwicklung bildet. Wenn Wissen von ba losgelöst wird, stellt es nur mehr Information dar, die unabhängig von *ba* kommuniziert werden kann.

Ba deutet auf einen gemeinsamen Kontext hin, sowohl in Bezug auf mentale Kognitionen als auch auf praktisches Handeln. Es ist nicht möglich, die Prozesse des Wissens ohne Zusammenhang zu verstehen. Ba bietet den erforderlichen Raum für die Wissensprozesse und stellt die geforderte Qualität sicher. Der soziale, kulturelle und historische Kontext ist unerlässlich für die beteiligten Personen[2], denn dieser Kontext stellt die Grundlage für die Interpretation von Informationen und

---

[1] vgl. Nishida (1970) bzw. Nishida (1989); Shimizu (1995); vgl. auch Nonaka und Konno (1998), S. 40 bzw. Krogh, Ichijo und Nonaka (2000), S. 7 und 178f
[2] vgl. Vygotsky (1988), S. 1; der Kontext in Zusammenhang mit Lernprozessen insbesondere bei Kindern untersucht hat;

Bedeutungszuschreibungen dar. Ba ist jener Raum, in dem Wissen entsteht. Hier wird die Spannung erzeugt, die nötig ist für die Schaffung von neuen Ideen.[1]

Das Schlüsselkonzept für das Verständnis von *ba* ist die Interaktion[2] und Wissen als dynamischer Prozess innerhalb der beteiligten Personen und ihrer Umwelt. Ba stellt hier den gemeinsamen Bezugsrahmen dar, innerhalb dessen die Interaktionsprozesse stattfinden und sich dabei permanent weiterentwickeln und neues Wissen entsteht (siehe Abbildung 4.10).

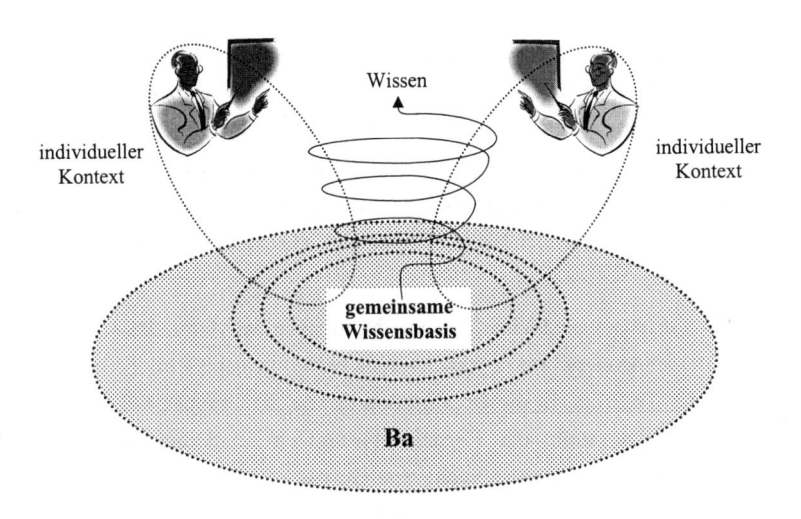

Abb. 4.10: „Ba" als gemeinsamer Kontext[3]

Bei von Krogh et al.[4] wird folgendes Beispiel des Unternehmens *Kleiner Parkins Caufield and Byers* (KPCB), eines der erfolgreichsten Venture-capital Unternehmen des Silicon Valley, das eine Vielzahl von Unternehmern bei der Gründung ihrer Firmen unterstützte, angeführt. Als eines der wichtigsten Elemente ihres Konzepts einer wertsteigernden Investition beschreibt KPCB den Zugang zu einem Netzwerk an

---

[1] vgl. dazu auch *creative abrasion* bei Leonard-Barton (1995), S. 63f
[2] vgl. Nonaka, Toyama und Konno (2000), S. 14 und die Ausführungen zur sozialen Interaktion unter 4.1
[3] Quelle: modifiziert nach Nonaka, Toyama und Konno (2000), S. 14
[4] vgl. Krogh, Ichijo und Nonaka (2000), S. 178f bzw. Gurevitch (1995)

Information und Wissen, wie es etwa in einem *Keiretsu,* das moderne japanische Unternehmensnetzwerke beschreibt, der Fall ist. Dabei ist bei KPCB die Auslegung des Ausdrucks *Keiretsu* relativ breit und bezieht sich auf den Austausch von Informationen, Erfahrungen und Wissen der beteiligten Führungskräfte nach dem Prinzip der Gegenseitigkeit und beruht auf einer Kultur des Geben und Nehmens. Das KPCB Netzwerk besteht aus mehr als 175 Firmen, einer Vielzahl an Führungspersönlichkeiten und hat sich als unschätzbar wichtiges Hilfsmittel für Manager sowohl in neu geschaffenen als auch in etablierten Unternehmen erwiesen. Von Krogh et al. sehen in diesen Netzwerken einen „enabling context"[1] wie es mit ba beschrieben wird.

Ba ist in ständiger Fortentwicklung begriffen. *Ba* ist daher immer ein offener Raum, in den die Beteiligten jederzeit eintreten und ihn auch wieder verlassen können. Durch diese Veränderungen entwickelt sich die gemeinsame Basis in ba permanent weiter. Es kann als ein Raum definiert und abgrenzt werden. Dieser Raum ist jedoch zugleich immer offen für Neues, d.h. ba begrenzt in gewisser Weise die Sichtweise der Beteiligten, indem es ihre Sichtweise begrenzt und gleichzeitig aber neue Perspektiven aufzeigt.

Ba existiert auf unterschiedlichen Ebenen, die miteinander verbunden werden können und ein umfassenderes ba bilden, welches auch *basho*[2] genannt wird. So wie das *ba* für Individuen das Team ist, ist die Organisation das *ba* für Gruppen von Personen oder Teams. Schließlich stellt die Organisationsumwelt wiederum das *ba* für die Organisation dar. *Ba* kann also sowohl eine Gruppe von Personen sein, als auch von einer Gruppe von Konzernen symbolisiert werden. Wichtig ist, dass ba für die Wissensentwicklung von großer Bedeutung ist und dieser kreative Prozess ausgeweitet wird, indem diese ba zusammengenommen werden und ein umfassenderes basho bilden. Ba und basho stellen eine Ausdrucksmöglichkeit dar, um diese kreativen Wissensräume zu beschreiben, die in Organisationen auf unterschiedlichen Ebenen vorhanden sind.

Ba ist insbesondere auf die Prozesse der Generierung von Wissen ausgelegt und stellt den aktivierenden Wissensraum für die Entwicklung neuen Wissens dar. Das Konzept ba weist Ähnlichkeiten zu den im vorigen Abschnitt beschriebenen Communities of Practice auf, die auch einen Rahmen für die Wissensausbreitung darstellen. Während

---

[1] Krogh, Ichijo und Nonaka (2000), S. 179
[2] vgl. Nonaka und Konno (1998), S. 41

die Communities of Practice ein relativ beständiges Gefüge mit einer stabilen Mitgliedschaft darstellen, wird ba als ein Kontext mit „hier und jetzt" Qualität charakterisiert, der ständig in Bewegung und im Fluss ist, d.h. geschaffen wird, funktioniert und sich dann wieder auflöst, wenn es nicht mehr gebraucht wird.[1] Communities of Practice dagegen sind durch ihr spezifisches Aufgabengebiet klar abgrenzbar und weisen eine eigene Vergangenheit auf, in die Wissen eingebettet ist und die an die Mitglieder weitergegeben wird. Dabei brauchen die Mitglieder eine gewisse Zeit, bis sie in die Gemeinschaft integriert sind. Im Gegensatz zu den Communities of Practice, die sich insbesondere für den Austausch von Wissen eignen, ist ba mit seinen ad hoc Eigenschaften ideal für die Schaffung von neuem Wissen.[2]

Die Bedeutung des Konzepts ba im Rahmen der Wissenstransformation liegt darin, dass es auf diesen relativ flexiblen Wissensraum als Basis für die Prozesse des Wissens und insbesondere die Schaffung neuen Wissens hinweist. Dieser Wissensraum ist häufig implizit vorhanden und folglich nicht ‚sichtbar'. Es ist daher wichtig, Organisationen dafür zu sensibilisieren und Bewusstsein zu schaffen, um die Entstehung dieser Wissensräume zu fördern.

4.3.3 „Care" als Grundwert einer Wissenskultur

Wissen in Organisationen ist abhängig von den beteiligten Personen. Im Umgang mit Wissen ist daher die Sensibilität gegenüber personenbezogenen Themen und den Beziehungen der Individuen untereinander ausschlaggebend. Die Personen müssen sich auf ihre Kollegen verlassen können, ihnen zuhören und auf ihre Vorschläge und Ideen eingehen. Das Konzept „care"[3] im Sinne einer Atmosphäre des Vertrauens und der gegenseitigen Unterstützung soll die Verankerung einer förderlichen Unternehmenskultur in der Organisation thematisieren und somit den Abschluss dieser drei Konzepte zur Wissensbasis bilden.

> „Es sind die wissensbezogenen Aspekte der Unternehmenskultur, die über Erfolg oder Misserfolg der Wissensnutzung entscheiden. Zu einer wissensorientierten Kultur gehören offene Problematisierung und Vertrauen ... Von Mitarbeitern aktive Wissensteilung zu erwarten ist dann unrealistisch, wenn keine Vertrauensorganisation und –kultur herrscht."[4]

---

[1] vgl. Nonaka, Toyama und Konno (2000), S. 15
[2] vgl. Krogh, Ichijo und Nonaka (2000), S. 180
[3] vgl. Krogh (1998); Krogh, Ichijo und Nonaka (2000) bzw. Heidegger (1963)
[4] Probst, Raub und Romhardt (1999), S. 383

Dazu werden in einem ersten Schritt die Elemente einer Wissenskultur skizziert, d.h. eine Unternehmenskultur, die sich förderlich auf die Prozesse der Wissenstransformation auswirkt. Im Anschluss daran wird das Konzept „care" als ein zentraler Grundwert dieser Wissenskultur dargestellt.

4.3.3.1 Elemente einer Wissenskultur

Die Kultur eines Unternehmens besteht im Wesentlichen aus grundlegenden Überzeugungen und setzt sich im Kern aus Kognitivem, d.h. aus Wirklichkeitskonstruktionen der Organisationsmitglieder zusammen.[1] Beispielsweise besitzen Unternehmen, die sich weiterentwickeln wollen und vorausschauend in die Zukunft blicken, entsprechende Werte wie Vielfalt, Partizipation, Kreativität, Teamorientierung, Persönlichkeitsentfaltung etc. Diese stehen im Gegensatz zu Standardisierung, Geschlossenheit, Hierarchie, Bewahrung, Status, Gehorsam etc. Werte bauen auf Grundannahmen auf, die unbewusst sind und einen großen Einfluss ausüben können.[2]

Folgende Elemente geben Auskunft über die zugrunde liegenden Annahmen und Werte einer Unternehmenskultur und beeinflussen die Entwicklung einer Wissenskultur[3]:

- *Verhältnis der Unternehmung zur Umwelt.* Eine Kultur des Gebens und Nehmens geht von der Annahme aus, dass die Umwelt bzw. der Kontext, in welchem das Unternehmen agiert, beeinflusst werden kann.

- *Wesen des menschlichen Handelns.* In einer lernenden Kultur herrscht die Überzeugung, dass sich Unternehmensmitglieder proaktiv verhalten und weiterbilden sollen. Dies ist die Voraussetzung für die Entwicklung neuen Wissens und innovativer Leistungen.

- *Definition von Wirklichkeit und Wahrheit.* Eine Kultur, die sich offen gegenüber innovativem Verhalten und tolerant zeigt, wirkt sich positiv auf die Prozesse der Wissenstransformation aus. Es geht nicht darum,

---

[1] vgl. Sackmann (2000), S. 147
[2] vgl. Renzl und Raich (2002), S. 383
[3] vgl. Schein (1992), S. 361

Antworten vorzugeben, sondern einen Kontext zu schaffen, in dem innovative Lösungen gefunden werden können.

- *Information und Kommunikation.* Der Stellenwert der Kommunikation innerhalb und außerhalb der Organisation ist wichtig für die Prozesse der Wissenstransformation. Information und Kommunikation werden als Voraussetzung für eine erfolgreiche Unternehmensentwicklung erachtet.
- *Menschenbild.* Annahmen über das Wesen der Menschen und das Menschenbild sind ausschlaggebend für den Umgang der Personen untereinander. Vertrauen, Umsicht und ‚sich um etwas sorgen' stellen dabei bedeutende Aspekte dar.

Die beispielhafte Aufzählung dieser Elemente einer Wissenskultur gibt Aufschluss über Werte und Grundannahmen, die Teil der Wissensbasis sind und somit die Prozesse der Wissenstransformation beeinflussen. Im Folgenden wird mit dem Konzept „care" auf einen zentralen Aspekt dieser Elemente hingewiesen.

4.3.3.2 Konzeption von „care"

Care in organisationalen Beziehungen im Sinne von Umsicht, Sorge tragen, sich um etwas kümmern etc. stellt hier eine Schlüsselvariable dar und ist somit von zentralem Wert für die Organisation.[1] *Care* wird im weitesten Sinne als aufrichtige Aufmerksamkeit definiert, ein Gefühl der Fürsorge und des Interesses oder wie Mayeroff es ausdrückt:

> "… to care for another person, in the most significant sense, is to help him grow and actualize himself."[2]

An dieser Stelle soll auf die kollektivistische Unternehmenskultur etwa in japanischen Unternehmen und die damit verbundene hohe Innovationskraft hingewiesen werden. Grundelemente dieser Kultur sind Gruppen von Personen, die über geteilte Werte und Ziele verfügen und ihre Einstellung darüber, wie die Kräfte zu koordinieren sind, um diese Ziele zu erreichen.[3] In dieser Unternehmenskultur steht das „soziale Gedächtnis"

---

[1] vgl. Krogh (1998), S. 136
[2] Mayeroff (1971), S. 1
[3] vgl. Ouchi und Price (1978), S. 36

im Vordergrund, das etwa mit Sinn für Gemeinschaft und Verantwortung für diese Gemeinschaft umschrieben werden kann.[1]

Die Prozesse der Wissenstransformation erfordern nicht nur eine Basis im Sinne eines *shared understanding* oder eines kreativen Wissensraumes, sondern auch eine geeignete Atmosphäre und die nötige Vertrauensbasis, die der instinktiven Abwehr von Veränderungen entgegenwirkt.[2] Eine angenehme Atmosphäre scheint grundsätzlich positiv behaftet zu sein. Einen Kontext im Unternehmen zu schaffen, in dem Kooperationen, Loyalität, Kreativität und das Teilen von Wissen gefördert wird, stellt dennoch eine Herausforderung dar. Dazu ist es notwendig, das Konzept care aufzuschlüsseln und Ansatzpunkte für Veränderungsmaßnahmen zu definieren.[3] Von Krogh et al. haben fünf Dimensionen von care identifiziert, um das Konzept im organisationalen Kontext zu konkretisieren[4] (siehe auch Abbildung 4.11):

- gegenseitiges Vertrauen (*mutual trust*)
- aktives Einfühlungsvermögen (*active empathy*)
- Möglichkeit, Hilfe in Anspruch zu nehmen (*access to help*)
- Nachsicht im Urteilen (*lenience in judgment*)
- Mut (*courage*)

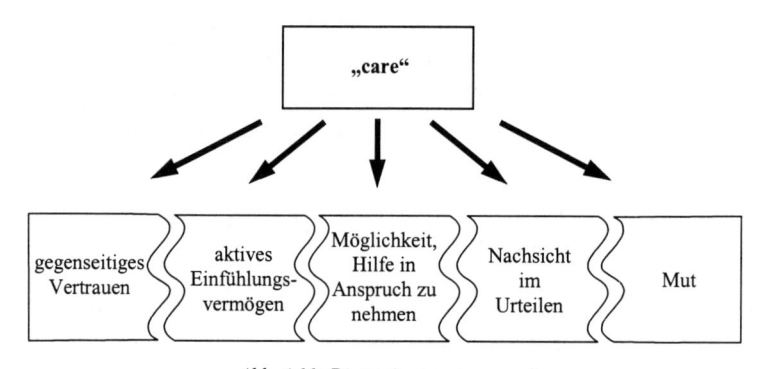

Abb. 4.11: Dimensionen von „care"

---

[1] vgl. Ouchi (1984), S. 8ff
[2] vgl. Kriwet (1997), S. 99
[3] bei Heidegger (1963) wird das Konstrukt der Sorge nicht weiter aufgegliedert
[4] vgl. Krogh (1998), S. 137f; Krogh, Ichijo und Nonaka (2000), S. 49ff; bei Heidegger (1963) wird das Konstrukt der Sorge nicht weiter aufgegliedert

Gegenseitiges Vertrauen

Vertrauen als Grundlage jeder Austauschbeziehung ist das erste Merkmal von *care*, das hier näher betrachtet wird. Vertrauen stellt eine Kompensation für das fehlende Wissen dar, die Motive des anderen, die man nicht kennt, seine Präferenzen, Interessen, persönlichen Hintergrund etc. Es ist nicht möglich, eine andere Person in ihrer Entwicklung zu unterstützen, wenn kein Vertrauen darüber herrscht, dass diese Person sorgsam mit dem Ratschlag umgehen wird. Vertrauen beruht auf Gegenseitigkeit und bedeutet auch, anderen etwas zuzutrauen. Der Gegenüber vertraut darauf, dass die Unterstützung in guter Absicht erfolgt. Die Vertrauensbeziehung wird ausgebaut, in dem Verhalten gezeigt wird, das sich über einen gewissen Zeitraum als konsistent und absehbar erweist.[1]

Aktives Einfühlungsvermögen

Care ermöglicht auch Einfühlungsvermögen im Sinne von Verständnis und Fingerspitzengefühl für andere Personen und deren Bedürfnisse. Es ist die Fähigkeit, sich in andere hineinversetzen zu können, Verständnis für eine bestimmte Situation, Interesse, Probleme etc. zu entwickeln. Durch aktives Beobachten und Fragenstellen wird die Ursache einer Problemstellung ergründet. Im Dialog wird versucht, die Perspektive des anderen zu erfahren. Es werden sowohl positive als auch negative Emotionen geteilt, die beide ein Teil des Lernprozesses sind.[2]

Hilfestellung

Die Möglichkeit, konkrete Hilfestellung in Anspruch zu nehmen, wird auch als Teil von *care* in Organisationen betrachtet; z.B.: in der Meister-Lehrlings-Beziehung, in der ein Handwerksmeister etwa den Gebrauch eines Werkzeugs vermittelt. Dies erfolgt nicht nur über Anweisungen des Meisters, sondern auch im Sinne einer

---

[1] vgl. Krogh, Ichijo und Nonaka (2000), S. 49f; Stahl (1996), S. 225ff bzw. eine ausführliche Diskussion zum Thema Vertrauen in Organisationen vgl. Kramer und Tyler (1996) bzw. Stahl (1996), S. 225ff

[2] vgl. Krogh, Ichijo und Nonaka (2000), S. 50f; zur Thematik der emotional intelligence vgl. Goleman (1998)

Unterstützung und Hilfe in der jeweiligen Situation und der raschen und unkomplizierten Verfügbarkeit des Lehrmeisters.[1]

Nachsicht im Urteilen

Nachsicht im Urteilen ist im organisationalen Kontext insbesondere dann von Bedeutung, wenn es um die Entwicklung neuer Problemlösungen und die damit verbundene Fehlerkultur geht, d.h. die Toleranz von Fehlern bis zu einem gewissen Ausmaß. Überkritisches Urteilen könnte sich hinderlich auf weiteres Experimentieren auswirken. Care bedeutet hier, in bestimmten Situationen Milde walten zu lassen und die damit verbundene Kultur zu vermitteln, ähnlich wie etwa in einem Gerichtssaal aufgrund des Kontextes oder der momentanen psychischen Verfassung Nachsicht geübt wird, obwohl unter normalen Umständen ein strengeres Urteil ausgesprochen werden würde.[2]

Mut

Schließlich ist *care* auch im Sinne von Mut und couragiertem Auftreten der Organisationsmitglieder zu beobachten. Dies ist wichtig, um neue Herausforderungen anzunehmen und Experimente durchzuführen. *Care* ermutigt dazu, nötigenfalls die Stimme zu erheben und die eigene Meinung auch entgegen dem vorherrschenden Gruppendenken einzubringen.[3]

4.3.3.3 Wissenstransformation und „care"

Die Prozesse der Wissenstransformation werden von care bzw. dem Ausmaß des Vorhandenseins von care innerhalb der Organisationseinheit beeinflusst. Die organisationalen Beziehungen können ein hohes Maß an care aufweisen, welches sich durch eine beachtliche Vertrauensbasis, aktives Einfühlungsvermögen, Hilfestellungen, Nachsicht im Urteilen und couragiertes Auftreten auszeichnet oder

---

[1] vgl. Krogh (1998), S. 138; bzw. Ähnlichkeiten zum Mentoringkonzept vgl. etwa MacLennan (1995)

[2] vgl. Krogh (1998), S. 138; siehe auch Charakteristika einer lernenden Kultur bei Schein (1992), S. 361

[3] vgl. Krogh (1998), S. 138; siehe auch das selbstbewusste Menschenbild bei der lernenden Kultur bei Schein (1992)

aber auch ein niedriges Ausmaß, in welchem dieselben Verhaltensweisen wenig bis gar nicht anzutreffen sind. Bei niedrigem care sind die Prozesse der Wissenstransformation gekennzeichnet durch hohen internen Wettbewerb, in dem die Individuen auf sich allein gestellt sind und Einzelkämpfertum vorherrscht. Wissen wird allenfalls in Form von explizit dokumentierten Berichten weitergegeben, da die Voraussetzungen für den Austausch von implizitem Wissen nicht gegeben sind.

Im Gegensatz dazu können sich die Prozesse der Wissenstransformation in einer Umgebung mit einem hohen Ausmaß an care besser entfalten und zeichnen sich durch ein starkes Beziehungsgeflecht aus. Die beteiligten Personen tauschen sich untereinander aus und Wissen fließt in der Organisation, siehe Tabelle 4.1.[1]

	Wissensbasis und Wissenstransformation
niedriges Ausmaß an care	*destruktive* Wissensbasis: Einzelkämpfertum und Wettbewerbsdenken vorherrschend;
hohes Ausmaß an care	*konstruktive* Wissensbasis: gegenseitige Unterstützung und gemeinsames Vorgehen im Vordergrund; kontinuierlicher Wissensfluss

Tab. 4.1: Auswirkungen von „care" auf die Wissensbasis

Dieser Abschnitt über care, als Voraussetzung für ein Klima der gegenseitigen Unterstützung und des Vertrauens in der Organisation, umschreibt Rahmenbedingungen für eine förderliche und konstruktive Wissensbasis. Die Umgebung übt einen wesentlichen Einfluss auf die Verbreitung des Wissensflusses in der Organisation und die Motivation der beteiligten Individuen aus, ihr Wissen in die Organisation einzubringen. Ziel dieses Abschnitts über die organisationale Wissensbasis ist, eine Sensibilisierung und Bewusstsein für die Grundlage der Prozesse der Wissenstransformation zu schaffen. Mit der Bildung eines gemeinsamen Verständnisses in den *communities*, des kreativen Wissensraumes in *ba* und der gegenseitigen Unterstützung bei *care*, sollten die Phänomene aufgezeigt werden, die bei der Wissenstransformation in Organisationen beobachtet wurden. Es gilt, diese Bedingungen bei der Intervention in die Prozesse der Wissenstransformation zu berücksichtigen.

---

[1] vgl. Krogh (1998), S. 138ff; Krogh, Ichijo und Nonaka (2000), S. 54ff

5 Organisation von Wissen in Unternehmen

In den letzten beiden Kapiteln wurden

(1) der Wissensbegriff mit besonderem Augenmerk auf die implizite Dimension des Wissens und

(2) die Prozesse der Wissenstransformation dargestellt.

Dabei wurde gezeigt, welche Prozesse für den Austausch und die Entwicklung von Wissen ausschlaggebend sind. Neben der organisationalen Wissensbasis, welche die Grundlage für die Wissensprozesse bildet und die Rolle der Sprache, wurde auf die zentrale Bedeutung der sozialen Interaktion hingewiesen. Die *wissensbasierte Interaktion* als das Zusammenspiel der Individuen in den Prozessen der Wissenstransformation steht im Mittelpunkt der Organisation von Wissen.

Organisation von Wissen wird hier im Sinne einer *Einflussnahme auf die Wissensprozesse* in Unternehmen verstanden, mit dem Ziel, einen selbst-evolvierenden Wissensfluss im Unternehmen zu ermöglichen. Diese Einwirkung erfolgt gemäß vorab definierter Zielsetzungen. Die Zielformulierung und dessen Verwirklichung bedürfen jedoch eines klaren Bildes über die gegenwärtigen Wissensprozesse. Die spezifischen Charakteristika von Wissen und die damit verbundenen Prozesse sind bei der Analyse der Wissensprozesse zu berücksichtigen.

Abgeleitet aus den beiden Kapiteln zum Wissensbegriff und zu den Prozessen der Wissenstransformation, werden nachfolgend *Thesen* über Wissen und die damit verbundenen Wissensprozesse aufgestellt. Darauf aufbauend werden zehn *Implikationen* formuliert, die bei der Organisation von Wissen im Sinne des Gestaltens eines möglichst ungehinderten Wissensflusses durch das Unternehmen zu berücksichtigen sind.

5.1 Thesen über Wissen und Wissenstransformation

These 1: Wissen ist ein Prozess, der die beiden komplementären Dimensionen des expliziten und impliziten Wissens umfasst.

These 2: Wissen und praktisches Handeln sind eng miteinander verknüpft.

These 3: Wissen wird sozial konstruiert.

These 4: Die Interaktion zwischen den beteiligten Personen und ihren Kognitionen stellt den Kern der Wissenstransformation dar.

These 5: Sprache transportiert nicht nur Wissen, sondern setzt auch gleichzeitig Impulse für die Entwicklung neuen Wissens und Denkens.

These 6: Die Wissensbasis, als Gesamtheit an organisationalen Fähigkeiten und Prozessen der beteiligten Individuen und deren Zusammenwirken, bildet die Grundlage für einen selbst-evolvierenden Wissensfluss im Unternehmen.

These 7: Ein selbst-evolvierender Wissensfluss aktiviert die Prozesse der Wissenstransformation und fördert damit nicht nur den Austausch sondern auch die Entwicklung neuen Wissens im Unternehmen.

5.2 Implikationen für die Organisation von Wissen

Zur These 1: Wissen ist ein Prozess, der die beiden komplementären Dimensionen des expliziten und impliziten Wissens umfasst.

Implizites und explizites Wissen sind zwei komplementäre Wissensanteile, aus denen sich jedes Wissen zusammensetzt.[1] Die Unterscheidung dieser beiden Wissensdimensionen ist zentral für das Verständnis des Wissenskonzepts. Denn Wissen beinhaltet neben der zumeist im Vordergrund stehenden, formalisierbaren expliziten Dimension immer auch einen individuellen, unaussprechlichen impliziten Wissensanteil. Wissen umfasst dabei unterschiedliche Bewusstseinsebenen, die in den Prozessen des Verstehens und Erkennens zu Wissen integriert werden.[2] Daraus folgt,

---

[1] vgl. Polanyi (1969b), S. 144
[2] vgl. Polanyi (1983), S. 6f

dass Wissen als ein Erkenntnis*prozess* im Sinne einer Konstruktion der individuellen Wirklichkeit zu verstehen ist. Folgenden Implikationen lassen sich daraus ableiten:

Implikation 1: *Die Besonderheiten der individuellen impliziten Dimension des Wissens müssen berücksichtigt werden.*

Implikation 2: *Wissen ist nicht vorab definierbar und abbildbar und kann daher nicht wie ein Paket geschnürt und transferiert werden.*

Implikation 3: *Wissen kann nicht wie ein statisches Objekt betrachtet werden, sondern es bedarf einer Analyse der dem Wissen zugrunde liegenden Prozesse des Wissens.*

Es gilt, Wissen vor dem Hintergrund seiner typischen Merkmale zu analysieren. Dabei erfordert die personen- und kontextgebundene implizite Wissensdimension eine Form der Untersuchung, die nicht losgelöst von den beteiligten Individuen stattfinden kann. Wissen kann nicht anhand von Input-/Outputrelationen analysiert werden. Wissen muss in situ, also anhand konkreter Prozesse der Wissenstransformation, näher betrachtet werden.

Zur These 2: Wissen und praktisches Handeln sind eng miteinander verknüpft.

Wissen ist immer mit einem Akt des Wissens als ein Wahrnehmen, Denken, Erkennen und Tun verbunden.[1] Entscheidend sind dabei die Bewusstseinsvorgänge, die diese mentalen Akte begleiten. Wissen ist also ein Prozess, der die Dynamik des menschlichen Denkens und Handelns wiedergibt. Wissen und Handeln sind untrennbar miteinander verwoben. Das Handeln und die praktischen Problemstellungen bilden einerseits den Ausgangspunkt für das Denken und die Generierung neuen Wissens. Andererseits ermöglicht Wissen Handlungsfähigkeit, indem Wissen und die damit verbundenen Prozesse die Individuen in ihrem Handeln anleiten.[2] Daraus lässt sich folgende Implikation ableiten:

Implikation 4: *Die enge Verknüpfung des Wissens mit der konkreten Anwendung muss in der Analyse der Wissensprozesse berücksichtigt werden.*

---

[1] vgl. Neuweg (1999), S. 135; Polanyi (1985)
[2] vgl. Roehl (2000), S. 47ff

Daraus folgt, Wissen nicht ohne Bezug zu einer konkreten Problemstellung analysieren zu können. Denn erst in der theoretischen oder praktischen Anwendung zeigt sich das Wissen und kann so situationsgerecht untersucht werden.

Zur These 3: Wissen wird sozial konstruiert.

Wissen wird von den beteiligten Individuen konstruiert und entsteht daher innerhalb des sozialen Kontextes.[1] Individuen agieren innerhalb dieses sozialen Gefüges und tauschen dabei Wissen untereinander aus und entwickeln neues Wissen. Das Subjekt nimmt in den Wissensprozessen also eine aktive Rolle wahr. Denn Wissen wird nicht passiv aufgenommen, sondern von den denkenden Personen aktiv aufgebaut, d.h. konstruiert.[2] Wissen ist daher nicht neutral, sondern vom Interesse der Beteiligten abhängig und stark an den Entstehungskontext gekoppelt.

Implikation 5: *Die Analyse des Wissens erfordert die Einbeziehung des sozialen Kontextes innerhalb dessen es konstruiert wird.*

Implikation 6: *Der konstruktivistische Zugang zur Wissenstransformation erfordert ein Forschungsinstrumentarium, das die Prämissen des Konstruktivismus mit einbezieht.*

Die Untersuchung der Wissenstransformation erfordert daher, das Umfeld und die am Konstruktionsprozess beteiligten Personen mit einzubeziehen. Die konstruktivistische Annäherung an die Wissensprozesse verlangt eine Forschungsmethodik, die den Ansprüchen einer an den Personen und ihrem Zusammenwirken ausgerichteten Forschung gerecht wird. In der human- und sozialwissenschaftlichen Forschung gilt es, die Grundlagen des qualitativen Denkens zu berücksichtigen, die in den folgenden Anforderungen wiedergegeben werden[3]:

- Die Personen bilden den Kern der Forschung und sind somit Ausgangspunkt und Ziel der Untersuchungen.

- Die Analyse beginnt mit einer genauen und umfassenden Beschreibung (Deskription) des Untersuchungsbereichs.

---

[1] vgl. Berger und Luckmann (1999)
[2] vgl. etwa Foerster (1992); Glasersfeld (1997); Watzlawick (1991); vgl. dazu auch die Ausführungen unter 6.1.1.2 Sozialer Konstruktivismus
[3] vgl. Mayring (1999), S. 9ff; ausführlicher dazu unter Forschungszugang bzw. 6.1.2 Qualitative Forschungsmethoden

- Der Untersuchungsbereich ist nicht offen zugänglich, sondern muss erst durch Interpretation erschlossen werden.
- Die Untersuchung sollte möglichst im natürlichen, alltäglichen Umfeld stattfinden.
- Die Generalisierbarkeit der Ergebnisse ist nicht automatisch über die Forschungsmethodik gegeben, sondern muss im Einzelfall schrittweise begründet werden.

Zur These 4: Die Interaktion zwischen den beteiligten Personen und ihren Kognitionen stellt den Kern der Wissenstransformation dar.

Die Interaktion als das Zusammenspiel der beteiligten Personen und die damit verbundene wechselseitige Beeinflussung ihrer Einstellungen, Erwartungen und Handlungen stellen den Dreh- und Angelpunkt der Wissenstransformation dar[1]. In den Prozessen der Interaktion tauschen die Individuen Wissen aus und entwickeln es weiter, so dass neues Wissen entsteht. Dabei werden die Personen von ihren Kognitionen und den übergeordneten Denkmodellen in ihrem Verhalten und der Verwendung des Wissens geleitet[2].

Implikation 7: *Die Analyse der Wissensprozesse muss an den Prozessen der Interaktion ansetzen und die dabei verhaltensbestimmenden Kognitionen und Denkmodelle ermitteln.*

Implikation 8: *Es gilt, die zentralen Einflussfaktoren auf die Interaktion zu identifizieren und deren Zusammenhänge zu eruieren.*

Der Ansatzpunkt für die Analyse von Wissen in Organisationen liegt in den vorherrschenden Interaktionsprozessen. Kognitionen und Denkmodelle wirken auf das Verhalten der Personen ein und stellen somit zentrale Einflussfaktoren der Interaktion dar. Es ist daher notwendig, die Kognitionen der einzelnen Individuen und der Gruppe insgesamt zu ermitteln und näher zu betrachten. Die Methode des Cognitive Mapping bzw. der Kognitiven Karten[3] stellt hier eine Möglichkeit dar, Kognitionen sowohl auf individueller als auch auf der Gruppenebene zu analysieren. Denn indem Kognitionen

---

[1] vgl. dazu die Ausführungen unter 4.2 Soziale Interaktion
[2] vgl. Lehner (1996), S. 85
[3] vgl. Swan und Newell (1998), S. 123; Eden und Spender (1998) bzw. Weick und Bougon (1986)

und Denkmodelle das Verhalten der einzelnen anleiten, wirken sie wie *Karten* und stellen eine Orientierung für das menschliche Verhalten dar. Die Prozesse des Wissens und Verstehens sind abhängig von der kognitiven Struktur des einzelnen und der Gruppe innerhalb derer eine Person agiert. Wissen, das aus diesen kognitiven Prozessen hervorgeht und sich auf das Verhalten der Person auswirkt, ist Teil der kognitiven Karten.

„Wenn also Wissen in der Organisation verhaltensbestimmend sein soll, dann muss es Teil Kognitiver Karten sein."[1]

Die kognitiven Karten ermöglichen nicht nur, Kognitionen und somit zentrale Felder der Interaktion wiederzugeben, sondern stellen zudem die Beziehungen zwischen diesen Feldern dar, wie sie aufeinander einwirken. Die Methode der Kognitiven Karten stellt daher eine Möglichkeit dar, die Prozesse der wissensbasierten Interaktion zu analysieren. Kognitive Karten erlauben darüber hinaus, die ablaufenden Prozesse zu visualisieren und darauf aufbauend in der Gruppe zu diskutieren.[2]

Zur These 5: Sprache transportiert nicht nur Wissen, sondern setzt auch gleichzeitig Impulse für die Entwicklung neuen Wissens und Denkens.

Sprache leistet einen wesentlichen Beitrag in den Wissensprozessen. Durch die Sprache und den Sprachgebrauch verleihen Individuen erst den Worten ihre Bedeutung[3]. Die subjektiven Bedeutungen von Wörtern und Ausdrücken werden in den Prozessen der sozialen Interaktion an den allgemeinen Sprachgebrauch angepasst[4]. Sprache entwickelt sich in gemeinsamen Aushandlungsprozessen[5] und setzt hier Akzente für die Weiterentwicklung des Wissens. Das bedeutet, dass durch die Sprache Wissen nicht nur transportiert wird, sondern Sprache auch die Grundlage für die Konstruktion von Wissen und die soziale Konstruktion der Wirklichkeit bildet. Sprache übt somit auch eine Kognitionsfunktion aus[6].

---

[1] Lehner (1996), S. 85
[2] eine ausführlichere Darstellung zur Theorie der Kognitiven Karten folgt im nächsten Kapitel unter 6.2.1 Cognitive Mapping
[3] vgl. Polanyi (1969b) und die Ausführungen unter 3.1.2 Struktur impliziten Wissens nach Polanyi
[4] vgl. Glasersfeld (1997), S. 13
[5] vgl. dazu die Sprachspiele bei Wittgenstein (1975 (1. Aufl. 1958)) bzw. unter 4.1 Die Rolle der Sprache
[6] vgl. etwa Dummett (1993) bzw. siehe auch unter 4.1.2 Kognitionsfunktion der Sprache

Implikation 9:   Es gilt, Sprache und den sprachlichen Ausdruck als Impuls in den Wissensprozessen zu berücksichtigen.

Wissen entsteht durch einen Konstruktionsprozess der beteiligten Personen. Die Personen tauschen sich in Form von Sprache untereinander aus und verleihen dabei den Worten ihre Bedeutung.

Ein Wort hat für die eine Person mit dem speziellen Erfahrungshintergrund genau diese Bedeutung und differiert etwa von der Bedeutung, die der Kollege diesem Wort zuschreibt. Der sprachliche Ausdruck und die dahinter liegende Bedeutung sind daher wesentliche Elemente der Wissenstransformation. Es ist wichtig, dass sich die Personen im Klaren sind, welche Bedeutung sie einzelnen Worten und so genannten ‚Labels' beimessen – als Ausdruck einer gemeinsam vereinbarten Bedeutung im Rahmen eines gewissen Kontextes.

Zur These 6: Die Wissensbasis, als Gesamtheit an organisationalen Fähigkeiten und Prozessen der beteiligten Individuen und deren Zusammenwirken, bildet die Grundlage für einen selbst-evolvierenden Wissensfluss im Unternehmen.

Die Wissensprozesse in einem Unternehmen gedeihen auf der Grundlage einer geeigneten Wissensbasis. Das Zusammenwirken der Personen in den Prozessen der Interaktion wird durch eine entsprechende Wissensbasis gefördert. Die Wissensbasis unterstützt die Wissenstransformation mit förderlichen Rahmenbedingungen. Sie stellt einen Wissensraum[1] bereit, in dem sich die nötige Kreativität für die Wissensentwicklung entfalten kann bzw. sorgt auf der Grundlage eines gemeinsamen Zuganges zur Problematik und eines gemeinsamen Verständnisses[2] dafür, dass Wissensaustausch möglich ist. Eine Atmosphäre des Vertrauens und der gegenseitigen Unterstützung bildet die Grundlage für eine Wissenskultur, in der Wissen bereitwillig geteilt und ausgetauscht wird[3].

---

[1] vgl. Nonaka und Konno (1998) bzw. die Ausführungen zu „ba" unter 4.3.2 „Ba" als Ort der Wissensentstehung
[2] vgl. zu „shared understanding" Brown und Duguid (1991) bzw. die Ausführungen zu den Communities of Practice unter 4.3.1
[3] vgl. das Konzept „care" bei Krogh (1998) bzw. siehe auch unter 4.3.3 „Care" als Grundwert einer Wissenskultur

Implikation 10: *Es ist notwendig, eine Wissensbasis in Form eines gemeinsamen Verständnisses bzw. eines kreativen Wissensraumes als Grundlage für die Wissenstransformation zu schaffen, damit Wissen möglichst ungehindert im Unternehmen fließen kann.*

Ein gemeinsamer Wissensraum und besonders das *shared understanding* entwickeln sich durch Erfahrungsaustausch und das Gespräch der Beteiligten untereinander, in dem der Einzelne seine Auffassung bezüglich einer Angelegenheit darlegt und begründet. Den anderen wird dadurch ermöglicht, sich in dessen Lage hineinzuversetzen und ihn zu verstehen. Aufgabe der Organisation von Wissen ist daher, den geeigneten Raum zu bieten, in dem sich diese Gespräche entwickeln können.

Zur These 7: Ein selbst-evolvierender Wissensfluss aktiviert die Prozesse der Wissenstransformation und fördert damit nicht nur den Austausch, sondern auch die Entwicklung neuen Wissens im Unternehmen.

Ziel der Organisation von Wissen ist es, den Austausch und die Entwicklung von Wissen im Unternehmen zu fördern. Aufgrund der Besonderheiten von Wissen und der Prozesse der Wissenstransformation ist eine direkte Steuerung nicht möglich. Die Wissensprozesse werden über die Gestaltung der expliziten und impliziten Rahmenbedingungen beeinflusst. Dies bringt folgende Implikation mit sich:

Implikation 11: *Die Einflussnahme auf die Wissensprozesse erfolgt über die Gestaltung der expliziten und impliziten Rahmenbedingungen.*

Diese Rahmenbedingungen sollten einen möglichst förderlichen Nährboden für einen kontinuierlichen Wissensfluss im Unternehmen schaffen.

Tabelle 5.1 fasst die Thesen und daraus abgeleiteten Implikationen für die Organisation von Wissen zusammen:

Thesen	Implikationen
These 1: Wissen ist ein Prozess, der die beiden komplementären Dimensionen des expliziten und impliziten Wissens umfasst.	1. Die Besonderheiten der individuellen impliziten Dimension des Wissens müssen berücksichtigt werden. 2. Wissen ist nicht vorab definierbar und abbildbar und kann daher nicht wie ein Paket geschnürt und transferiert werden. 3. Wissen kann nicht wie ein statisches Objekt betrachtet werden, sondern es bedarf einer Analyse der zugrunde liegenden Prozesse des Wissens.
These 2: Wissen und praktisches Handeln sind eng miteinander verknüpft.	4. Die enge Verknüpfung des Wissens mit der konkreten Anwendung muss in der Analyse der Wissensprozesse berücksichtigt werden.
These 3: Wissen wird sozial konstruiert.	5. Die Analyse des Wissens erfordert die Einbeziehung des sozialen Kontextes innerhalb dessen es konstruiert wird. 6. Der konstruktivistische Zugang zur Wissenstransformation erfordert ein Forschungsinstrumentarium, das die Prämissen des Konstruktivismus mit einbezieht.
These 4: Die Interaktion zwischen den beteiligten Personen und ihren Kognitionen stellt den Kern der Wissenstransformation dar.	7. Die Analyse der Wissensprozesse muss an den Prozessen der Interaktion ansetzen und die dabei verhaltensbestimmenden Kognitionen und Denkmodelle ermitteln. 8. Es gilt, die zentralen Einflussfaktoren auf die Interaktion zu identifizieren und deren Zusammenhänge zu eruieren.

These 5:

Sprache transportiert nicht nur Wissen, sondern setzt auch gleichzeitig Impulse für die Entwicklung neuen Wissens und Denkens.

9. Es gilt, Sprache und den sprachlichen Ausdruck als Impuls in den Wissensprozessen zu berücksichtigen.

These 6:

Die Wissensbasis, als Gesamtheit an organisationalen Fähigkeiten und Prozessen der beteiligten Individuen und deren Zusammenwirken, bildet die Grundlage für einen selbst-evolvierenden Wissensfluss im Unternehmen.

10. Es ist notwendig, eine Wissensbasis in Form eines gemeinsamen Verständnisses bzw. eines kreativen Wissensraumes als Grundlage für die Wissenstransformation zu schaffen, damit Wissen möglichst ungehindert im Unternehmen fließen kann.

These 7:

Ein selbst-evolvierender Wissensfluss aktiviert die Prozesse der Wissenstransformation und fördert damit nicht nur den Austausch, sondern auch die Entwicklung neuen Wissens im Unternehmen.

11. Die Einflussnahme auf die Wissensprozesse erfolgt über die Gestaltung der expliziten und impliziten Rahmenbedingungen.

Tab. 5.1: Implikationen für die Organisation von Wissen

Die Besonderheiten von Wissen und der Prozesse der Wissenstransformation als Grundlage der Organisation von Wissen in Unternehmen werden in den formulierten Thesen nochmals gesondert herausgestellt. Die daraus abgeleiteten Implikationen stellen jene kritischen Faktoren dar, die es auf dem Weg zu selbst-evolvierenden Wissensströmen in Unternehmen zu berücksichtigen gilt.

6 Intervention in wissensbasierte Interaktion

Aufbauend auf die im letzten Kapitel entwickelten Thesen über den Umgang mit Wissen in Organisationen und die daraus abgeleiteten Implikationen, ist dieses Kapitel den forschungstheoretischen Grundlagen zur Überprüfung dieser Thesen gewidmet. Es werden ein Forschungszugang und eine Forschungsmethodik gezeigt, die den in den Thesen formulierten Anforderungen gerecht werden sollen. Dazu werden die Thesen an den entsprechenden Stellen nochmals dargestellt. Aus den forschungstheoretischen Grundlagen folgt, die Prozesse der Wissenstransformation durch Intervention in wissensbasierte Interaktionen zu analysieren. Die Konzeption dieser empirischen Analyse wird im Anschluss daran dargestellt, bevor im nächsten Kapitel Fallstudien dazu präsentiert werden. Doch zunächst zum Aufbau dieses Kapitels (siehe Abbildung 6.1).

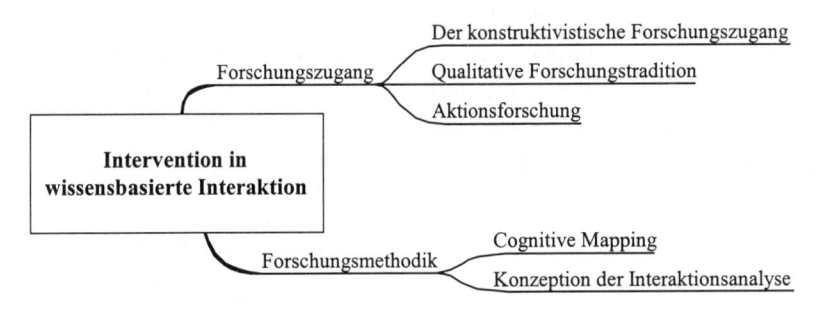

Abb. 6.1: Überblick über die Intervention in wissensbasierte Interaktion

Im ersten Abschnitt wird ein *Forschungszugang* skizziert, der die Implikationen für die Analyse von Wissen in Organisationen mit einbezieht. In einem ersten Schritt wird dazu der konstruktivistische Forschungszugang dargestellt. Eine weitere Basis stellt die qualitative Forschungstradition dar, die im Anschluss daran beschrieben wird. Schließlich wird die Aktionsforschung als eine Forschungskonzeption, die für den Kontext dieser Arbeit besonders geeignet erscheint, erläutert und deren Anwendung begründet.

Im zweiten Abschnitt über die *Forschungsmethodik* wird ein Forschungsinstrumentarium für die Analyse von Wissen in Organisationen und insbesondere der wissensbasierten Interaktion vorgestellt. Dabei wird die Methode des

Cognitive Mapping diskutiert und auf ihre Anwendung als Analyseinstrument hingewiesen. Die Methode hat sich in der Organisationsanalyse bewährt und wird auf den Kontext der wissensbasierten Interaktionen übertragen und modifiziert. Cognitive Mapping ist Teil der Konzeption der Interaktionsanalyse zur Untersuchung der wissensbasierten Interaktionen, die im Anschluss daran vorgestellt wird. Dabei werden Elemente der quantitativen Forschungsmethoden mit der qualitativen Grundausrichtung der Untersuchung verbunden, d.h. trotz der qualitativen Grundausrichtung der Methodik werden Quantifizierungen in die Analyse mit einbezogen.

6.1 Forschungszugang

Wissenschaftliche Forschung und das daraus abgeleitete Wissen finden nicht losgelöst vom Gesamtzusammenhang statt. So wie auch in den vorhergehenden Kapiteln über die Wissensprozesse ausgeführt, bedarf es auch in der wissenschaftlichen Forschung der individuellen Interpretation, um zu Erkenntnisfortschritten und zu Wissen zu gelangen. Der Forschungszugang und das verwendete Methodeninstrumentarium wirken sich auf die Art der Untersuchung und der Ergebnisse aus. Es ist daher notwendig, den Ausgangspunkt in methodologischer Hinsicht zu erläutern, um die Interpretation der Ergebnisse zu ermöglichen.

Dazu stellt sich zunächst die Frage, welche Forschungszugänge für die Untersuchung von Wissen und wissensbasierter Interaktion in Frage kommen und welche Grundproblematiken bei den unterschiedlichen Forschungstraditionen erkennbar sind. An dieser Stelle soll zunächst der *positivistische Forschungszugang*[1] als etablierte Forschungstradition skizziert werden. Es wird gezeigt, dass die naturwissenschaftliche Grundausrichtung der positivistischen Forschungstradition ein Problem für die Anwendung in der Sozialwissenschaft darstellt, da sie der Komplexität von Menschen und ihren Handlungen und damit den Grundlagen der Wissensprozesse nicht gerecht wird. Dem Positivismus wird daher eine konstruktivistische Perspektive gegenübergestellt, in der die handelnden Personen im Mittelpunkt der Betrachtung stehen. Im Einklang mit dieser Herangehensweise steht die qualitative Forschungstradition, die anschließend dargestellt wird.

---

[1] vgl. Comte (1853), der als Begründer des Positivismus gilt

Die Kernbotschaft des Positivismus ist, dass die soziale Welt als Externalität existiert und ihre Merkmale mit Hilfe objektiver Methoden und messbarer Ergebnisse untersucht und nicht aus subjektiven Empfindungen, Reflexion und Intuition abgeleitet werden. Der Positivismus geht von zwei Grundprämissen aus[1]:

(1) Realität ist objektiv und extern gegeben.

(2) Wissen ist nur dann von Bedeutung, wenn es auf Beobachtungen dieser externen Realität beruht.

Das bedeutet, dass als Basis für die wissenschaftliche Erkenntnis nur *Tatsachen* zugelassen sind. Als Tatsache wird dabei wirklich Gegebenes erachtet, das objektiv zu erkennen ist.[2] Aus der *positivistischen Grundposition* können eine Reihe von Anforderungen für die Forschung abgeleitet werden (siehe Tabelle 6.1).

---

[1] vgl. Easterby-Smith, Thorpe und Lowe (2002), S. 28
[2] vgl. Comte (1853)

Anforderung	Erklärung	Begründung
Unabhängigkeit	Forscher und Forschungsobjekt sind unabhängig voneinander.	Realität existiert als Externalität und wird als objektiv beobachtbar erachtet.
Wertfreiheit	Forscher können wertfrei forschen.	Forschungsgegenstand und Forschungsmethoden sind nach objektiven Kriterien auszuwählen.
Kausalität	Ziel ist es, Ursache-Wirkungs-Beziehungen aufzudecken.	Eindeutige Zusammenhänge, Ursachen und Gründe für die Phänomene sind die Voraussetzungen der Theoriebildung.
Hypothese und Deduktion	Wissenschaftliche Erkenntnis wird durch Deduktion von Hypothesen aus allgemeinen Gesetzen und deren Überprüfung erlangt.	Die Forderung nach logisch-stringentem Vorgehen priorisiert eine deduktive Vorgehensweise.
Operationalisierung	Konstrukte und Konzepte werden operationalisiert und quantitativ messbar gemacht.	Die Messbarkeit garantiert die intersubjektive Prüfbarkeit und somit die Vergleichbarkeit der Ergebnisse.
Reduktionismus	Probleme können besser verstanden werden, wenn sie in Einzelteile zerlegt werden.	Die Reduktion auf eine niedrigere analytische Ebene soll die exaktere Erklärung der Phänomene sicherstellen.
Generalisierung	Zur Generalisierung braucht es entsprechend hohe Fallzahlen.	Gesetzmäßigkeiten können nur aus einer repräsentativen Stichprobe abgeleitet werden.
Querschnittsstudien	Regelmäßigkeiten müssen durch Querschnittsstudien entdeckt und bestätigt werden.	Es gilt, die Regelmäßigkeiten durch Prüfung der Zusammenhänge zu bestätigen.

Tab. 6.1: Anforderungen eines positivistischen Forschungszugangs[1]

Dabei besteht der Grundgedanke des Positivismus darin, dass die Wahrnehmung der Welt nur über die Sinne erfolgt und die Unterscheidung zwischen physikalischer und sozialer Realität allenfalls aus forschungspragmatischer Sicht zu treffen ist, d.h. grundsätzlich kein Unterschied zwischen natur- und geisteswissenschaftlicher Methodologie besteht. Es wird davon ausgegangen, dass soziales Leben so wie ein

---

[1] in Anlehnung an Easterby-Smith, Thorpe und Lowe (2002), S. 28f

Naturvorgang nach bestimmten Regelmäßigkeiten abläuft, die vom Forscher von außen in seinem Ablauf beobachtet und prinzipiell erklärt werden können.[1]

„Es ist dieser Hang zur ‚Wissenschaftlichkeit' bzw. ‚Exaktheit', der den quantifizierenden Methoden heute einen gewissen Vorrang einräumt."[2]

Die Anwendung der positivistischen Grundpositionen auf Wissen und die damit verbundenen Prozesse der wissensbasierte Interaktion stellt sich insofern problematisch dar, als Wissen nicht als ein objektiv und extern gegebenes Gut erachtet wird, wie die im letzten Kapitel formulierte These 1 zeigt:

Thesen	Implikationen
These 1: Wissen ist ein Prozess, der die beiden komplementären Dimensionen des expliziten und impliziten Wissens umfasst.	Die Besonderheiten der individuellen impliziten Dimension des Wissens müssen berücksichtigt werden. Wissen ist nicht vorab definierbar und abbildbar und kann daher nicht wie ein Paket geschnürt und transferiert werden. Wissen kann nicht wie ein statisches Objekt betrachtet werden, sondern es bedarf einer Analyse der zugrunde liegenden Prozesse des Wissens.

Die Sichtweise, Wissen und menschliches Handeln als Prozesse zu betrachten, die Regelmäßigkeiten im Sinne von Gesetzmäßigkeiten aufweisen, greift zu kurz. Denn anders als in den Naturwissenschaften vermögen beispielsweise Einstellungen und Erwartungen das soziale Handeln und insbesondere die Wissensprozesse zu beeinflussen und erhöhen somit die Komplexität auf ein Ausmaß, das eine Prognostizierbarkeit nicht mehr zulässt.

„Menschliches Handeln ist zu komplex, als dass man es in ‚Gesetzmäßigkeiten' einzuordnen vermag…

Erhobene statistische Regel- bzw. ‚Gesetzmäßigkeiten' geben vielleicht einen guten Aufschluss über Altersstrukturen einer Gruppe, jedoch über die

---

[1] vgl. Lamnek (1995a), S. 39
[2] Girtler (1992), S. 10

Handlungsstrategien der Individuen vermögen sie sehr wenig auszusagen..."[1]

So ist auch das Poppersche Falsifikationskriterium[2], das von der der Falsifizierbarkeit von Gesetzeshypothesen ausgeht, nicht auf die Sozialwissenschaften und somit auf die Wissensprozesse übertragbar[3]. Denn menschliches Handeln läuft nicht gesetzmäßig ab im Sinne einer Vorhersehbarkeit.[4]

Dazu kommt, dass der Mensch nicht nur Untersuchungsobjekt, sondern auch erkennendes Subjekt ist. Der Forscher trägt Hintergrunderwartungen in sich, die thematisiert werden müssen, um nicht unkontrolliert als Interpretationsrahmen in die Untersuchung einzugehen. Die Herstellung von Objektivität im naturwissenschaftlichen Sinne würde bedeuten, einen Standpunkt außerhalb der Gesellschaft, Kultur und Geschichte einzunehmen.[5]

Es können daher folgende Punkte als Hauptargumente gegen einen positivistischen Zugang zur Sozialwissenschaft formuliert werden, welche die Grundlage für die Untersuchung der wissensbasierten Interaktion bilden:[6]

- Soziale Phänomene existieren nicht außerhalb des Individuums, sondern beruhen auf den Interpretationen der beteiligten Personen, die Teil einer sozialen Gruppe sind.

- Soziale Tatsachen können nicht objektiv identifiziert werden, sondern sind als soziale Handlungen vor dem Hintergrund ihrer Bedeutung bzw. abhängig von der jeweiligen Situation anders zu interpretieren.

- Das quantitative Messinstrumentarium kann soziales Handeln nicht wirklich erfassen, sondern führt eher dazu, dass dem Handeln eine bestimmte Bedeutung zugeschrieben wird, die eher die des Forschers als die des Handelnden ist.

---

[1] Girtler (1992), S. 24f
[2] vgl. Popper (1969)
[3] vgl. Fuchs-Heinritz, Lautmann, Rammstedt und Wienold (1994), S. 363
[4] vgl. Girtler (1992), S. 23
[5] vgl. Lamnek (1995a), S. 40
[6] vgl. Girtler (1992), S. 26

- Die Aufstellung von zu testenden Hypothesen vor der eigentlichen Untersuchung kann dazu führen, dass dem Handelnden eine von ihm nicht geteilte Meinung suggeriert und oktroyiert wird.

Diese Kritikpunkte an einer positivistischen Vorgehensweise sind an folgendem Beispiel ersichtlich:

> „Ein Kreuz hinter der Antwortalternative „weiß nicht" in einer schriftlichen Befragung kann sehr Unterschiedliches und meist nicht eindeutig Feststellbares bedeuten:
> - Der Befragte weiß die richtige Antwort auf die gestellte Frage tatsächlich nicht.
> - Der Befragte weiß mit der Frage überhaupt nichts anzufangen, weil er sie vielleicht nicht versteht.
> - Der Befragte hat keine Lust über die Beantwortung der Frage nachzudenken.
> - Der Befragte kann seine Antwort nicht in das vorgegebene Kategorienschema einordnen.
> - Der Befragte möchte nicht antworten und die Unwilligkeit hinter angeblichem (und sozial akzeptiertem) Nichtwissen verbergen."[1]

Ein naturwissenschaftlich-positivistisches Forschungsvorgehen ist vielfach nicht in der Lage, menschliches Handeln konsequent zu erfassen. Die Sozialwissenschaft verlangt jedoch eine Methodik, die den direkten Zugang zum Menschen sucht und dadurch imstande ist, die dem Handeln der Menschen zugrunde liegenden Regeln zu erfassen. Unpersönliche und standardisierte Fragbogenerhebungen geben häufig nicht das über die Menschen und deren Leben wieder, was sie wirklich betrifft und wie sie ihre Wirklichkeit selbst sehen.[2] Es geht darum, den subjektiv gemeinten Sinn des Handelns zu erfassen und dadurch die Grundlage für die Wissensprozesse aufzuschlüsseln.

Es ist ein Trend zur Anwendung von qualitativen Forschungsmethoden erkennbar, eine *qualitative Wende*, die eine tief greifende Veränderung der Sozialwissenschaften in diesem Jahrhundert darstellt.[3] So hat sich sozusagen als Gegenbewegung zum Positivismus in den letzten fünfzig Jahren ein neues Wissenschaftsparadigma[4] entwickelt, in dem die Realität nicht als etwas Objektives, extern Gegebenes betrachtet

---

[1] Lamnek (1995a), S. 7
[2] vgl. Girtler (1992), S. 11f
[3] vgl. Mayring (1989)
[4] zum Begriff des Paradigmas vgl. Kuhn (1997)

wird, sondern in dem Wirklichkeit sozial konstruiert und von den beteiligten Personen mit Bedeutung versehen wird.[1]

6.1.1 Der konstruktivistische Forschungszugang

Aus konstruktivistischer Perspektive sind Organisation und Umwelt das Ergebnis einer Konstruktion durch die in ihr handelnden Menschen. Im Mittelpunkt der Betrachtung steht daher die Art und Weise, wie Menschen Wirklichkeit konstruieren und zu neuen Erkenntnissen und Wissen gelangen. Dabei ist die Rolle des erkennenden Subjekts und die Beziehung zwischen Erkenntnissubjekt und Erkenntnisobjekt zentral[2].

Gleich zu Beginn sollte betont werden, dass es *den* Konstruktivismus als eine einheitliche Theorie nicht gibt, sondern eher von *Spielarten des Konstruktivismus*[3] gesprochen wird. Erwähnt werden sollten an dieser Stelle, der *Sozialkonstruktivismus* nach Berger und Luckmann[4], der *kognitionsbiologische Konstruktivismus* von Maturana und Varela[5], der wiederum dem *Radikalen Konstruktivismus* von Glasersfeld[6] und Foerster[7] zuzuordnen sind und der *kommunikationstheoretische und psychotherapeutische Konstruktivismus* von Watzlawick, Beavon und Jackson[8].

Alle diese Ansätze basieren auf der Grundannahme, dass Erkenntnis als Konstruktionsprozess zu verstehen ist und die Wirklichkeit und somit Wissen das Produkt dieses Prozesses ist, d.h. die Wirklichkeit wird nicht gefunden, sondern sie wird von einem Beobachter konstruiert.[9] Nachfolgend wird zunächst der Radikale Konstruktivismus dargestellt, der in aller Deutlichkeit die Grundaussagen eines konstruktivistischen Forschungszuganges aufzeigt. Im Anschluss daran wird mit der Darstellung der Kernaussagen des sozialen Konstruktivismus der Bezug zur wissensbasierten Interaktion hergestellt.

---

[1] vgl. Easterby-Smith, Thorpe und Lowe (2002), S. 29
[2] vgl. Fischer (1995a), S. 11f
[3] vgl. Knorr-Cetina (1989)
[4] vgl. Berger und Luckmann (1999)
[5] vgl. Maturana und Varela (1987)
[6] vgl. Glasersfeld (1996); Glasersfeld (1997)
[7] vgl. Foerster (1997a)
[8] vgl. Watzlawick (1991); Watzlawick, Beavin und Jackson (1974)
[9] vgl. Foerster (1992); Glasersfeld (1996); Watzlawick (1991)

6.1.1.1 Radikaler Konstruktivismus

Der *Radikale Konstruktivismus* vertritt die These, dass die Wahrnehmung der Außenwelt eine reine Konstruktion der Wirklichkeit ist und menschliche Wahrnehmung somit nicht Phänomene entdeckt, sondern sie erfindet[1]. Wahrnehmung ist demnach eine Informations- und Wissenserzeugung im Sinne einer Konstruktion der individuellen Wirklichkeit und nicht eine Informationsentnahme aus der Realität[2].

„Die Umwelt, die wir wahrnehmen, ist unsere Erfindung."[3]

Das Radikale an diesem Ansatz ist, dass damit eine Erkenntnistheorie geschaffen wurde, die ohne Ontologie und damit ohne Repräsentation im klassischen Sinne auskommt[4], d.h.:

(1) Wissen wird nicht passiv aufgenommen, sondern aus der eigenen Erfahrung abstrahiert und damit aktiv von jedem Individuum selbst aufgebaut.[5]

(2) Kognition hat vor allem eine adaptive Funktion[6] zur Erzeugung viabler[7] Verhaltensweisen und besteht nicht in der Abbildung einer objektiv gegebenen Realität.

Die Entwicklung des Radikalen Konstruktivismus wurde wesentlich von der kybernetisch-systemtheoretischen Forschung beeinflusst. Die Kybernetik[8] beschäftigt sich mit Regelungszusammenhängen und Nachrichtenübertragungen in Lebewesen und Maschinen. Das fundamentale Prinzip ist dabei die Zirkularität, d.h. das Ergebnis der Operation eines Systems leitet die nächste Operation dieses Systems ein; das System und seine Operationen stellen somit eine geschlossene Einheit dar[9]. Es wird zwischen Kybernetik erster und zweiter Ordnung unterschieden. Die *Kybernetik erster*

---

[1] vgl. Foerster (1993b)
[2] vgl. Maturana (1994), S. 99f
[3] Foerster (1997b), S. 26
[4] vgl. Fischer und Peschl (1996)
[5] vgl. Glasersfeld (1997), S. 147
[6] vgl. Piaget (1967)
[7] „... was Begriffe, Theorien und Vorstellungsmodelle viabel macht, ist ganz einfach die Feststellung, dass sie sich in Bezug auf die jeweils relevanten Ziele bewähren." Foerster (1993b), S. 50
[8] vgl. Foerster (1993a) bzw. zum Begriff der „Kybernetik" vgl. Wiener (1963)
[9] vgl. Foerster (1993a), S. 146

Ordnung trennt Subjekt und Objekt voneinander und verweist somit auf eine unabhängige Welt außerhalb des Individuums.

Die *Kybernetik zweiter Ordnung* beschäftigt sich dagegen mit Systemen, die ihrerseits Beobachtungen ausführen. Der Beobachter wird in das zu beobachtende System einbezogen. Wenn man etwa ein beliebiges System betrachtet wie etwa ein Unternehmen, so erweist sich die Systemgrenze als eine vom Beobachter festgelegte Unterscheidung zwischen System und Umwelt.[1] Dadurch wird die *Beobachterabhängigkeit* allen Erkennens thematisiert. Die Kybernetik zweiter Ordnung ändert die gesamte Begrifflichkeit, die Beschreibungen werden immer zu Beschreibungen von sich selbst, d.h. zu Beschreibungen von Beschreibungen. Es fällt beispielsweise erst auf der Ebene der Beobachtung zweiter Ordnung auf, d.h. der Beobachtungen von Beobachtungen, dass etwa Problemlösungen immer nur Problemlösungen für einen Beobachter sind und der Beobachter selbst nicht sieht, dass er nicht sieht, was er nicht sieht[2].

Dies versucht Foerster anhand von nicht-trivialen Maschinen zu verdeutlichen[3]: Grundsätzlich ist zwischen *trivialen* Maschinen und *nicht-trivialen* Maschinen zu unterscheiden. Eine triviale Maschine ist durch eine eineindeutige Beziehung zwischen ihrem Input (Stimulus, Ursache) und ihrem Output (Reaktion, Wirkung) charakterisiert. Eine triviale Maschine ist:

- synthetisch und analytisch determiniert,
- vorhersagbar und
- geschichtsunabhängig.

Eine triviale Maschine verbindet ihren Input mit ihrem Output auf eindeutige und fehlerfreie Weise. Aufgrund der eindeutigen Festlegung der Funktion (f) ist sie ein synthetisch deterministisches System. Ein Beobachter, der die Input-Output Beziehung nicht kennt, kann diese nach wenigen Versuchen erschließen. Ein Output (y) der nach einem bestimmten Input (x) beobachtet wird, tritt jederzeit wieder auf, sobald der gleiche Input (x) erfolgt (siehe Abbildung 6.2).

---

[1] vgl. Sammer (2000), S. 37
[2] vgl. Foerster (1993b), S. 54ff; siehe auch Hinterhuber (1996), S. 11; bzw. vgl. dazu auch Argyris (1982) und die Ausführungen zum Deutero-Lernen
[3] vgl. Foerster (1993b), S. 247ff

x ⟶ [f] ⟶ y

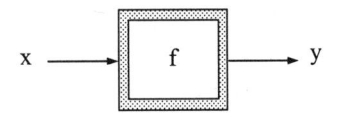

Abb. 6.2: Triviale Maschine[1]

Beispiele für triviale Maschinen können in fast allen mechanischen Gebrauchsgegenständen gefunden werden; wie etwa einer Uhr. Das regelmäßige Schwingen der Unruh wird mittels eines komplizierten Mechanismus aus ineinander greifenden Zahnrädern in die regelmäßige Drehung der Uhrzeiger umgeformt. Wenn nun die Uhr nicht funktioniert wie sie soll, lässt sich der Fehler, also die Ursache für die Fehlfunktion, eindeutig identifizieren. Denn der Mechanismus basiert auf sequentiellen Ursache-/Wirkungsketten. Triviale Maschinen funktionieren nach Regeln und Gesetzen, die es zu ergründen und zu finden gilt; dann sind auch sie planbar und beherrschbar.[2]

Eine nicht-triviale Maschine hingegen unterscheidet sich von der trivialen Maschine dahingehend, dass ein bestimmter Input nicht notwendigerweise zu jedem Zeitpunkt denselben bestimmten Output liefert. Denn eine nicht-triviale Maschine ist:

- geschichtsabhängig,
- unvorhersagbar und
- analytisch indeterminierbar.

Ein Output (y) der nach einem einmaligen Input (x) beobachtet worden ist, muss nicht noch einmal beobachtet werden, wenn der gleiche Input (x) wieder auftritt. Die Operationen einer nicht-trivialen Maschine (siehe Abbildung 6.3) hängen von ihren gegenwärtigen und den darauf folgenden Zuständen (z bzw. z') ab und wird durch den Input (x) mitbestimmt.

---

[1] Quelle: Foerster (1993b), S. 245
[2] vgl. Klippstein (1999)

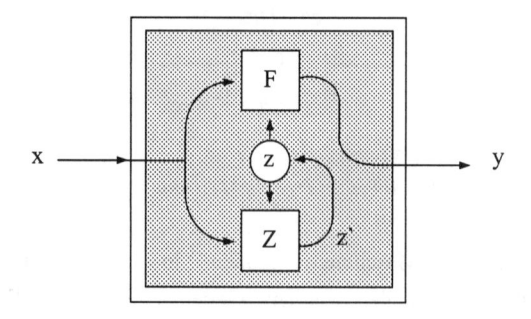

Abb. 6.3: Nicht-triviale Maschine[1]

Der interne Zustand (z) liefert einerseits gemeinsam mit dem Input (x) einen Input für F, eine triviale Maschine, die den Output der nicht-trivialen Maschine errechnet, und andererseits einen Input für Z, eine zweite triviale Maschine, die den nachfolgenden internen Zustand z' errechnet. Daher sind auch nicht-triviale Maschinen synthetisch deterministisch, aber sie sind unvorhersagbar, weil sie sich laufend auf ihre Geschichte beziehen. Diese Geschichte kann einem Beobachter nie vollständig zur Verfügung stehen. Ein Beobachter, der die Input-Output-Funktion einer nicht-trivialen Maschine nicht kennt, kann diese nicht nach einer endlichen Anzahl von Versuchen erschließen (analytische Indeterminiertheit). Durch rekursive Berechnungen, wie sie nicht-triviale Maschinen durchführen, bilden sich dynamische Gleichgewichtszustände aus.[2]

Eine nicht-triviale Maschine weist in ihrem Verhalten auch charakteristische Regelmäßigkeiten und Muster auf, obwohl es nicht vorhersagbar ist. Man kann in diesem Fall von chaotischen Zügen des Systems sprechen. Chaotisch ist nicht gleichbedeutend mit zufällig. Chaotische Prozesse sind im Gegensatz zu zufälligen Prozessen hochgradig geordnet, aber durch systeminterne Verstärkung kleinster Faktoren kann das System plötzlich von einer Charakteristik zu einer anderen springen. Diese rückgekoppelte Verstärkung minimaler Fluktuationen zu systemrelevanten Ereignissen wird oft *Schmetterlingseffekt* genannt, nach dem ein Schmetterling theoretisch durch seinen Flügelschlag einen Hurrikan auslösen könnte. Eine Fluktuation, die durch rückgekoppelte Verstärkung das Systemgesamtverhalten verändern kann, braucht nur unendlich klein zu sein. Dies ist auch der Grund dafür, dass das Verhalten eines solchen Systems nicht vorhergesagt werden kann. Denn es

---

[1] Quelle: Foerster (1993b), S. 248
[2] vgl. Foerster (1993b), S. 248f

können keine unendlich kleinen Unterschiede wahrgenommen und berücksichtigt werden.[1]

Soziale Systeme sind mit nicht-trivialen Maschinen vergleichbar. Sie sind analytisch indeterminierbar, nicht vorhersehbar und geschichtsabhängig. So wie im oben angeführten Beispiel des Schmetterlingseffekts, können kleine Einwirkungen etwa das Verhalten eines Individuums und damit das gesamte System Organisation und dessen Systemverhalten wesentlich beeinflussen. Die Kybernetik zweiter Ordnung ist daher auch auf den Konstruktionsprozess des Wissens in der sozialen Interaktion übertragbar. Der Beobachter ist Teil des Systems. Die Wissensprozesse als nicht-triviale Systeme sind eingebettet in den sie umgebenden Kontext, der sich im Laufe der Zeit entwickelt hat und somit ständig Bezug nimmt auf sich selbst. Darüber hinaus ist durch die Konstruktions- und Interpretationsschemen eine operationale Geschlossenheit gegeben, die den Prozessen der Wissenskonstruktion einen Rahmen vorgeben.[2]

6.1.1.2 Sozialer Konstruktivismus

Der Fokus des sozialen Konstruktivismus liegt in der Betrachtung der Konstruktion der *sozialen, gesellschaftlichen Wirklichkeit*.[3] Die soziale Beziehungsebene und das *zueinander in Beziehung treten* stehen hier im Vordergrund. Es wird untersucht, wie Individuen gemeinsam ihre Wirklichkeit konstruieren. Von zentraler Bedeutung ist dabei die Frage, wie Wissen und Erfahrungen innerhalb dieser Gruppen von Individuen weitergegeben werden.

Wichtig ist hier die Alltags- bzw. Lebenswelt des Individuums als Wirklichkeit, von der es weiß, dass sie von den Personen in seinem Umkreis ähnlich aufgefasst wird. Die korrespondierenden Auffassungen über Geschehnisse im alltäglichen Leben bilden dabei die Grundlage für die gemeinsame Konstruktion der Wirklichkeit.

„Das wichtigste, was ich weiß, ist, dass es eine fortwährende Korrespondenz meiner und ihrer Auffassungen von und in dieser Welt gibt, dass wir eine gemeinsame Auffassung von ihrer Wirklichkeit haben."[4]

---

[1] vgl. Greif und Kurtz (1996); Klippstein (1999)
[2] vgl. Roth (1987); Roth (2000), S. 65ff; bzw. Foerster (1993b)
[3] vgl. Berger und Luckmann (1999), S. 1f
[4] Berger und Luckmann (1999), S. 26

Es geht hier also nicht primär wie im Radikalen Konstruktivismus um die Frage, ob das Wissen der Wirklichkeit entspricht, sondern darum, auf welcher Grundlage die konstruierte Erfahrungswelt und das Wissen innerhalb des sozialen Gefüges weitergegeben wird. Der soziale Konstruktivismus beschäftigt sich damit, wie sich Routinewissen, tagtägliche Interaktion und soziale Wirklichkeit gegenseitig in einem Wirkungskreislauf der zwischenmenschlichen Konstruktionsprozesse beeinflussen.

An dieser Stelle soll auf den *Symbolischen Interaktionismus*[1] als eine Theorie innerhalb des sozialen Konstruktivismus hingewiesen werden. In der Theorie des Symbolischen Interaktionismus wird das Verhalten der Individuen als symbolisch vermittelte Interaktion gesehen, welche die Grundlage für die Entstehung von Bewusstsein, Individuum und Gesellschaft bildet.[2]

Jede soziale Interaktion stellt einen interpretativen Prozess dar. Handlungen und Situationen werden in der Interaktion konstruiert, indem die Beteiligten immer wieder dem eigenen Handeln und dem der anderen Bedeutungen zuschreiben[3]. Die Personen müssen jede Situation für sich deuten. Dabei ist die wechselseitige Rollenübernahme der Beteiligten wichtig und welche Rollenerwartungen vorhanden sind. Die Beteiligten lernen etwa durch die Kommunikation in Form von *Sprache als ein Symbolsystem* die Erwartungen der anderen zu antizipieren und lassen das in ihr eigenes Handeln einfließen.[4] Die Symbole in ihrer speziellen Bedeutung, etwa spezifische Ausdrücke oder Gesten, kommen ihrer Funktion der Verhaltenssteuerung nur dann nach, wenn sie von den Beteiligten als solche geteilt werden. Gemeinsame signifikante Symbole sind daher Voraussetzung für die Interaktion und gleichzeitig werden wiederum die Symbole im Interaktionsprozess von den Beteiligten verändert und weiterentwickelt.[5]

Zur Untersuchung dieser Fragestellungen sind Methoden erforderlich, welche die Prämissen dieses konstruktivistisch-interpretativen Forschungszugangs berücksichtigen. Dies wird in folgenden Kernaussagen nochmals zusammengefasst[6]:

- Realität ist nicht objektiv, extern gegeben, sondern wird von den Individuen konstruiert.

---

[1] vgl. Mead (1968); Blumer (1973); der Symbolische Interaktionismus geht auf die Chicagoer Schule zurück, die sich in den 1920er und 1930er Jahren unter dem Einfluss des Pragmatismus an der Universität Chicago entwickelte, vgl. Bortz und Döring (1995), S. 279

[2] vgl. Mead (1968) bzw. Preglau (2001), S. 52

[3] vgl. Mayring (1999), S. 2

[4] vgl. Peuckert (2001), S. 155f

[5] vgl. Mead (1968), S. 129f; Preglau (2001), S. 57

[6] vgl. Easterby-Smith, Thorpe und Lowe (2002), S. 30

- Im Mittelpunkt stehen daher die Individuen und wie sie ihre Wirklichkeiten konstruieren.
- Handlungen sind das Ergebnis von subjektiven Sinninterpretationen der Situation und nicht Ergebnis externer Stimuli.

Aufgabe der sozialwissenschaftlichen Forschung ist daher, die Aufmerksamkeit auf die Menschen und ihre Austauschprozesse zu konzentrieren. Es geht darum zu verstehen und zu erklären, warum Menschen unterschiedliche Erfahrungen und Wissen haben.

Der Forschungszugang des sozialen Konstruktivismus entspricht der im letzten Kapitel formulierten These 3 und den daraus abgeleiteten Implikationen:

These	**Implikationen**
These 3: Wissen wird sozial konstruiert.	Die Analyse des Wissens erfordert die Einbeziehung des sozialen Kontextes innerhalb dessen es konstruiert wird.
	Der konstruktivistische Zugang zur Wissenstransformation erfordert ein Forschungsinstrumentarium, das die Prämissen des Konstruktivismus mit einbezieht.

Daraus lassen sich die folgende Kriterien für die Wahl einer adäquaten Forschungsmethode ableiten, die der zu Beginn dieses Abschnitts dargestellten positivistischen Forschungstradition gegenüber stehen (siehe Tabelle 6.2):

	Positivismus	Sozialer Konstruktivismus
Beobachter	muss unabhängig sein	ist Teil des Geschehens
Persönliches Interesse	muss irrelevant sein	ist Hauptmotor der Wissenschaft
Erklärungen	müssen sich auf Kausalitäten beziehen	zielen auf Verständnis der Situation
Forschungsprozess	Hypothese und Deduktion	„breite" Datensammlung und Induktion
Konzepte und Konstrukte	müssen operationalisiert werden	müssen alle Perspektiven der Beteiligten beinhalten
Analyseeinheit	kleinste mögliche Einheit	erfasst die Komplexität der gesamten Situation
Generalisierung durch	statistische Wahrscheinlichkeit	theoretische Abstrahierung
Fallzahlen	hohe Zufallsstichproben	einzelne ausgewählte Fälle

Tab. 6.2: *Positivistische versus konstruktivistische Forschungsimplikationen*[1]

6.1.2 Qualitative Forschungstradition

Der konstruktivistische Zugang zur Wissensthematik erfordert die Anwendung von Forschungsmethoden, die die im vorhergehenden Abschnitt dargestellten Implikationen berücksichtigen. Dies ist auf der Grundlage einer quantitativ-standardisierten Methodik der positivistischen Forschungstradition allein nicht möglich. Es wird daher die Verwendung einer Untersuchungsmethodik aus dem Bereich der qualitativen Sozialforschung angestrebt. Dazu werden im Folgenden die Grundlagen der qualitativen Forschung skizziert und ein Überblick über die wichtigsten Merkmale gegeben.

Die Grundlage qualitativen Denkens lässt sich nach Mayring[2] anhand von fünf zentralen Grundsätzen darstellen, die nachfolgend ausgeführt werden.

(1) Subjektbezogenheit der Forschung

(2) Betonung der Deskription

(3) Interpretation der Forschungssubjekte

---

[1] vgl. Easterby-Smith, Thorpe und Lowe (2002), S. 30
[2] vgl. Mayring (1999), S. 9; siehe dazu auch die Anführung der Punkte unter These 3 unter 5.2 Implikationen für die Organisation von Wissen

(4) Erforschung der Subjekte auch in ihrer natürlichen, alltäglichen Umgebung

(5) Generalisierung der Ergebnisse als Verallgemeinerungsprozess

Diese fünf Grundsätze bilden die Basis für einen Überblick der Merkmale und Kriterien qualitativer Forschungsansätze in der Literatur (siehe Tabelle 6.3) und werden vor diesem Hintergrund nachfolgend dargestellt.

	Mayring	Lamnek	Flick	Steinke
Subjekt-bezogenheit	• Ganzheit • Historizität • Problemorientierung		• Gegenstandsangemessenheit der Methoden und Theorien	• Kontextualität von Erhebung und Analyse • Gegenstandsangemessenheit der Methoden
Deskription	• Einzelfallbezogenheit • Offenheit • Methodenkontrolle	• Offenheit • Flexibilität	• Berücksichtigung und Analyse unterschiedlicher Perspektiven	• Unterschiedliche Forschungsperspektiven • Prinzip der Offenheit • Analyse von Fällen
Interpretation	• Vorverständnis • Introspektion • Forscher-Gegenstands-Interaktion	• Forschung als Kommunikation • Prozesscharakter v. Forschung und Gegenstand • Reflexivität v. Gegenstand und Analyse	• Reflexion des Forschers über die Forschung als Teil der Erkenntnis	• Zirkularität der Forschung
Natürliches Umfeld				• Orientierung am Alltagsgeschehen u./o. am Alltagswissen der Untersuchten
Verallgemeinerungsprozess	• argumentative Verallgemeinerung • Induktion • Regelbegriff • Quantifizierungen	• Explikation		• Induktion/Abduktion

Tab. 6.3: Merkmale qualitativer Forschung[1]

---

[1] vgl. Mayring (1999), S. 9ff; Lamnek (1995a), S. 21ff; Flick (1999), S. 13ff; Steinke (1999), S. 15ff

Subjektbezogenheit

Menschen und Subjekte bilden den Kern der Forschung und sind somit Ausgangspunkt und Ziel der Untersuchungen.

Dem eigentlichen Ausgangspunkt und Ziel der Forschung, den Subjekten, wird oft nicht der nötige Stellenwert eingeräumt.[1] Stattdessen steht die Beschäftigung mit den Methoden selbst häufig im Vordergrund. Da in den Sozialwissenschaften menschliche Subjekte der zentrale Forschungsbereich sind, muss diesem Umstand auch in der Methodenauswahl Rechnung getragen werden. Dies findet etwa im Kriterium der Gegenstandsangemessenheit[2] der Methoden und Theorien seinen Ausdruck.

Das Postulat der Subjektbezogenheit beinhaltet darüber hinaus auch die Einbeziehung des Subjekts in seiner Ganzheit, d.h. die Berücksichtigung des Kontexts, in dem das Handeln des Subjekts stattfindet, vor dem Hintergrund konkreter, praktischer Problemstellungen ebenso wie die individuelle Geschichte der untersuchten Personen.[3]

Deskription

Die Analyse beginnt mit einer genauen und umfassenden Beschreibung (Deskription) des Untersuchungsbereichs.

In der qualitativen Forschung ist die genaue Beschreibung des Untersuchungsgegenstandes Voraussetzung für die darauf aufbauende Analyse. Es werden Einzelfälle erhoben und analysiert und dabei die Angemessenheit der Verfahrensweisen und die Interpretation der Ergebnisse kontinuierlich überprüft.[4] Durch die Konzentration auf einzelne Fälle, ist es möglich, eine intensive Analyse durchzuführen und das untersuchte Phänomen in seiner Gesamtheit zu erfassen. Eng verbunden damit stellt sich dazu das Kriterium der Offenheit[5] als Hauptprinzip interpretativer Forschung dar. *Offenheit* ist hier gemeint gegenüber

- den individuellen Untersuchungspersonen,

---

[1] vgl. Bergold und Flick (1987)
[2] vgl. Flick (1999), S. 13f; Steinke (1999), S. 38f
[3] vgl. Mayring (1999), S. 20ff; Steinke (1999), S. 28ff
[4] vgl. Mayring (1999), S. 14f; Steinke (1999), S. 36f
[5] vgl. Hoffmann-Riem (1980); Lamnek (1995a), S. 22f; Mayring (1999), S. 16f; Steinke (1999), S. 35

- der Untersuchungssituation und

- den dafür verwendeten Methoden[1].

Aus dem Kriterium der Offenheit lassen sich zwei bedeutende Konsequenzen ableiten: die Betonung der *Explorationsfunktion* der qualitativen Forschung und der Verzicht auf eine „*Hypothesenbildung ex ante*".[2]

Durch die Offenheit wird auch ermöglicht, unterschiedliche Perspektiven in der Analyse zu berücksichtigen. Qualitative Forschungsmethoden weisen daher eine hohe *Flexibilität* auf.[3] Dies gilt einerseits für die unterschiedlichen subjektiven Perspektiven der am Forschungsprozess beteiligten Individuen und andererseits auch in Bezug auf verschiedene Forschungsperspektiven[4]. Die Kriterien der Offenheit und Flexibilität qualitativer Forschung erfordern einen methodisch kontrolliert ablaufenden Forschungsprozess, in dem die Abfolge der einzelnen Schritte expliziert und dokumentiert werden[5].

Interpretation

Der Untersuchungsbereich ist nicht offen zugänglich, sondern muss erst durch Interpretation erschlossen werden.

Menschliches Handeln ist immer mit subjektiven Intentionen verbunden, sowohl in Bezug auf den sozialwissenschaftlichen Untersuchungsbereich als auch im Forschungsprozess selbst. Ein und dasselbe objektiv zu beobachtende Handeln kann sowohl für die unterschiedlichen beteiligten Personen als auch für verschiedene Beobachter eine völlig andere Bedeutung aufweisen. Es sind die Bedeutungen, die erst durch Interpretation der Situation verliehen werden.[6]

Die Interpretation wird von verschiedenen Faktoren beeinflusst. Dazu zählt etwa das *Vorverständnis* des Forschers, das sich auf die Wahrnehmung und Interpretation auswirkt. Es ist daher notwendig, den Standpunkt des Forschers offen zu legen. Dies ist auch bei der *Introspektion* der Fall, einer Methode, in der das eigene Erleben,

---

[1] vgl. Lamnek (1995a), S. 22
[2] vgl. Hoffmann-Riem (1980), S. 22
[3] vgl. Lamnek (1995a), S. 27ff
[4] vgl. Flick (1999), S. 14f; Steinke (1999), S. 17ff
[5] vgl. Mayring (1999), S. 17
[6] vgl. Mayring (1999), S. 11

Denken, Fühlen und Handeln bewusst beobachtet wird und somit weitere Daten generiert werden können. Der Forschungsprozess insgesamt stellt eine Interaktion zwischen Forscher und Gegenstand dar[1], in dem sich sowohl der Forscher als auch der Untersuchungsgegenstand selbst wechselseitig beeinflussen und subjektive Bedeutungen entstehen und sich verändern.[2]

Lamnek[3] spricht in diesem Zusammenhang von *Forschung als Kommunikation*. In der traditionell positivistischen Forschung wird diese Interaktion zwischen Forscher und Untersuchungsgegenstand als Störgröße erachtet, die es durch Standardisierung zu beseitigen gilt. In der qualitativen Forschung hingegen wird die Kommunikation zwischen Forscher und Erforschtem als konstitutiver Bestandteil des Forschungsprozesses angesehen[4].

In diesem Zusammenhang soll nochmals gesondert auf den *Prozesscharakter* sozialer Phänomene hingewiesen werden, d.h. die Prozesshaftigkeit gilt nicht nur für den Kommunikationsprozess zwischen Forscher und Erforschtem, sondern auch für den Forschungsgegenstand selbst. Diese Prozesse der Interaktion und die damit verbundene Bildung von Deutungs- und Handlungsmuster stellen die Grundlage für die Konstruktion der sozialen Wirklichkeit dar.

„Diesen Konstitutionsprozess von Wirklichkeit zu dokumentieren, analytisch zu rekonstruieren und schließlich durch das verstehende Nachvollziehen zu erklären, ist *das* zentrale Anliegen einer qualitativen Sozialforschung und der sie begründenden interpretativen Soziologie."[5]

Die Prozessperspektive dient also dazu, die Entstehungszusammenhänge sozialer Phänomene zu erklären. Dabei ist die Involvierung des Forschers als elementarer Bestandteil des Forschungsprozesses und des Forschungsergebnisses zu sehen. Es wird in diesem Zusammenhang auch von *(Selbst)reflexivität* qualitativer Forschung gesprochen. Das Kriterium der Reflexivität deutet darauf hin, dass das Forschungsergebnis in einem ständigen Wechselspiel zwischen Forscher und Erforschtem konstruiert wird. Dieser Prozess verläuft *zirkulär*, d.h. er verläuft nicht

---

[1] vgl. Hoffmann-Riem (1980)
[2] vgl. Mayring (1999), S. 18ff
[3] vgl. Lamnek (1995a), S. 23f
[4] vgl. Küchler (1983), S. 10
[5] Lamnek (1995a), S. 25

linear und es gibt keine feste Abfolge der einzelnen Schritte. Das Ergebnis des einzelnen Schrittes wirkt sich wiederum auf den nächsten aus.[1]

Natürliches Umfeld

Die Untersuchung sollte möglichst im natürlichen, alltäglichen Umfeld stattfinden.

Das Kriterium der Orientierung am Alltagsgeschehen und/oder am Alltagswissen der Untersuchten weist auf die Wichtigkeit hin, Interaktionssituationen dort, wo sie natürlich auftreten, zu untersuchen. Die Untersuchung soll dabei *in situ*, im konkreten sozialen Raum der zur Untersuchenden stattfinden. Die Forderung nach Forschung im natürlichen Umfeld der Geschehnisse weist hier wiederum auf die Kontextualität sozialer Handlungen hin, die in der qualitativen Forschungsmethodik Berücksichtigung findet. Durch die Analyse des Untersuchungsgegenstandes in seinem natürlich, typischen Umfeld, ist zugleich die Erfassung eines Forschungsbereichs mit hoher *Komplexität* möglich. Dazu ist zumeist die Forschung im Feld und die damit verbundene detaillierte Feldstudie notwendig.[2]

Verallgemeinerungsprozess

Die Generalisierbarkeit der Ergebnisse ist nicht automatisch über die Forschungsmethodik gegeben, sondern muss im Einzelfall schrittweise begründet werden.

Die Kopplung des menschlichen Handelns an die spezifische Situation, die speziellen historischen Gegebenheiten und die subjektiven Bedeutungen stellt gewisse Anforderungen an eine Verallgemeinerbarkeit der Ergebnisse, die nicht automatisch durch die Methodik wie etwa die repräsentative Stichprobe gegeben ist. Zudem wird in der qualitativen Forschung häufig mit kleinen Fallzahlen gearbeitet. Die Begründung der Ergebnisse und der Hinweis auf die Bedingungen der Gültigkeit dieser Ergebnisse sind hier also von großer Bedeutung. Hier kann von *argumentativer Verallge-*

---

[1] vgl. Flick (1999), S. 15f; Lamnek (1995a), S. 24f; Steinke (1999), S. 40ff
[2] vgl. Mayring (1999), S. 12; Steinke (1999), S. 33ff

meinerung gesprochen werden, d.h. die Begründung, welche Resultate in welchem Kontext generalisiert werden können.

In der qualitativen Forschung sind *induktive Verfahren* zur Stützung der Verallgemeinerung der Ergebnisse von großer Bedeutung. Einen Erkenntnisfortschritt durch Induktion zu erlangen heißt, von der Empirie zur Theorie zu kommen, das bedeutet von der Analyse von Einzelfällen zu Verallgemeinerungen zu gelangen.[1]

Abgeleitete *Regelmäßigkeiten* stellen keine allgemeingültigen Gesetze dar, sondern werden eher als kontextgebundene Regeln betrachtet. Das bedeutet jedoch nicht, dass in den qualitativen Analysen auf *Quantifizierungen* verzichtet wird, die insbesondere zur Generalisierbarkeit der Ergebnisse sinnvoll beitragen können.[2]

Verallgemeinerung kann dadurch erzielt werden, dass einzelne Schritte des Forschungsprozesses so weit als möglich offen zu legen und zu explizieren sind. Dadurch wird die Nachvollziehbarkeit der Interpretation sichergestellt und somit die Intersubjektivität des Forschungsergebnisses gewährleistet. Eine Garantie für die Gültigkeit der Interpretation kann das *Explikationsprinzip* aber nicht erfüllen.[3]

Die nachfolgende Gegenüberstellung fasst die Grundprinzipien quantitativer versus qualitativer Forschungsmethoden nochmals zusammen (siehe Tabelle 6.4).

---

[1] vgl. Mayring (1999); Steinke (1999)
[2] vgl. Mayring (1999)
[3] vgl. Lamnek (1995a), S. 26

Quantitativ	*Qualitativ*
nomothetisch	idiographisch
naturwissenschaftlich	geisteswissenschaftlich
Labor	Feld
deduktiv	induktiv
partikulär	holistisch
explanativ	explorativ
ahistorisch	historisch
erklären	Verstehen
„harte" Methoden	„weiche" Methoden
messen	beschreiben
Stichprobe	Einzelfall
Verhalten	Erleben

Tab. 6.4: Gegenüberstellung quantitative versus qualitative Sozialforschung[1]

Die Gegensatzpaare geben die Unterschiede der beiden Forschungsparadigmen kurz und prägnant wieder. Während die quantitativ-naturwissenschaftliche Forschungstradition generalisierend Naturgesetze aufstellt (nomo-thetisch vorgeht), ist das Ziel der Geistes- und Sozialwissenschaft individualisierend einzelne Fälle (idiographisches Vorgehen) zu beschreiben. Zu dieser Begriffsbestimmung ist anzumerken, dass Wissenschaft immer darauf abzielt zu erklären, bis zu einem gewissen Grade auch allgemeingültig ist und daher nicht als reine Einzelfallbeschreibung gelten kann[2]. Bei genauerer Betrachtung zeigt sich daher, dass die beiden Forschungsansätze in der praktischen Anwendung gar nicht so gegensätzlich sind, wie es auf den ersten Blick erscheinen mag.

Die Dichotomie Labor versus Feld beispielsweise weist im Forschungsprozess selbst ähnliche Problemfelder auf. An Laboruntersuchungen wird kritisiert, dass sie eine künstliche Situation darstellen und somit nicht auf das natürliche Leben übertragbar seien. Dieses Problem stellt sich klarerweise auch bei Felduntersuchungen, da Alltagssituationen sehr unterschiedlich sein können und daher die Übertragbarkeit nicht immer gewährleistet ist.

---

[1] Quelle: Bortz und Döring (1995), S. 274; bzw. vgl. auch Lamnek (1995a), S. 244; Spöhring (1989), S. 98ff

[2] vgl. Bortz und Döring (1995), S. 274

Erklären versus Verstehen zielt auf Regelmäßigkeiten im menschlichen Verhalten ab. Dabei beruht der naturwissenschaftlich-quantitative Ansatz auf der Annahme von Gesetzmäßigkeiten als Grundlage menschlichen Verhaltens während der qualitative Ansatz dieses mechanistische Menschenbild kritisiert und stattdessen das Handeln der Menschen als selbstbestimmtes Tun erachtet und die subjektive Weltsicht nachvollziehen, *verstehen* möchte.

„Erklären ist das Verknüpfen von ‚Tatsachen' mittels *unserer* Regelmäßigkeiten. ‚Verstehen' ist die Rekonstruktion, wie ein anderer ‚Tatsachen' mittels *seiner* Regelmäßigkeiten verknüpft oder verknüpft hat, um ein Problem zu lösen."[1]

Daraus folgt, dass qualitative Forschung auf Verstehen im Sinne des Rekonstruierens der subjektiven Sichtweise abzielt, aber auf Erklärung nicht generell verzichtet. Also auch hier erweist sich der Gegensatz zwischen dem quantitativen und qualitativen Ansatz nicht als unüberwindbar.[2]

Die Unterschiede zwischen den Forschungsparadigmen werden auf der theoretischen Ebene deutlich. Übertragen auf die Anwendung im konkreten Untersuchungsfall, verschwimmen die Grenzen vielfach und es sind quantitative Elemente im qualitativen Forschungsvorgehen zu finden und umgekehrt.[3] Dies gilt es bei der Konzeption des Forschungsprozesses zu berücksichtigen.

6.1.3 Aktionsforschung als Forschungskonzeption

Bevor nun auf der theoretischen Grundlage eines konstruktivistisch-qualitativen Forschungszuganges die Umsetzung der hier skizzierten Problemstellung in konkrete Untersuchungsmethodiken ausgeführt wird, soll in diesem Abschnitt die Forschungskonzeption näher betrachtet werden.

Die Forschungskonzeption oder auch Untersuchungsplan, Forschungstypus bzw. im Englischen *Research Design* definiert Untersuchungsziel und –ablauf und stellt somit die Regeln auf, nach denen die Forschung durchgeführt wird. Die Forschungskonzeption ist klar zu unterscheiden von den Untersuchungsverfahren, den Methoden der Datenerhebung, Datenaufbereitung und Auswertung, die im nächsten

---

[1] Köckeis-Stangl (1980), S. 348
[2] vgl. Bortz und Döring (1995), S. 276f
[3] vgl. Easterby-Smith, Thorpe und Lowe (2002), S. 41

Abschnitt dargestellt werden. Beispiele für Forschungskonzeptionen sind etwa die Einzelfallanalyse, die Dokumentenanalyse oder die Aktionsforschung, die hier nun näher betrachtet wird.[1]

Aktionsforschung wird hier gleichbedeutend mit Handlungsforschung, Action Research oder Action Science verwendet[2]. Die Konzeption der Aktionsforschung, deren Basis die enge Verknüpfung zwischen Forschung und Praxis darstellt, scheint für den Kontext dieser Arbeit besonders geeignet. Denn in These 2 wurde Folgendes postuliert:

These	Implikation
These 2: Wissen und praktisches Handeln sind eng miteinander verknüpft.	Die enge Verknüpfung des Wissens mit der konkreten Anwendung muss in der Analyse der Wissensprozesse berücksichtigt werden.

6.1.3.1 Historischer Hintergrund

Die Aktionsforschung geht aus den Arbeiten von John Dewey und Kurt Lewin hervor, die damit als Begründer dieser Forschungskonzeption gelten.[3] John Dewey[4] kritisiert die traditionelle Trennung zwischen Theorie und Praxis und versucht in seiner Forschung sowohl theoretische Erkenntnisse als auch Wissen für die Anwendung in der Praxis zu generieren. Theoretisches und praktisches Wissen stellen für ihn eine Einheit dar. So auch Kurt Lewin, der als Pionier gruppendynamischer Forschung und der modernen Sozialwissenschaften insgesamt gilt und 1946 folgende Forderung aufstellt:

---

[1] vgl. Mayring (1999), S. 27
[2] vgl. Argyris, Putnam und McLain Smith (1985); Mayring (1999)
[3] vgl. Argyris, Putnam und McLain Smith (1985), S. 6; Mayring (1999), S. 36; dazu ist anzumerken, dass Kurt Lewin erst durch die Vorarbeiten des Wiener Arztes und Sozialphilosophen Jacob Levi Moreno (1892-1974) zur Aktionsforschung gefunden hat vgl. Gunz (1998), S. 95f; Petzold (1980)
[4] vgl. etwa Dewey (1922) und siehe dazu auch die Ausführungen unter 3.2 Handlungsorientierung des Wissens

„Die für die Praxis erforderliche Forschung lässt sich am besten als eine Forschung im Dienste sozialer Unternehmungen oder sozialer Technik kennzeichnen. Sie ist eine Art Handlungsforschung („action research"), eine vergleichende Erforschung der Bedingungen und Wirkungen verschiedener Formen des sozialen Handelns und eine zu sozialem Handeln führende Forschung. Eine Forschung, die nichts anderes als Bücher hervorbringt, genügt nicht"[1]

Das Ziel dieser Forschungskonzeption von Kurt Lewin ist, die Ergebnisse der Untersuchungen bereits im Forschungsprozess in die Praxis umzusetzen. Dabei ist wiederum auf die Besonderheit der Sozialwissenschaften hinzuweisen, die sich mit der Bedeutung und dem Kern des sozialen Handelns auseinandersetzt und versucht, die komplexen Abläufe, die diesem Handeln zugrunde liegen zu verstehen und sich somit von der traditionell naturwissenschaftlich orientieren Wissenschaft unterscheidet[2].

Die Grundlage der Sozialwissenschaft, das soziale Gefüge, existiert in Form von Normen und Regeln, die von den Individuen im Laufe der Zeit konstruiert und durch Sozialisation internalisiert wurden. Die Forschung ist bestrebt, diese sozialen Prozesse zu erfassen, um gegebenenfalls Möglichkeiten der Veränderungen vorschlagen zu können. Es ist eine sozialwissenschaftliche Forschungskonzeption vonnöten, die in der Lage ist die Variablen zu ermitteln, die

(1) dafür verantwortlich sind, dass die gegenwärtigen Prozesse aufrechterhalten werden

(2) eine Veränderung des Status quo bewirken können

(3) um die Veränderung, die durch die beiden ersten Punkte bewirkt wurden, auch anzeigen zu können und schließlich

eine Forschungskonzeption, die sowohl eine Veränderung ermöglicht als auch gleichzeitig zulässt, neue wissenschaftliche Erkenntnisse zu generieren.[3]

In der Aktionsforschung steht das soziale Handeln im Mittelpunkt, das durch den Forschungsprozess beeinflusst wird.[4] Es wird angenommen, dass durch die Intervention im Zuge der Forschung eine Veränderung eintritt, die Aufschluss und somit weiterführende Erkenntnisse über den Prozess des sozialen Handelns erlaubt. In

---

[1] Lewin (1982), S. 280
[2] vgl. Argyris, Putnam und McLain Smith (1985), S. 10
[3] vgl. Argyris, Putnam und McLain Smith (1985), S. xii
[4] vgl. Mayring (1999), S. 36

den Worten Lewins: einer der besten Wege die Welt zu verstehen besteht darin, zu versuchen, sie zu ändern.[1]

Die Konzeption der Aktionsforschung geht bei Lewin auf seine Arbeiten zurück, als er in den 1940er Jahren die wirtschaftliche und soziale Diskriminierung von Minderheiten vor Ort in Fabriken erforschte und Veränderungsstrategien entwickelte. Im deutschsprachigen Raum setzte sich die Aktionsforschung in den 1970er Jahren fast ausschließlich im pädagogischen Bereich durch, etwa in der Schulforschung und Hochschuldidaktik.[2]

6.1.3.2 Besonderheiten der Aktionsforschung

Aus den bisherigen Ausführungen geht bereits hervor, dass Aktionsforschung grundsätzlich zwei Zielsetzungen verfolgt, eine Lösung für eine konkrete praktische Problemstellung und gleichzeitig einen Beitrag für die Weiterentwicklung der sozialwissenschaftlichen Theorien zu liefern. Dies geschieht auf der Grundlage des Zusammenwirkens dieser beiden Faktoren.[3] Ein wesentliches Merkmal der Aktionsforschung ist also

„die Beteiligung und Aktivierung der zu Beforschenden in den Ablauf der Forschung"[4].

Dabei wird auf die Bedeutung des Zusammenwirkens zwischen Forscher und Erforschten und die Entwicklung eines gemeinsamen Verständnisses hingewiesen, die in der jüngeren Form der Aktionsforschung deutlich im Vordergrund steht[5]. Während in der klassischen Aktionsforschung der Fokus auf der Intervention des Forschers und der damit initiierten Veränderung liegt, d.h. es wird davon ausgegangen, dass, um etwas zu verstehen, zunächst versucht werden soll, es zu verändern. Diese Form der Aktionsforschung wird in der Organisationsentwicklung im Bereich der Verbesserung von Gruppeneffektivität häufig angewandt[6].

---

[1] vgl. Argyris, Putnam und McLain Smith (1985), S. xii; Lewin (1982)
[2] vgl. Bortz und Döring (1995), S. 317f; Mayring (1999), S. 35f; bzw. vgl. etwa Altrichter und Posch (1994); Zuber-Skerritt (1996b)
[3] vgl. Easterby-Smith, Thorpe und Lowe (2002), S. 10; Rappoport (1970)
[4] Gunz (1998), S. 94
[5] vgl. Easterby-Smith, Thorpe und Lowe (2002), S. 10; Reason (1989); Reason und Bradbury (2001)
[6] vgl. Easterby-Smith, Thorpe und Lowe (2002), S. 10; French und Bell (1973)

Aktionsforschung basiert auf drei Grundsätzen[1]:

(1) Forschungsthemen setzen an konkreten Problemen in der Praxis an.

(2) Forscher und Betroffene sind gleichberechtigt.

(3) Der Forschungsprozess ist als Lern- und Veränderungsprozess, sowohl für die Betroffenen als auch für den Forscher.

Ausgangspunkt der Aktionsforschung ist ein Problem mit unmittelbarer praktischer Relevanz, d.h. es wird an konkreten Fragestellungen angesetzt. Das wiederum bedeutet, dass alle Beteiligten im Zuge des Forschungsprozesses aktiv an der Lösung des Problems mitarbeiten. Dabei stellt die Aktionsforschung einen gleichberechtigten Diskurs zwischen Forscher und Beforschten dar. Die Untersuchungsteilnehmer werden nicht als Untersuchungsobjekte gesehen, sondern als gleichberechtigte Partner, die sich in den Forschungsprozess einbringen, d.h. bei der Entscheidung über Ziele und Methoden, bei der Auswertung und Interpretation der Ergebnisse. Die praxisverändernde Umsetzung der Ergebnisse erfolgt also noch während des Forschungsprozesses. Forschung und Praxis gehen Hand in Hand.

Die permanente Einbindung der untersuchten Gruppe in den Forschungsprozess bewirkt zum einen die Umsetzung der Forschungsergebnisse und daraus abgeleitet konkrete Handlungskonsequenzen. Darüber hinaus wird durch die gemeinsame Diskussion zwischen Forschern und Betroffenen Mitsprache und Mitbestimmung gewährleistet. Dazu ist die Bereitschaft aller Beteiligten erforderlich, ihr Wissen einzubringen und zu weiterem Nachdenken und Handeln anzuregen. Dabei wird zunächst

- Unausgesprochenes artikuliert,
- dadurch diskutierbar und greifbar und
- somit schließlich auch veränderbar.[2]

Es entsteht ein sich kontinuierlich wiederholender Prozess zwischen Forschung und Aktion[3] - Handeln, Reflexion über das Handeln und daraus abgeleitete

---

[1] vgl. Bortz und Döring (1995), S. 318; Mayring (1999), S. 36
[2] vgl. Gunz (1998), S. 96ff
[3] vgl. Zuber-Skerritt (1996a)

Handlungsstrategien, die zu Veränderungen der Ausgangssituation führen. (siehe Abbildung 6.4).

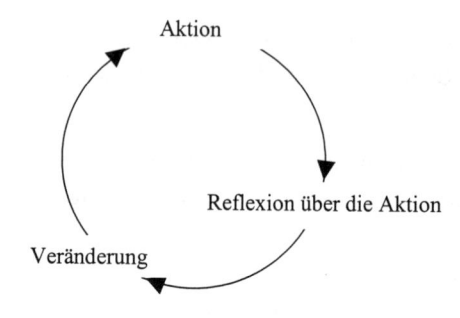

Abb. 6.4: Prozess der Aktionsforschung

Die Rolle des Forschers besteht einerseits darin, neue Impulse und Wissen in die Organisation zu bringen und andererseits als Medium zu fungieren, das den Organisationsmitgliedern ermöglicht, ihre Sicht des Prozesses einzubringen[1]. An dieser Stelle soll auch auf die Problematik hingewiesen werden, dass zu diesen beiden Funktionen des Forschers im Forschungsprozess noch die Aufgabe der Dokumentation und Aufzeichnung kommt, um die Nachvollziehbarkeit und Interpretation zu garantieren[2]. Es bedarf daher eines gut organisierten Forschungsprozesses, um den hier angeführten Anforderungen auch gerecht werden zu können.

Dabei ist die Auswahl der geeigneten Forschungsmethoden entscheidend. Die offene teilnehmende Beobachtung wird häufig präferiert, da sie dem Forscher ermöglicht, sich gleichberechtigt im Feld einzubringen. Daneben werden Dokumentenanalysen und insbesondere die offene Befragung und Gruppendiskussionen eingesetzt.[3] Vermittelnde Gruppendiskussionen sind in der Aktionsforschung von großer Bedeutung, da es hier nicht primär darum geht, Meinungen, Einstellungen und Sachverhalte zu ermitteln, sondern Veränderungen bei den Beteiligten zu bewirken. Die Gruppendiskussion zielt darauf ab, bestimmte Dinge ins Bewusstsein der Beteiligten zu bringen. Es geht also nicht nur darum, Kenntnisse über die soziale

---

[1] vgl. Easterby-Smith, Thorpe und Lowe (2002), S. 94
[2] vgl. Flick (1999), S. 189
[3] vgl. Bortz und Döring (1995), S. 318

Realität zu erlangen, sondern es geht um die *Veränderung dieser sozialen Realität* bzw. von Teilen dieser Realität unter Einbeziehung der Einstellungen und des Wissens der Beteiligten.[1]

6.2 Forschungsmethodik

Im letzten Abschnitt wurde der Forschungszugang und somit die Annäherung an die Thematik der wissensbasierten Interaktion aus methodologischer Sicht thematisiert. Es wurde der konstruktivistisch-qualitative Forschungsansatz skizziert und Implikationen für die Methodenwahl abgeleitet. Daran anschließend wurde der Forschungstypus der Aktionsforschung dargestellt, der die Brücke zwischen der konstruktivistisch-qualitativen Grundausrichtung und den verwendeten Untersuchungsmethoden darstellt.

In Folgenden werden die Methoden zur Untersuchung von Wissen in Organisation und insbesondere der wissensbasierten Interaktionen thematisiert. Dabei wird zunächst die Methode des *Cognitive Mapping* dargestellt. Cognitive Mapping oder Kognitive Karten sind eine Methode zur Visualisierung der den Wissensprozessen zugrunde liegenden kognitiven Strukturen und Muster. Im Anschluss daran wird die Konzeption der *Interaktionsanalyse* gezeigt, die eine Intervention in die Prozesse der wissensbasierten Interaktionen darstellt und Impulse für die selbst-evolvierenden Wissensströme im Unternehmen setzt.

6.2.1 Cognitive Mapping

Die Methode des Cognitive Mapping ermöglicht, komplexe Problemstellungen in Organisationen zu visualisieren und somit zu analysieren. Die Karten erweisen sich darüber hinaus als ein Instrument zur Maßnahmenplanung, welche Schritte wann zu realisieren sind und wo noch weiterer Informationsbedarf besteht. Das Cognitive Mapping als Instrument wurde vielfach in der Aktionsforschung eingesetzt, in der Personen aus der Unternehmensleitung und Mitarbeiter gemeinsam an einer Problemlösung arbeiten und versuchen, das Problem in seiner Komplexität aus den einzelnen Perspektiven heraus zu umreißen und dadurch einer Lösung zuzuführen. Die

---

[1] vgl. Kromrey (1986), S. 116f; Lamnek (1998), S. 30

Methode des Cognitive Mapping lässt sich gut mit der Aktionsforschung vereinen, in der die Organisationsentwicklung ein wichtiger Teil der Forschungskonzeption ist. Es wird nicht nur ermöglicht, die Sichtweisen der einzelnen Individuen darzulegen, sondern auch ein Verständnis für die Perspektiven der anderen zu entwickeln.[1] Wissen wird in Interaktion der beteiligten Personen konstruiert. Das Verhalten der Individuen in der Interaktion ist abhängig von ihren Einstellungen, Erwartungen und den mentalen Modellen[2]. Ausdruck eines mentalen Modells ist beispielsweise, dass es als ein wesentlicher Faktor für den Erfolg der Serviceabteilung erachtet wird, wie die Mitarbeiter in das informelle Beziehungsnetzwerk eingebunden sind und möglichst viele Kontakte zu Kollegen im Unternehmen pflegen. Mentale Modelle als Ausdruck von Denkstrukturen und Denkmuster leiten das Handeln der Personen an und wirken daher wie *Karten*. Wenn Wissen das Verhalten der Individuen und somit die Prozesse der Interaktion beeinflusst, dann muss es auch Teil *Kognitiver Karten* sein.[3]

Cognitive Mapping stellt eine Methode dar, die Denkstrukturen und Denkmuster, die die Beteiligten in ihrem Handeln beeinflussen, ans Licht zu führen und damit die wichtigsten Einflussfaktoren auf eine spezifische Problemstellung innerhalb der Organisation zu identifizieren. Es wird daher im Kontext dieser Arbeit als ein Instrument zur Analyse der wissensbasierten Interaktionen verwendet, das die Ermittlung der zentralen Einflussfaktoren dieser Prozesse ermöglicht. Der Untersuchungsablauf wurde im Sinne der Aktionsforschung konzipiert. Dadurch soll garantiert werden, dass die beteiligten Personen in den Forschungsprozess eingebunden sind und aktiv an den Veränderungsprozessen teilnehmen.[4]

6.2.1.1 Begriff der Kognitiven Karten

Kognitive Karten sind Darstellungen von kognitiven Konstrukten, etwa sprachlichen Einheiten oder Symbolen wie *Qualität, Teamleiter* oder *Organisation*. So wie die topografischen Karten mit ihren Orten, Seen und Flüssen, skizzieren sie im übertragenen Sinn einen Ort in Bezug zu einem anderen.[5] Kognitive Karten sind

---

[1] vgl. Easterby-Smith, Thorpe und Lowe (2002), S. 106ff
[2] vgl. dazu auch die Ausführungen unter 4.2.2 Soziale Kognition
[3] vgl. Lehner (1996), S. 85
[4] vgl. Easterby-Smith, Thorpe und Lowe (2002), S. 94
[5] vgl. Lehner (1996), S. 85

Darstellungen von Räumen oder räumlichen Beziehungen[1]. Die Karten zeigen Kausalitäten und logische Zusammenhänge oder Sequenzen von einzelnen Konstrukten auf, d.h. es werden auch zeitliche Beziehungen dargestellt, wenn *das* (zum gegenwärtigen Zeitpunkt) geschieht, folgt daraus *jenes* (in der Zukunft)[2].

> *„Kognitive Karten sind Gestalten räumlicher oder zeitlicher Beziehungen kognitiver Konstrukte."*[3]

Während sich die zeitlichen Beziehungen in Kausalitäten zeigen, stellen die räumlichen Beziehungen die gedachte Nähe eines Konstrukts zum anderen dar, etwa Teamleiter und Organisation. Karten weisen eine Ähnlichkeit zum Territorium auf, d.h. zum Denken des Individuums und die Denkmuster, die es innerhalb eines sozialen Gefüges ausgebildet hat. Dabei ist jedoch zu betonen, dass die Karte nicht das Territorium ist, sondern nur einen Ausschnitt dessen darstellt.[4]

So wie bei der topografischen Karte, ist die kognitive Karte nur ein *Ausschnitt* der Wirklichkeit. Menschen leben in zwei Welten, der Welt der Ereignisse und Dinge (das Territorium) und der Welt der *Wörter über die Ereignisse und Dinge* (die Karte)[5]. Die Karte bringt dabei immer eine Selektion, Vereinfachung und Verzerrung der Realität mit sich.

Karten und ihre Funktionen lassen sich an folgender Geschichte verdeutlichen[6]: Eine kleine ungarische Militärabteilung befand sich auf Manöver in den Alpen. Als der junge Leutnant einen Erkundungstrupp in die eisige Landschaft entsendete, begann es zu schneien. Es schneite zwei Tage hindurch und der Trupp kehrte nicht zurück. Der Leutnant befürchtete schon, seine Leute in den Tod geschickt zu haben. Am dritten Tag jedoch fand der Trupp endlich wieder zurück. Die Soldaten berichteten folgendes: „Wir hatten uns schon aufgegeben und warteten nur noch auf unseren Tod, als plötzlich einer eine Karte in seiner Tasche fand. Das beruhigte uns. Wir schlugen das Lager auf, warteten den Schneesturm ab und dann mit Hilfe der Karte fanden wir wieder unseren Weg hierher zurück. Und da sind wir." Der Leutnant warf einen Blick auf die Karte und entdeckte zu seinem Erstaunen, dass es eine Karte der Pyrenäen war.

---

[1] vgl. O'Keefe und Nadel (1978), S. 62ff
[2] vgl. Weick (1994), S. 1
[3] Lehner (1996), S. 85
[4] vgl. Korzybski (1994 (1st ed. in 1933))
[5] vgl. Weick (1994), S. 2
[6] erzählt von Albert Szent-Gyorgi zitiert nach Weick (1994), S. 4

Es ist hier unwesentlich, warum der Trupp schließlich zurückfand. Entscheidend ist, dass die Karte für die Soldaten einen Anhaltspunkt darstellte, der eine gemeinsame Aktivität ermöglichte. Die mangelnde Übereinstimmung zwischen Karte und Territorium ist nicht untypisch für das menschliche Denken. Die menschliche Informations-verarbeitungskapazität ist beschränkt, begrenzte Rationalität und selektive Wahrnehmung zwingen förmlich zu Vereinfachungen und somit zur Bildung individueller Wirklichkeiten.[1]

Kognitive Karten geben Aufschluss über diese Wirklichkeiten. Sie erlauben, die kognitiven Konstrukte zu identifizieren und geben Hinweis auf deren Beziehungen untereinander. Die Karten beeinflussen die Wahrnehmung der Individuen:

„... they see what they expect to see."[2]

Der Begriff der Kognition wird in dieser Arbeit aber *nicht mit Abbild* gleichgesetzt oder *Repräsentation* in Form eines symbolischen Kodes im Gehirn, wie das der herrschenden kognitionswissenschaftlichen Auffassung entspricht. Das Gehirn wird hier nicht als Maschine erachtet, die in Form von Rechenprozessen operiert und dabei Symbole verwendet, die das abbilden und repräsentieren, wofür sie stehen. Denn dazu müsste es möglich sein, die Welt ontologisch, d.h. als seiend abzubilden. Wie jedoch bereits erwähnt wurde, ist es nicht möglich, Wissen und die damit verbundenen sozialen Konstruktionsprozesse als externe ontologische Realität abzubilden.[3]

Die den Wissensprozessen zugrunde liegenden Kognitionen werden nicht als Abbildungen einer Realität aufgefasst, von denen angenommen wird, dass sie unabhängig von den erkennenden Personen gegeben sind[4]. Kognitionen existieren nicht als Externalität, sondern können nur unter Berücksichtigung des Alltagswissens verstanden werden. Das Alltagswissen ist wiederum eingebettet in den Kontext und die Geschichte der Personen in ihrem sozialen Gefüge. Das Erkennende und das Erkannte, Subjekt und Objekt bedingen einander und werden gemeinsam konstruiert.[5]

„Das Gehirn ist ein Organ, das Welten festlegt, keine Welt spiegelt."[6]

---

[1] vgl. Lehner (1996), S. 91
[2] Weick (1994), S. 5
[3] vgl. Varela (1990), S. 38ff
[4] vgl. Hejl und Stahl (2000), S. 15
[5] vgl. Varela (1990), S. 98ff
[6] Varela (1990), S. 109

Kognitive Fähigkeiten sind also untrennbar mit der Person und ihrer Erfahrungen und ihrer Geschichte verbunden. Sie setzen sich aus untereinander verknüpften Elementen zusammen, die sich immer wieder neu formieren. Kognitive Karten sind Ausdruck dieser Elemente und Konstrukte, und deren Beziehungen untereinander nicht im Sinne einer vollständigen Abbildung, sondern als Hinweis, um die relevanten Konstrukte zu verstehen.

6.2.1.2 Kognitive Karten als Momentaufnahmen

Kognitive Karten stellen eine grafische Beschreibung dar und geben Hinweise auf individuelle Sichtweisen in Bezug auf bestimmte Situationen oder Themenfelder[1].

„Organizations exist largely in the mind, and their existence takes the form of cognitive maps."[2]

Problematisch für Unternehmen ist, wenn in einer Gruppe von Personen konfligierende Modelle existieren, das heißt, dass unterschiedliche Denkmuster in Konflikt geraten, weil etwa die Ursache-Wirkungs-Beziehungen unterschiedlich eingeschätzt werden. Dies kann sich auf die Verfolgung gesetzter Ziele negativ auswirken. Diese Konflikte sind oftmals latent vorhanden, denn zumeist sind vorhandene kognitive Schemata *un*bewusst. Es gilt daher, vorhandene Prozesse durch eine Momentaufnahme herrschender Denkstrukturen bewusst zu machen. Denn erst dann können sie zur Diskussion gestellt und gezielte Maßnahmen ergriffen werden. Durch das Visualisieren der herrschenden kognitiven Strukturen ist es möglich, konfligierende Strukturen zu erkennen und zu diskutieren, sodass darauf aufbauende Maßnahmen eingeleitet werden können.

Es können folgende Funktionen von kognitiven Karten identifiziert werden[3]:

- Aufmerksamkeit lenken
- Prioritäten setzen
- (fehlenden) Informationen bereitstellen

---

[1] vgl. Axelrod (1976); Bougon (1983); Eden, Jones und Sims (1983)
[2] Weick und Bougon (1986), S. 262
[3] vgl. Fiol und Huff (1992), S. 275f

hervorgehoben und andere wiederum weggelassen in Abhängigkeit von der individuellen Einschätzung. Die kognitiven Karten geben also ein individuelles Bild über den Status quo eines bestimmten Bereichs wieder und stellen daher eine Momentaufnahme dar. Dabei können unterschiedliche Arten von kognitiven Karten verwendet werden, wie beispielsweise Karten[1], die

- Einschätzungen und Wichtigkeit von Konzepten darstellen
- Kategorien oder Taxonomien zeigen
- Argumentationen und ihre Strukturen symbolisieren
- Schemata und Wahrnehmungsmuster spezifizieren
- Einflüsse und kausale Zusammenhänge visualisieren

Im Kontext dieser Arbeit sind die Kausalkarten von Bedeutung, da sie die Einflüsse auf die Prozesse der Wissenstransformation und deren Zusammenhänge untereinander illustrieren können.

Kausalkarten

Diese Art von kognitiven Karten gibt Aufschluss darüber, wie Individuen Ereignisse, die zu einem bestimmten Zeitpunkt geschehen mit anderen Ereignissen zu einem anderen Zeitpunkt miteinander in Beziehung setzen. Die Beziehungen beinhalten ein Urteil über die Verbindung zwischen der Aktion und dem Ergebnis.

Die Kausalkarten bestehen aus Ereignissen oder Variablen, die als Knoten bezeichnet werden, und den Zusammenhängen dieser Ereignisse, die durch Pfeile signalisiert werden. Ein Pfeil deutet darauf hin, dass ein Ereignis ein anderes auslöst oder dieses beeinflusst. Kausalkarten stellen seit Axelrod (1976)[2] die dominante Form kognitiver Karten dar[3].

In Abbildung 6.5 ist ein Beispiel für eine Kausalkarte dargestellt. Es werden die Variablen zu einem ausgewählten Themenfeld und deren Beziehungen untereinander symbolisiert durch die Pfeile gezeigt. Dabei wird unterschieden zwischen

---

[1] vgl. Huff (1994), S. 15f
[2] vgl. Axelrod (1976)
[3] vgl. Lehner (1996), S. 102

In Abbildung 6.5 ist ein Beispiel für eine Kausalkarte dargestellt. Es werden die Variablen zu einem ausgewählten Themenfeld und deren Beziehungen untereinander symbolisiert durch die Pfeile gezeigt. Dabei wird unterschieden zwischen

- der Richtung des Einflusses in positive (+) und negative (-) Wirkungen und
- nach der Stärke des Einflusses in normal (1) und stark (2).

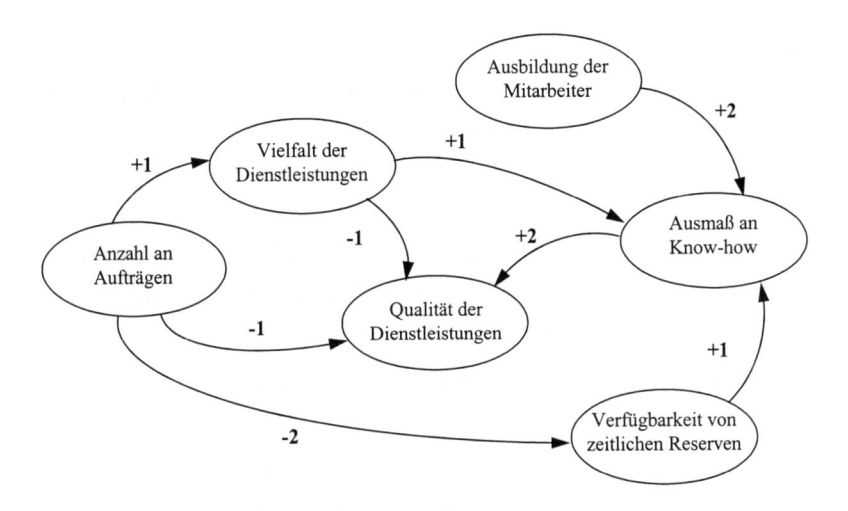

Abb. 6.5: Eine Kausalkarte

Diese Kausalkarte zeigt, dass sich etwa die Anzahl an Aufträgen die Vielfalt der Dienstleistungen beeinflusst; ebenso die Verfügbarkeit von zeitlichen Ressourcen, hier ist jedoch eine negative Wirkung vorhanden, d.h. ein hohe Anzahl an Aufträgen bewirken eine Reduktion der zeitlichen Ressourcen. Die zeitlichen Ressourcen beeinflussen das Ausmaß an vorhandenem Know-how, das wiederum eine starke Wirkung auf die Qualität der Dienstleistungen ausübt etc. Die Karte zeigt für den ausgewählten Bereich die wichtigsten Faktoren auf und wie sich diese nach Annahme der befragten Personen untereinander beeinflussen.

Im Mittelpunkt dieser Karten stehen also die kausalen Beziehungen und Zusammenhänge der Konstrukte und Konzepte, die als Variablen bezeichnet werden.

„A cause map develops as the mind reflects on experience, constructs concepts in the form of variables, and imposes connections among these variables. When variables are connected, they become meaningful since meaning flows from relationships."[1]

Die Verbindung zwischen den Variablen, das miteinander in Beziehung setzen der einzelnen Konstrukte, geschieht wiederum vor dem individuellen Bedeutungshintergrund. Die Variablen erlangen ihre Bedeutung aus dieser Einbettung in den Kontext und der Ausgestaltung der Beziehungen untereinander.

Diese Karten erlauben große Flexibilität in Bezug auf die verwendeten Variablen. Es gibt stetige Variabeln, z.B.: hohe versus niedrige Anzahl an Aufträgen oder hohes oder niedriges Ausmaß an Qualität und dichotome Variablen, vorhanden sein von etwas oder nicht. Wichtig ist, Variablen können immer mehr als einen Wert annehmen.[2]

Kausalkarten sind sowohl für Individuen relevant als auch für Gruppen von Personen und dies ist insbesondere im Kontext von Organisationen von Bedeutung. Dabei gibt es unterschiedliche Arten von kollektiven Kausalkarten[3]:

- *Sammlung* und Aneinanderreihung von Individualkarten zu einem einzigen Gesamtbild.[4]

- *Zusammenstellung* einer kollektiven Kausalkarte auf Basis der Beschreibungen der einzelnen Individuen und gemeinsamer Konstruktion einer Karte im Team.[5]

- *Durchschnittskarte*, die aufgrund des algebraischen Mittelwerts aus den einzelnen Karten gebildet wird.[6]

Kollektive Karten geben Aufschluss über die kognitiven Strukturen einer Gruppe von Personen oder der Organisation insgesamt und geteilte kognitive Strukturen bilden die Grundlage für das koordinierte Handeln in der Organisation.

---

[1] Weick und Bougon (1986), S. 107
[2] vgl. Axelrod (1976), S. 59
[3] vgl. Weick und Bougon (1986), S. 109ff
[4] vgl. Hall (1984b), S. 915
[5] vgl. Eden, Jones und Sims (1979); Eden, Jones und Sims (1983)
[6] vgl. Bougon, Weick und Binkhorst (1977)

"Shared cognitions enable individuals to select actions that will fit with those of others to yield a joint outcome, to understand what others are doing, and to have their own acts understood as they themselves, understand them. In short, shared cognitions create the possibility of individual sensemaking in cooperative settings."[1]

Kognitive Karten erlauben, den Bezugsrahmen für die Wissensprozesse darzustellen und zeigen im Falle von Kausalkarten wie die einzelnen Elemente untereinander zusammenhängen. Es wird dadurch ermöglicht, sowohl auf individueller Ebene als auch für eine Gruppe von Personen oder einer Organisation die grundlegenden Strukturen der Prozesse näher zu betrachten und zu analysieren.

Für den Kontext der vorliegenden Arbeit stellen Kognitive Karten eine Methodik zur Verfügung, um die den Wissensprozessen zugrunde liegenden kognitiven Konzepte an die Oberfläche zu befördern, sie aufzubrechen und zu analysieren. Durch die Analyse werden die beteiligten Personen für das untersuchte Themenfeld sensibilisiert und es wird ein Bewusstsein für die ablaufenden Prozesse geschaffen. Problematisch dabei ist jedoch, wenn unter den propagierten Konstrukten unterschiedliche Werte subsumiert werden. Es gilt daher, auch die dahinterliegenden Bedeutungen und Sinnstrukturen zu erfassen und in die Analyse mit einzubeziehen.

6.2.2 Konzeption der Interaktionsanalyse

Aufbauend auf den dargestellten methodologischen Zugang und die Methode des Cognitive Mapping, wird in diesem Abschnitt die Konzeption der Interaktionsanalyse ausgeführt. Es geht darum, eine Forschungsmethode zu konzipieren, die aufbauend auf die formulierten Thesen und Implikationen ermöglicht, die Prozesse der wissensbasierten Interaktion zu analysieren und daraus Maßnahmen für Verbesserungen der Wissensprozesse abzuleiten.

Im Sinne der Aktionsforschung wird die Analyse so konzipiert, dass der Status quo der wissensbasierten Interaktionen gemeinsam mit den Beteiligten erhoben und darüber reflektiert wird; d.h. die Analyse der gegenwärtigen Prozesse stellt gleichzeitig eine Intervention dar, die eine Veränderung des Bestehenden bewirkt und dadurch Impulse für selbst-evolvierende Wissensströme im Unternehmen gibt (siehe Abbildung 6.6).

---

[1] Jelinek und Litterer (1994), S. 14

```
        Status quo
   der wissensbasierten Interaktionen
                    ↘
   ╱                    ╲
  ╱                      ╲
 (           Interaktionsanalyse
  ╲                      ╱
   ╲                    ╱
    Veränderung der gegenwärtigen
         Wissensprozesse
                ▼
```

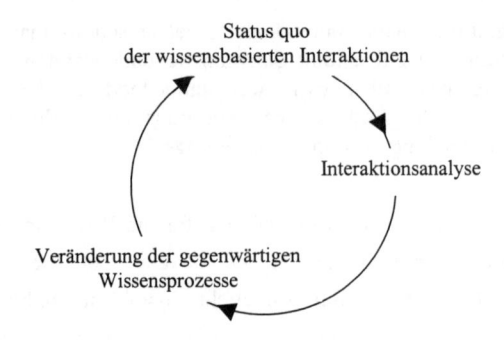

Abb. 6.6: Intervention in wissensbasierte Interaktion

Die Konzeption der Interaktionsanalyse enthält folgende in These 4 aufgestellten Forderungen:

These	Implikationen
These 4: Die Interaktion zwischen den beteiligten Personen und ihren Kognitionen stellt den Kern der Wissenstransformation dar.	Die Analyse der Wissensprozesse muss an den Prozessen der Interaktion ansetzen und die dabei verhaltensbestimmenden Kognitionen und Denkmodelle ermitteln. Es gilt, die zentralen Einflussfaktoren auf die Interaktion zu identifizieren und deren Zusammenhänge zu eruieren.

Der Prozess der Interaktionsanalyse setzt sich aus folgenden drei Schritten zusammen (siehe Abbildung 6.7):

(1) Ermittlung der zentralen Einflussfaktoren der wissensbasierten Interaktion

(2) Eruieren der Kausalstrukturen dieser Einflussfaktoren

(3) Reflexion über den Status quo durch die Visualisierung der Ergebnisse und Diskussion von darauf aufbauenden Maßnahmen

```
                    ┌─────────────────────┐
                    │ Interaktionsanalyse │
                    └─────────────────────┘
                     ↙        ↓        ↘
    ┌──────────┐  ┌──────────────┐  ┌──────────┐
    │ zentrale │  │Kausalstrukturen│  │ Reflexion│
    │Einflussfaktoren│ │          │  │          │
    └──────────┘  └──────────────┘  └──────────┘
```

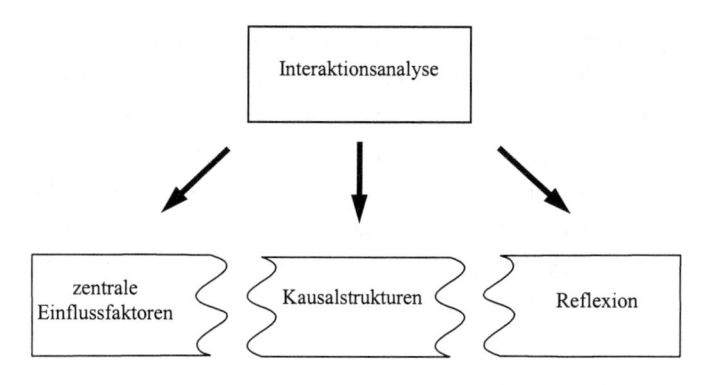

Abb. 6.7: Ablauf der Interaktionsanalyse

Es ist zu betonen, dass im Sinne der Aktionsforschung die Einbeziehung der untersuchten Personen auf allen drei Stufen des Forschungsprozesses von großer Bedeutung ist. Denn die Untersuchung der Interaktionsprozesse baut auf die zugrunde liegenden kognitiven Strukturen und Denkmuster der Beteiligten auf und erfordert daher deren aktive Teilnahme. Dies beginnt bereits in einer Vorstufe des Forschungsprozesses bei der Festlegung des Analyserahmens.

Der erste Schritt des Forschungsprozesses besteht in der Auswahl des zu untersuchenden Themenfeldes. Die Prozesse der wissensbasierten Interaktion sind in den sie umgebenden Kontext verankert und können daher auch nicht losgelöst vom Zusammenhang, einem konkreten Anwendungsfall analysiert werden. Die Interaktionsanalyse wird daher anhand einer Themenstellung durchgeführt: etwa Ablauf und Durchführung eines Projektes, grundsätzliche Ziele eines Teams oder ähnliches. Nach der Auswahl des Themenfeldes werden die einzelnen Schritte des Forschungsprozesses durchlaufen.

An dieser Stelle gilt es noch anzumerken, dass durch die Untersuchung der wissensbasierten Interaktionen und die damit verbundene Intervention, Impulse für selbst-evolvierende Wissensströme angeregt werden. Der Fokus liegt dabei auf Analyseeinheiten in Unternehmen, etwa Abteilungen oder Projektteams, die eine konkrete Problemstellung zu lösen haben. Hier ist die wissensbasierte Interaktion zentral, d.h. jene Prozesse, die dem Wissensaustausch und der Wissensweiterentwicklung der beteiligten Personen zugrunde liegen.

Die Konzeption der Forschungsmethode baut auf eine Studie über organisationale Kognitionen von Bougon, Weick und Binkhorst[1], eine Analyse des *Utrecht Jazz Orchesters*, auf. Die dabei verwendete Methode hat sich im Bereich der Organisationsanalyse bewährt[2] und wird in dieser Arbeit zur Untersuchung der wissensbasierten Interaktionen adaptiert und weiterentwickelt.[3] Dabei werden, ergänzend zur qualitativen Grundausrichtung dieser Arbeit, Elemente der quantitativ-standardisierten Forschungsmethodik verwendet. Im Folgenden werden die einzelnen Schritte der Interaktionsanalyse ausgeführt.

6.2.2.1 Ermittlung der zentralen Einflussfaktoren

Der erste Schritt der Analyse besteht darin, die zentralen Einflussfaktoren auf die wissensbasierte Interaktion zu ermitteln. Es gilt, jene Elemente und Konstrukte zu identifizieren, die auf die Prozesse der Wissenstransformation einwirken. Ziel dieses ersten Analyseschrittes ist, ein Set an Variablen zu generieren, welche die Eckpfeiler des gewählten Themenfeldes symbolisieren.

Dabei ist neben der inhaltlichen auch auf die sprachliche Formulierung der Variablen zu achten. Denn die Ausdrücke und *Labels*, die bei der Formulierung der Variablen verwendet werden, weisen häufig auf kognitive Konzepte hin, die bei der Interpretation der Ausdrücke von den Personen assoziiert werden. An dieser Stelle soll daher nochmals die Anforderung in These 5 wiederholt werden:

These	**Implikation**
These 5: Sprache transportiert nicht nur Wissen, sondern setzt auch gleichzeitig Impulse für die Entwicklung neuen Wissens und Denkens.	Es gilt, Sprache und den sprachlichen Ausdruck als Impuls in den Wissensprozessen zu berücksichtigen.

---

[1] vgl. Bougon, Weick und Binkhorst (1977)
[2] vgl. Bougon (1983); Bougon (1992); Weick und Bougon (1986)
[3] vgl. Renzl (2001)

Die inhaltliche und sprachliche Formulierung weist einmal mehr auf die Bedeutung der Einbindung der untersuchten Personen in den Untersuchungsprozess hin. Dabei können grundsätzlich zwei Ansatzpunkte unterschieden werden:

(1) Betonung des einzelnen Individuums und dessen kognitiver Strukturen, indem die Variablen durch *individuelle Befragungen* ermittelt werden.[1]

(2) Einbeziehung der Gruppe von Personen als Gesamtheit und Generierung der Variablen durch *Gruppendiskussionen*.[2]

Individuelle Befragungen

Die Generierung der Variablen auf der Grundlage von Interviews mit den einzelnen Personen der untersuchten Forschungseinheit weist folgende Vorteile auf. Die Interviewpartner können unbeeinflusst von den anderen Teilnehmern ihre Sicht präsentieren und die ihrer Meinung nach wichtigsten Faktoren nennen. Dies ist insbesondere dann von Bedeutung, wenn es in der untersuchten Gruppe dominante Persönlichkeiten gibt, die die Gruppenmeinung in besonderem Maße beeinflussen bzw. einzelne Teilnehmer eher bereit sind, ihre Sichtweisen im persönlichen Gespräch darzulegen.

Zu erwähnen ist hier die Forschungsmethodik des narrativen Interviews, das auf folgende Grundprinzipien aufbaut[3]:

- Das freie Erzählen von Geschichten und Anekdoten erlaubt Einblicke in die subjektiven Bedeutungen für die einzelnen Person, die in einer systematischen Erhebungsform ausgeklammert wären.
- Das Gespräch wird gemäß einem strukturierten Leitfaden geführt, der vom Interviewer erstellt wurde und auf diese Weise die Befragung unterstützt.

Das narrative Interview stellt eine Form des qualitativen Interviews dar und kann folgendermaßen charakterisiert werden[4]:

- Offene Gesprächsführung, in der der Interviewer anregt und sich gleichzeitig auch zurückhält.

---

[1] vgl. Lamnek (1995b), S. 35ff
[2] vgl. Lamnek (1995b), S. 125ff; Lamnek (1998)
[3] vgl. etwa Mayring (1999), S. 55
[4] vgl. Lamnek (1995b), S. 74

- Der Interviewpartner wird ersucht, zu erzählen.
- In den Erzählungen und Anekdoten sind die Handlungsmuster erkennbar.
- Die Erzählungen stellen zugleich eine Interpretation der Handlungen dar.
- Durch Nachfragen versichert sich der Interviewer über das Erzählte und die damit verbundenen Interpretationen.
- Die Erzählungen erfordern ein Rekonstruieren früherer Erfahrungen und Handlungen.
- Das Interview baut auf eine Atmosphäre des Vertrauens zwischen den kollegial-freundschaftlichen Gesprächspartnern auf.
- Das Interview ist in gewissem Maße von der narrativen Kompetenz des Befragten abhängig.

Die Problematik bei der Verwendung dieser Interviewmethode für Interaktionsanalyse und die Ermittlung der Variablen liegt darin, aufgrund von Einzelgesprächen ein für die gesamte Gruppe gültiges Set an Variablen zu formulieren. Es gilt hier daher zu überprüfen, ob die ermittelten Variablen von allen Beteiligten als zentrale Einflussfaktoren in Bezug auf das definierte Themenfeld empfunden werden. Darüber hinaus ist darauf zu achten, dass die Formulierung der Variablen, die von den Beteiligten beabsichtigte Bedeutung wiedergibt.

Gruppendiskussionen

Die Ermittlung der Variablen in Form von Gruppendiskussionen impliziert die Einholung der Meinungen und Einstellungen der Teilnehmer als gesamte Gruppe, d.h. Einzelmeinungen können in den Hintergrund treten und stattdessen die Sichtweisen der Gruppe als Ganzes in den Vordergrund rücken. Das kann dazu führen, dass die Sicht des einzelnen nicht in dem Ausmaß wie etwa bei Einzelgesprächen in die Untersuchung Eingang findet. Das bedeutet, dass in der Gruppendiskussion neben den inhaltlich-thematischen Aspekten gruppendynamische Gesichtspunkte zu berücksichtigen sind[1].

---

[1] vgl. Lamnek (1995b), S. 133

„Viele subjektive Bedeutungsstrukturen sind so stark in soziale Zusammenhänge eingebunden, dass sie nur in Gruppendiskussionen erhebbar sind. Hier können psychische Sperren durchbrochen werden, um auch zu kollektiven Einstellungen und Ideologien zu gelangen."[1]

Gruppendiskussionen weisen also unterschiedliche Funktionen auf. Es können folgende Charakteristika identifiziert werden[2]:

- Sie stellen ein Gespräch einer Gruppe über ein bestimmtes Themengebiet dar, das unter der Anleitung eines Moderators stattfindet.

- Es gibt vermittelnde Gruppendiskussionen, die der Anregung von Gruppenprozessen dienen, um Einstellungs- oder Bewusstseinsveränderungen zu bewirken.

- Ermittelnde Gruppendiskussionen, zielen darauf ab, Meinungen, Einstellungen und Verhaltensweisen zu erheben mit unterschiedlichen Absichten.

- Es ist eine spezifische Befragungsmethode, in der mehr als nur die Befragung von mehreren Personen zugleich erfolgt. Ansichten und Argumente werden im Diskurs ausgetauscht und möglicherweise auch im Verlauf der Diskussion modifiziert.

Der Vorteil, die Variablen in Form einer Gruppendiskussion zu eruieren, liegt klar darin, dass durch die Formulierung in der Gruppe, die den Variablen zugrunde liegende Bedeutung den Beteiligten verständlich ist und diese auch für die Gruppe die nötige Relevanz und Gültigkeit besitzen.

Es ist daher in der jeweiligen Untersuchungssituation abzuwägen, welche Vorgehensweise, individuelle Erhebung versus Gruppendiskussion, zu bevorzugen ist bzw. ob eine Kombination beider Vorgehensweisen vorteilhaft wäre.

Tabelle 6.5 gibt beispielhaft eine Liste von Variablen als jene zentralen Einflussfaktoren wieder, die in der Untersuchung des *Utrecht Jazz Orchesters* auf der Grundlage von Diskussionen und Interviews ermittelt wurden:

---

[1] vgl. Mayring (1999), S. 58
[2] vgl. Lamnek (1998), S. 34

A. Anzahl der Personen, die bei den Proben anwesend sind
B. Zufriedenheit mit den Proben
C. Qualität der eigenen Leistung
D. Qualität der Leistung des Orchesters
E. Übereinstimmung in Bezug auf die Interpretation der Stücke
F. Schwierigkeitsgrad des gespielten Stücks
G. Verfügbarkeit von neuen Stücken
H. Zeit, die für die Problem aufgewendet wird
I. Wunsch, öffentliche Vorstellungen zu geben
J. Anzahl der erhaltenen Kritiken
K. etc.

Tab. 6.5: Ein Set an Variablen[1]

Die Variablen geben eine Auswahl der kritischen Einflussfaktoren auf die untersuchten Prozesse wieder, wobei die Struktur und Zusammenhänge der einzelnen Faktoren unklar sind. Es kann hier noch keine Aussage über die Beziehungen der Variablen untereinander getroffen werden, d.h. wie die Faktoren aufeinander einwirken. In einem weiteren Schritt gilt es daher, jene Faktoren zu identifizieren, an denen anzusetzen ist, um Maßnahmen zur Verbesserung einzuleiten und somit die Veränderung der Prozesse der wissensbasierten Interaktion zu bewirken. Dazu ist es notwendig, die Variablen mit dem höchsten Wirkungspotenzial zu eruieren, d.h. die Faktoren, die den größten Einfluss ausüben. Es gilt, die Beziehungen der Variablen untereinander also die Kausalstruktur des Variablen-Sets, so wie sie die beteiligten Personen einschätzen und implizit danach handeln, zu ermitteln.

6.2.2.2 Eruieren der Kausalstrukturen der Variablen

In einem zweiten Schritt ist es notwendig, die ermittelten Variablen zu strukturieren. Es ist zu untersuchen, welche kausalen Beziehungen zwischen den einzelnen Faktoren vorliegen, d.h. welche Variablen primär die anderen beeinflussen und daher Ursachen darstellen bzw. welche Variablen beeinflusst werden und Wirkungen oder Ziele im

---

[1] vgl. Bougon, Weick und Binkhorst (1977), S. 608

untersuchten Themenfeld symbolisieren. Dabei ist nochmals zu betonen, dass es sich hierbei um Einschätzungen der Beteiligten handelt, d.h. die Individuen gehen auf der Grundlage ihrer großteils auf Erfahrungen basierten kognitiven Strukturen davon aus, dass bestimmte Faktoren gewisse Wirkungen erzielen.[1] Wichtig ist, dass aufgrund der gemeinsamen Konstruktion der Wirklichkeit, sich diese Wirkungen auch einstellen.

Zur Ermittlung der kognitiven Ursache-Wirkungs-Beziehungen ist es notwendig, die an der Untersuchung teilnehmenden Personen zu befragen. Bougon et al. verwenden dafür einen Fragebogen, der eine Matrix enthält, in der die Variablen jeweils in den Zeilen und Spalten aufgetragen werden. Die Teilnehmer geben dann für jedes Variablenpaar an, ob ihrer Einschätzung nach zwischen der Variablen aufgetragen in der *Zeile* ein Einfluss auf die jeweiligen Variablen in der *Spalte* ausgeübt wird. Wenn eine Beeinflussung gegeben ist, wird in der Matrix eine „1" eingetragen. Kein Einfluss wird durch „0" signalisiert. Anschließend werden die angegebenen Beziehungen durch die Befragten nochmals überprüft und jene Beziehungen angegeben, bei denen eine starke Beeinflussung vermutet wird. Dies wird mit der Ziffer „2" gekennzeichnet.[2]

In einem zweiten Schritt gilt es die Richtung der Beeinflussung zu eruieren, d.h. ob eine Erhöhung des Ausmaßes bei der *beeinflussenden* Variable die Wirkung bei der *beeinflussten* Variable verstärkt oder ob hier eine inverse Beziehung vorliegt und die Zunahme der einen Variablen eine Abnahme der anderen bewirkt. Die inverse Beziehung wird mit einem negativen Vorzeichen gekennzeichnet.[3] Bougon et al. schlagen abschließend vor, die Einschätzung des persönlichen Einflusses der Befragten auf die einzelnen Variablen zu ermitteln und in die Matrix einzutragen.[4] Abbildung 6.8. gibt beispielhaft eine Matrix für ein Set von zehn Variablen wieder.

---

[1] vgl. Hall (1984a), S. 908
[2] vgl. Bougon, Weick und Binkhorst (1977), S. 609
[3] vgl. Axelrod (1976), S. 69; Bougon, Weick und Binkhorst (1977), S. 609
[4] vgl. Bougon, Weick und Binkhorst (1977), S. 609

	A	B	C	D	E	F	G	H	I	J
A										
B				→1						
C										
D							→ 0			
E										
F			→ -2							
G										
H										
I										
J										
Einfluss										

Abb. 6.8: Matrix zur Ermittlung der Kausalzusammenhänge[1]

In der dargestellten Matrix übt Variable B, etwa die *Zufriedenheit mit den Proben* aus dem Variablen-Set des *Utrecht Jazz Orchester* einen Einfluss auf Variable D, etwa die *Qualität der Leistung des Orchesters*, aus. Variable D, die *Qualität der Leistung des Orchesters*, hat keinen Einfluss auf Variable G, *Verfügbarkeit von neuen Stücken*. Während Variable F, *der Schwierigkeitsgrad des gespielten Stückes*, sehr wohl einen Einfluss auf C, *Qualität der eigenen Leistung*, ausübt, dieser Einfluss jedoch invers ist, d.h. je schwieriger das Stück, desto schlechter die Qualität der Leistung.

Die Matrix gibt die Sichtweise des einzelnen Teilnehmers zum gewählten Themenfeld wieder. Die Summenbildung der einzelnen Werte in den Zeilen und Spalten erlaubt, jene Variablen zu identifizieren, die die höchsten Zeilenwerte (Rang 1-n) und somit die höchste Beeinflussungskomponente aufweisen und jene, die am meisten von den anderen Variablen beeinflusst werden und die höchsten Spaltenwerte zeigen (Rang 1-m).

---

[1] vgl. zur Darstellung der Matrix etwa auch das Sensitivitätsmodell bei Vester (1999), S. 155ff

	A	B	C	D	E	F	G	H	I	J	Summe	Rang
A		1	0	2	0	0	0	1	1	1	6	1
B	2		1	0	0	0	1	0	1		5	2
C	0	1		0	0	0	0	-1	1	0	1	4
D	1	1	1	2	0	0	1	-1	2	-2	5	2
E	1	1	0		0	0	0	-2	0	-1	-1	5
F	1	0	-1	1	1		0	2	0	1	5	2
G	0	0	0	-2	0	1		0	0	0	-1	5
H	-2	-2	1	0	0	0	0		0	-1	-4	5
I	1	0	0	1	0	0	0	2		0	4	3
J	-1	-1	0	0	0	0	0	0	0		-2	5
Einfluss	2	1	2	1	1	0	0	0	0	0		
Summe	3	1	2	4	1	1	1	2	4	-1		
Rang	5	4	3	1	4	4	4	3	1	5		

Abb. 6.9: Beispiel für eine Matrix eines Orchestermitglieds

Abbildung 6.9 zeigt beispielhaft eine Matrix, wie sie ein Mitglied des *Utrecht Jazz Orchesters* angegeben haben könnte und würde bedeuten, dass Variable A, die *Anzahl der Personen, die bei den Proben anwesend sind,* den höchsten Wert in Bezug auf die Beeinflussungskomponente aufweist. Das heißt, diese Person ist der Ansicht, dass die *Anzahl der Personen, die bei den Proben anwesend sind,* eine wesentliche Ursache für das gesamte untersuchte Themenfeld, die Besonderheit des Orchesters, darstellt. In Bezug auf die Spaltenwerte, weisen in diesem Beispiel Variable D, *Qualität der Leistung des Orchesters und I, Wunsch, öffentliche Vorstellungen zu geben,* die höchsten Werte auf und stellen somit die Ziele dar. Wird innerhalb dieses Wirkungsgefüges an den Variablen mit hoher Beeinflussungskomponente etwas verändert, so zeigt das in den Zielvariablen ihre Wirkung. Zudem ist durch die Einschätzung des persönlichen Einflusses der Teilnehmer ersichtlich, welche Maßnahmen relativ rasch verwirklicht werden können.

Zur Diskussion der aus den Fragebögen erzielten Ergebnisse mit der untersuchten Organisationseinheit wird eine grafische Aufbereitung in Form von kognitiven Karten als sinnvoll erachtet. Dies kommt im nächsten Abschnitt zum Ausdruck.

6.2.2.3 Visualisierung und Reflexion

Nach der Ermittlung der Variablen als zentrale Einflussfaktoren und der Erhebung der Kausalstrukturen innerhalb dieser Variablen besteht der dritte Schritt der Interaktionsanalyse darin, aus den Einschätzungen der Befragten kognitive Karten zu konstruieren und damit die grundlegenden Denkmuster zu visualisieren. Die Karten geben ein Bild über vorherrschende kognitive Strukturen der einzelnen Befragten und der Gruppe insgesamt wieder.[1]

Die Kognitiven Karten zeigen den Status quo der grundlegenden Prozesse der wissensbasierten Interaktion im ausgewählten Themenfeld. Die Visualisierung in Form der Kognitiven Karten bietet eine Möglichkeit, über Bestehendes zu reflektieren und darauf aufbauende Maßnahmen zu diskutieren. Durch die Reflexion und Diskussion in der Gruppe werden gruppendynamische Prozesse angestoßen, kognitive Denkstrukturen werden aufgebrochen und können somit verändert werden. Dies setzt wiederum Impulse für die Wissensprozesse und aktiviert selbst-evolvierende Wissensströme. Die Wissensbasis wird durch die an dem Prozess beteiligten Personen erweitert. An dieser Stelle finden die Anforderungen, die in These 6 formuliert wurden, Eingang in den Forschungsprozess.

These	Implikation
These 6: Die Wissensbasis, als Gesamtheit an organisationalen Fähigkeiten und Prozessen der beteiligten Individuen und deren Zusammenwirken, bildet die Grundlage für einen selbst-evolvierenden Wissensfluss im Unternehmen.	Es ist notwendig, eine Wissensbasis in Form eines gemeinsamen Verständnisses bzw. eines kreativen Wissensraumes als Grundlage für die Wissenstransformation zu schaffen, damit Wissen möglichst ungehindert im Unternehmen fließen kann.

Ziel dieses Abschnittes ist, eine Darstellungsform vorzustellen, die den Teilnehmern ein Bild über die herrschenden kognitiven Strukturen präsentiert und darauf aufbauende Reflexion und Diskussion ermöglicht. Dabei ist zu betonen, dass es nicht primär darum geht, ein möglichst exaktes Abbild zu kreieren, sondern eine Meinung über den gegenwärtigen Stand der Dinge aufzuzeigen und damit einen Ausgangspunkt für darauf aufbauende Diskussionen zu bieten. Es sollen Gespräche initiiert und die Möglichkeit geboten werden, Themen und Punkte ans Licht zu führen und anzusprechen, die ansonsten unter der Oberfläche verblieben wären. Dabei werden

---

[1] vgl. Weick und Bougon (1986), S. 112

mehr Fragen aufgeworfen, als Antworten gegeben. Die Beteiligten sollen für gewisse Themen der wissensbasierten Interaktion sensibilisiert und sich dessen bewusst werden. Das Ziel besteht jedoch nicht nur darin, ein Bewusstsein für im Verborgenen liegende Prozesse zu schaffen, sondern gleichzeitig diese Prozesse aufzubrechen und eine Veränderung zu ermöglichen[1].

Polygon und Etiograph

Im Beispiel der Studie des *Utrecht Jazz Orchesters* wurde zunächst ein sternförmiges Polygon zur Visualisierung der kognitiven Strukturen gewählt (siehe Abbildung 6.10). Diese Art der Darstellung einer Kausalkarte erweist sich jedoch bereits bei einer geringen Anzahl an Variablen als unüberschaubar und verwirrend. Es ist nicht klar ersichtlich, wie sich die Kausalbeziehungen gestalten und wo Ansatzpunkte für Veränderungen identifiziert werden können. Ursachen und Wirkungen innerhalb des Variablen-Sets sind nicht deutlich erkennbar und daher für den hier beabsichtigten Zweck nicht zielführend.

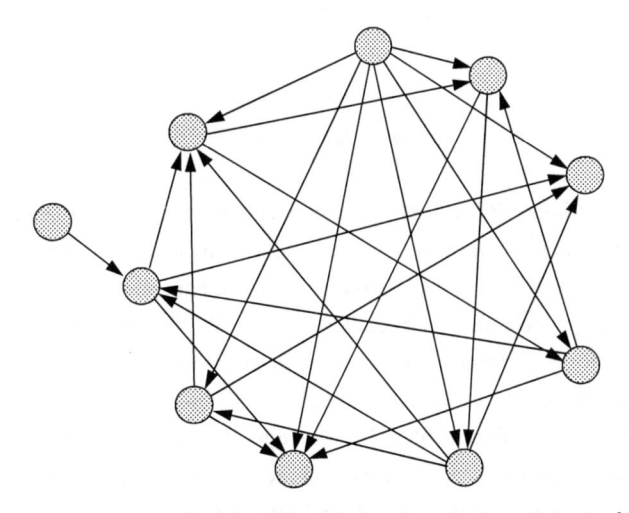

Abb. 6.10: Kausalbeziehungen innerhalb eines Variablen-Sets[2]

---

[1] vgl. dazu die bei Lewin (1951) angeführten drei Schritte eines organisationalen Veränderungsprozesses des unfreezing-movement-refreezing
[2] vgl. Bougon, Weick und Binkhorst (1977), S. 610

Die zur Darstellung in einem sternförmigen Polygon geäußerten Kritikpunkte sind im Wesentlichen auch bei den Autoren der Studie zu finden[1]. Bougon, Weick und Binkhorst schlagen daher die Darstellung in Form eines *Etiographen*[2], in der Art einer *Hängematte* vor (siehe Abbildung 6.11).

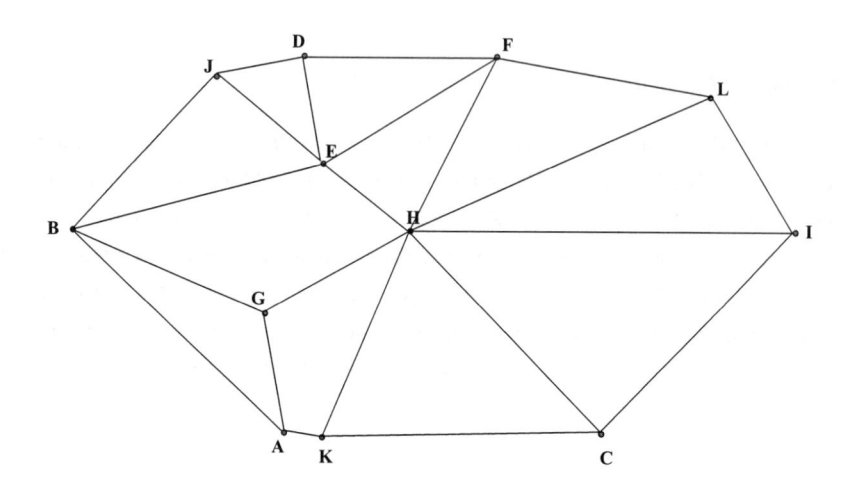

Abb. 6.11: Ein Etiograph[3]

Die Variablen mit hoher Beeinflussungskomponente stellen dabei das eine Ende des Etiographen dar, der *Outpole*, von dem im Idealfall nur beeinflussende Beziehungen weg gehen, z.b.: Variable B in der Abbildung oben, und am anderen Ende der *Inpole*, eine Variable, die im Idealfall nur beeinflusst wird, z.B: Variable I in der Abbildung oben. Der Vorteil dieser Darstellung ist, dass die beiden Enden des kausalen Feldes rasch erkennbar sind, d.h. es können relativ schnell Ursachen und Wirkungen der untersuchten Faktoren eruiert werden. Darüber hinaus werden mit den Variablen, die in der Mitte der Hängematte positioniert sind, gewissermaßen die Mittel dargestellt, die zeigen, wie man von den Ursachen zu den Zielen gelangt.

---

[1] vgl. Bougon, Weick und Binkhorst (1977), S. 610
[2] etiograph von griechisch „aitia", eine Ursache und „graphein", zeichnen vgl. Bougon, Weick und Binkhorst (1977), S. 611
[3] vgl. Bougon, Weick und Binkhorst (1977), S. 611

Die Darstellung in Form dieses Etiographen weist jedoch den Nachteil auf, dass die Positionierung der Variablen nach der Graphentheorie Probleme in der Kommunikation den beteiligten Untersuchungspersonen gegenüber aufwirft. Die Personen sind es gewohnt, Darstellung dieser Art mit einem zweidimensionalen Koordinatensystem zu verbinden und schätzen die Zuordnung zu den entsprechenden Werten. Es wurde daher eine Erweiterung in eine zweidimensional skalierte Grafik getroffen, welche nachfolgend ausgeführt wird.

Darstellung im Aktiv-Passiv-Feld

In dieser Darstellungsform werden die Daten aus der Befragung der einzelnen Teilnehmer in ein zweidimensionales Koordinatensystem eingetragen. Das bedeutet, dass aus den jeweiligen Matrizen die Summenwerte der Variablen in den Zeilen als die beeinflussenden Aktivwerte auf die Abszisse und die Summenwerte der Variablen in den beeinflussten Spalten als Passivwerte auf die Ordinate aufgetragen werden. Daraus ergibt sich eine Grafik wie sie in Abbildung 6.12 dargestellt ist.

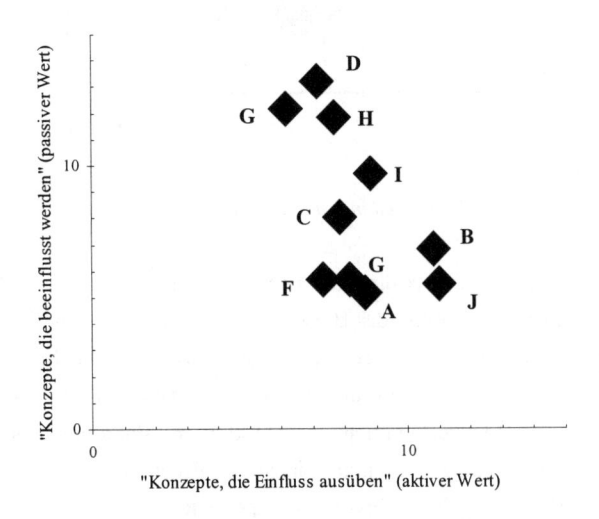

Abb. 6.12: Positionierung der Variablen nach Aktiv- und Passivwert

Wird diese grafische Darstellung erweitert, um

(1) den Wert des persönlichen Einflusses auf die einzelnen Variablen und in Form der Größe der Variablen ausgedrückt und

(2) die Skalierung um die jeweiligen Mittelwert aus Höchst- und Niedrigstwert und dadurch eine 4-Felder-Matrix generiert

so ergibt sich die in Abbildung 6.13 dargestellte Grafik.

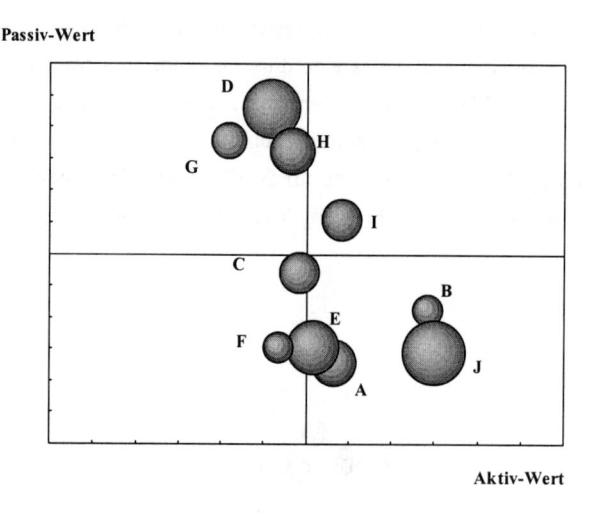

Abb. 6.13: Darstellung in einer 4-Felder-Matrix

In dieser Grafik sind nun wiederum die einzelnen Variablen aufgrund ihrer Aktiv- und Passivwerte positioniert. Die Größe der Blasen gibt Auskunft über die Einschätzung des persönlichen Einflusses der Teilnehmer auf die Variablen. Die Mittelwerte aus dem jeweiligen Höchst- und Tiefstwert unterteilen dieses Aktiv-Passiv-Feld in eine 4-Felder-Matrix. Dabei sind im rechten unteren Feld klar jene Variablen ersichtlich, die Ansatzpunkte für Veränderungsmaßnahmen darstellen. Denn sie weisen einen hohen Aktivwert, d.h. eine hohe Beeinflussungskomponente auf und je größer der Durchmesser der Blase, umso wirksamer die gesetzten Maßnahmen, da der persönliche Einfluss auf diese Variable als hoch eingeschätzt wird.

Die Variablen im linken oberen Feld stellen dagegen jene Faktoren dar, die stark von den anderen Variablen beeinflusst werden und daher die Wirkungen bzw. Ziele im untersuchten Themenfeld symbolisieren. Die Variablen in der Mitte sind schließlich Mittel, um von den Ursachen rechts unten zu den Zielen links oben zu schreiten (siehe Abbildung 6.14).

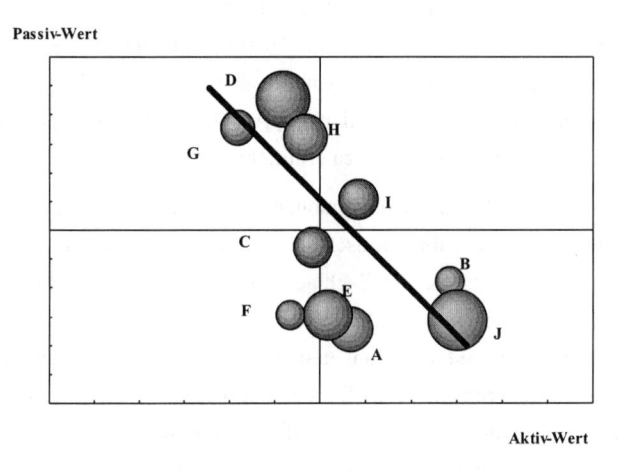

Abb. 6.14: Ursachen und Ziele in der 4-Felder-Matrix

Hier ist nochmals zu betonen, dass das vorrangige Ziel nicht die Ermittlung der exakten Position der einzelnen Variablen im Aktiv-Passiv-Feld ist, sondern eine Momentaufnahme der herrschenden kognitiven Karten zu präsentieren, die den Anstoß für Reflexion und die daraufhin initiierte Diskussion gibt.

Reflexion und Diskussion

Die Visualisierung der kognitiven Strukturen der Teilnehmer in dem oben ausgeführten Aktiv-Passiv-Feld stellt die Grundlage für Reflexion und Diskussion der Beteiligten dar. Abhängig von der Situation und den jeweiligen Problemstellungen können unterschiedliche Varianten der Momentaufnahme gezeigt werden:

(1) Darstellung des gesamten Variablen-Sets der einzelnen Individuen oder Gruppen von Personen

(2) Aufschlüsselung der einzelnen Variablen nach ihrer Zusammensetzung

Eine Momentaufnahme von der gesamten Gruppe bietet die Möglichkeit, über die Sichtweisen der Gruppe als Ganzes versus einzelner Individualmeinungen zu reflektieren und hier Ansatzpunkte für Verbesserungsmöglichkeiten zu finden. Darauf aufbauend kann die Aufschlüsselung einzelner Variablen nach ihrer Zusammensetzung interessante Einsichten etwa in Bezug auf die Homogenität der Gruppenmeinung und die Streuung der einzelnen Einschätzungen um den Mittelwert der Gruppe geben. Diese Karten bieten wiederum die Möglichkeit, Auffälligkeiten anzusprechen und die Gründe dafür in der Gruppendiskussion zu ermitteln.

In der Diskussion führen die einzelnen Personen ihre Sicht über die einzelnen Aspekte aus. Sie erklären, wie sie zur ihrer Einschätzung kommen, welche Erfahrungen dem zugrunde liegen und warum sie die Sachlage so beurteilen. Dabei werden implizit Teile der kognitiven Muster und Strukturen an die Oberfläche gebracht. Hier ist es nun möglich, diese Strukturen aufzubrechen und durch den Austausch mit den anderen Beteiligten eine Veränderung herbeizuführen. Die kognitive Karte stellt hier einen gemeinsamen Bezugspunkt dar. Es ist auf der Grundlage eines gemeinsamen Verständnisses, einer gemeinsamen Weltsicht möglich, über die Elemente dieser Karte zu diskutieren und Erfahrungen, Anekdoten etc. auszutauschen. Dabei wird implizit an den kognitiven Strukturen gearbeitet und die Prozesse der Wissenstransformation in Gang gesetzt.

Die hier vorgestellte Methode zur Visualisierung von kognitiven Karten ermöglicht, nicht nur, Prozesse aufzubrechen und Bewusstsein zu schaffen, sondern durch die Diskussion und die Darlegung der Erklärungsmuster und zugrunde liegenden Denkstrukturen der Beteiligten kann gleichzeitig eine Veränderung in den Kognitionen bewirkt werden. Im Anschluss daran gilt es, Maßnahmen einzuleiten, um die Veränderungen in den organisationalen Kognitionen wiederum zu verankern und somit die Grundlage der Wissenstransformation neu zu festigen.[1]

Die hier konzipierte Interaktionanalyse und die damit verbundene Intervention in die Prozesse der wissensbasierten Interaktionen wirkt sich insofern auf die

---

[1] vgl. dazu wiederum Lewin (1951)

Wissensprozesse aus, als die grundlegenden kognitiven Muster beeinflusst, somit die Prozesse der Wissenstransformation angeregt und selbst-evolvierende Wissensströme in der Organisation aktiviert werden. Es wurde damit versucht, den in These 7 formulierten Anforderungen gerecht zu werden.

These	Implikation
These 7: Ein selbst-evolvierender Wissensfluss aktiviert die Prozesse der Wissenstransformation und fördert damit nicht nur den Austausch, sondern auch die Entwicklung neuen Wissens im Unternehmen.	Die Einflussnahme auf die Wissensprozesse erfolgt über die Gestaltung der expliziten und impliziten Rahmenbedingungen.

Im folgenden Kapitel werden zwei Fallstudien zur Intervention in wissensbasierte Interaktionen präsentiert. Dabei wurde die Umsetzung der hier konzipierten Interaktionsanalyse angestrebt.

7 Fallstudien zur Intervention in wissensbasierte Interaktion

In diesem Kapitel wird die *Intervention in wissensbasierte Interaktion* anhand zweier exemplarischer Fallstudien dargestellt. Dabei kommt die im letzten Kapitel vorgestellte Methodik der Interaktionsanalyse zur Anwendung. Die erste Studie wurde in einem Team der *Deutsche Bank AG* durchgeführt und zeigt die Prozesse der wissensbasierten Interaktion der Teammitglieder zu einem vorab definierten Themenfeld. Ziel dieser ersten Studie war, den Status quo der Prozesse zu visualisieren, darauf aufbauend Verbesserungsvorschläge zu diskutieren und konkrete Veränderungsmaßnahmen einzuleiten. Diese Untersuchung stellt eine explorative Vorstudie dar und gibt Aufschluss über die Einsatzfelder der Forschungsmethodik.

In einer zweiten Studie in einem Team des *Festo Lernzentrum Saar GmbH* wurde neben der Analyse des Status quo der wissensbasierten Interaktion auch die Wirkung der Veränderungen im Team untersucht, d.h. es wurde fünf Monate nach der ersten Erhebungsphase eine zweite Erhebung durchgeführt und die dabei eingetretenen Veränderungen analysiert. Abschließend wird die Eignung der Forschungsmethodik für die Analyse der wissensbasierten Interaktionen und somit die Organisation von Wissen in Unternehmen erörtert.

7.1 Fallstudie Deutsche Bank AG

Diese Studie zur wissensbasierten Interaktion wurde in der Deutsche Bank AG in Frankfurt am Main durchgeführt. Das Team, das hier untersucht wurde, bietet seine Dienstleistungen innerhalb des Konzerns an. Zum Zeitpunkt der Untersuchung befand sich das Team in der Übergangsphase vom Status eines befristeten Projekts zur unbefristeten Verankerung in der Konzernstruktur. Das Team bestand aus einem Teamleiter und fünf weiteren Mitarbeitern.

Die Studie wurde als Vorstudie konzipiert, ob und wie die im letzten Abschnitt dargestellte Methodik der Interaktionsanalyse zur Untersuchung der wissensbasierten Interaktion einsetzbar ist. Ziel der Studie ist, die der wissensbasierten Interaktion zugrunde liegenden kognitiven Strukturen in Form von kognitiven Karten zu visualisieren, diese im Team zu reflektieren und Verbesserungsmöglichkeiten zu definieren. Dadurch sollte eine Veränderung der wissensbasierten Interaktion bewirkt und die Prozesse der Wissenstransformation in Gang gesetzt werden.

Im Folgenden wird der Ablauf dieser Studie dargestellt. Nach der Festlegung des Themenfeldes, das gemeinsam mit dem Teamleiter in einem Vorgespräch erfolgte, bestand der erste Schritt der Analyse in der Ermittlung der wichtigsten Einflussfaktoren. Im Anschluss daran wird der Prozess der Erhebung der Kausalstrukturen der zuvor ermittelten Einflussfaktoren gezeigt und die Einschätzung des Teams präsentiert. Der dritte Schritt bestand darin, die Ergebnisse in Form von kognitiven Karten zu visualisieren und mit dem Team zu diskutieren. Abschließend wird ausgeführt, welche Maßnahmen das Team daraus ableitete und welche Impulse für die Prozesse der wissensbasierten Interaktion gesetzt werden konnten.

7.1.1 Ermittlung der zentralen Einflussfaktoren im gewählten Themenfeld

7.1.1.1 Themenstellung

Die Themenstellung für die Untersuchung der Wissenstransformation im Team wurde im Vorgespräch gemeinsam mit dem Teamleiter ausgewählt und lautete:

„Was ist der Mehrwert, den wir als Team den Unternehmensbereichen bieten?"

Dazu wurden folgende Zusatzfragen formuliert, um die Themenstellung zu präzisieren:

- Welche Leistungen werden derzeit vom Team angeboten?
- Welche Leistungen möchte das Team gerne anbieten?
- Sind die dafür erforderlichen Fähigkeiten vorhanden?

Anhand dieser Themenstellung wurde exemplarisch die wissensbasierte Interaktion im Team untersucht, welche Denkmuster bei den einzelnen Teammitgliedern und dem Team als Ganzes dazu vorhanden sind und wirksam werden. Dabei galt es zunächst, die zentralen Eckpfeiler zu ermitteln und darauf aufbauend zu eruieren, wie diese Elemente untereinander in Wechselwirkung stehen und von den einzelnen Teammitgliedern beeinflusst werden können.

7.1.1.2 Variablengenerierung

Zur Ermittlung der zentralen Einflussfaktoren wurde eine Kombination aus individueller Befragung und Gruppendiskussion gewählt. Im Rahmen eines Team-Workshops wurden zunächst die nach Meinung der einzelnen Teilnehmer wichtigsten Einflussfaktoren zum gewählten Themenfeld präsentiert und im Team zur Diskussion gestellt. Dabei sollten sich die Teilnehmer auf die fünf wichtigsten Faktoren beschränken und diese nach folgenden Kriterien auswählen:

- Bezug zur Themenstellung
- Handlungsrelevanz (beeinflusst das Handeln)
- Grad der individuellen Beeinflussbarkeit

In einer moderierten Gruppendiskussion wurden die Faktoren zu Clustern zusammengefasst, d.h. es wurden ähnliche Faktoren zu Konzept-Clustern gruppiert (siehe Abbildung 7.1).

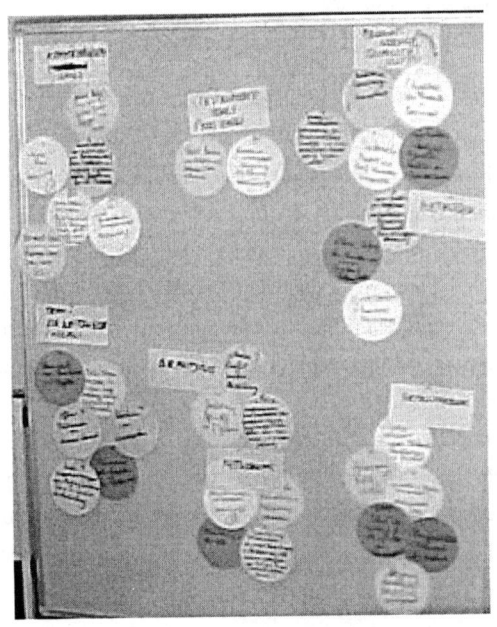

Abb. 7.1: Clusterbildung auf der Metaplanwand

Die Cluster bildeten die Grundlage für die Formulierung der Variablen. Wichtig dabei war die Diskussion im Team, wie im Team eine Einigung auf die Variablen erzielt werden konnte und dies begründet wurde. Dieser Prozess implizierte, dass die Personen die genannten Faktoren nochmals wiederholten und die dahinter liegenden Konzepte und Ansätze darlegten. Dabei wurden implizit zugrunde liegende kognitive Strukturen ausgetauscht und die gemeinsame Diskussionsgrundlage erweitert.

Ergebnis dieses Prozesses ist das folgende Variablen-Set (siehe Tabelle 7.1):

A. Vielfalt an Kompetenzen
B. Vorhandensein von Business-Know-how
C. Verfügbarkeit geeigneter Instrumente
D. Hohe Produkt-/Servicequalität
E. Standardisierung der Vorgehensweise (Guidelines) für individuelle Lösungen
F. Möglichkeit der Erfolgsmessung (ja/nein; verschiedene Alternativen)
G. Positionierung im Corporate Center (Corporate Strategy, Transferabilität)
H. Awareness der Brand
I. Effektivität des Networking
J. Hohes Maß an Knowledge Sharing und Support (Professionalität)

Tab. 7.1: Variablen-Set der ersten Studie

Die Variablen geben die wichtigsten Faktoren wieder, die auf die Themenstellung „Was ist der Mehrwert, den wir als Team den Unternehmensbereichen bieten?" nach Meinung der einzelnen Teammitglieder einwirken. Die Formulierung wurde auf das Team und die verwendeten Ausdrücke und Labels abgestimmt. Dies ist deshalb von Bedeutung, da die sprachliche Formulierung einen wesentlichen Einfluss auf die inhaltliche Assoziierung ausübt und die diesen Faktoren zugrunde liegenden Konzepte möglichst aussagekräftig wiedergegeben werden sollten. Die Variablen stellen die individuelle Sichtweise des Teams dar. Die Formulierungen sind daher für Außenstehende häufig schwierig zu verstehen. Dazu werden nachfolgend einige Erläuterungen zu den formulierten Variablen präsentiert. Dies sollte auch Einblicke in den Prozess der Formulierung von Variablen und die dahinterliegenden Konzepte gewähren.

7.1.1.3 Erläuterungen zu den Variablen

Die oben dargestellten Einflussfaktoren, das heißt die Variablen A-J wurden auf Grundlage der nachstehenden angeführten Cluster an individuellen Einschätzungen der zentralen Einflussfaktoren formuliert:

Kompetenzen/Skills, Business-Know-how

Darunter fielen folgende Nennungen:

- *buntes Team*
- *keine Seniors im Team*
- *verschiedene Backgrounds, Tools, Methoden*
- *Vermittlung zwischen Business und IT*
- *viele Nicht-Banker*
- *Business Know-how aus den Bereichen*

Dieser Cluster löste eine intensive Diskussion im Team über erforderliche Kompetenzen und die darauf aufbauenden Produkte und Leistungen aus. Es entstanden schließlich zwei Variablen. Einmal die Thematik der Kompetenzen verbunden mit dem Faktum „buntes Team", das in folgender Formulierung der Variable ausgedrückt wurde – **Vielfalt an Kompetenzen**. Zum anderen die Kompetenzthematik ausgerichtet auf das Angebot an Produkten und den damit nötigen Know-how über die einzelnen Geschäftsbereiche des Konzerns in folgender Variable formuliert – **Vorhandensein von Business-Know-how**.

Instrumente, Tools, Produktentwicklung

- *Best Practice im Hinblick auf Methoden/Tools erreichen*
- *theoretisch wissenschaftliche Fundierung des Themas*

Die Beherrschung des Handwerks und somit das Methodenwerkzeug schien dem Team wichtig, um ihre Aufgaben zu erfüllen. Daher wurde auch der Punkt Instrumente, Tools immer wieder diskutiert. Vor allem der Kunde würde Tools

nachfragen. Ein Konsens zur Variablenformulierung wurde dahingehend erzielt –
Verfügbarkeit geeigneter Instrumente.

Produkt-/Servicequalität (Output)

Dieser Punkt sollte die Kundensicht einbringen. Die Kunden verdienen ein hochwertiges Produkt, das sich aus folgenden Punkten zusammensetzt:

- *Qualität der Produkte & Services*
- *Qualität der Beratungskompetenz*
- *Professionalität, Schnelligkeit, Originalität, Qualität der Produkte/Services*
- *Schnelle Reaktion auf Kundenwünsche*
- *Strategie-Evaluation: Optimierung der Strukturen durch Außenseiter*

Es wurde schließlich folgende Variable dazu formuliert, die den Output der Leistungen des Teams wiedergeben sollte – **Hohe Produkt-/Servicequalität.**

Methodik

- *klare Guidelines für Vorgehen (Motivation der Teammitglieder, Teamerfolg)*
- *klaren Auftrag des Kunden definieren – Ursache für Probleme finden*
- *Einsetzbarkeit – Business Relevanz*

Der Vorteil in einer klar vordefinierten Vorgehensweise lag für die Teilnehmer darin, dass die Projektabwicklung vereinfacht und zudem die Kommunikation gegenüber dem Kunden auch im Vorfeld verbessert werden würde – **Standardisierung der Vorgehensweise (Guidelines) für individuelle Lösungen.**

Erfolgsmessung

- *Erfolgsmessung (eigene Stärken/Schwächen, Rechtfertigung)*
- *Verbesserung ROE bei den Kunden*
- *monetärer Return erwartet?*
- *USP: Wert der Leistung für die Bereiche erkennbar*

- *Transferabilität = Mehrwert für den Gesamtkonzern*
- *Steigerung Attraktivität der DB als Arbeitgeber*

Das Thema ‚Messung des Erfolgs der Projekte' war im Team sehr aktuell. Die Messbarkeit würde auch der Rechtfertigung der Projekte bzw. als Argumentation gegenüber dem Kunden dienlich sein. Dabei wurde jedoch die Tatsache betont, dass nicht alles messbar sei und trotzdem wertvoll sein könnte. Dem wurde einhellig zugestimmt und die Variable so formuliert – **Möglichkeit der Erfolgsmessung (ja/nein; verschiedene Alternativen)**.

Transferabilität und Attraktivität wurde dem nächsten Variablenpunkt beigefügt.

Branding, Networking

- *starkes Profil der Abteilung*
- *Kulturveränderung*
- *theoretische Realisierung Spin-off*

Wichtig war hier der Aspekt des Selbstverständnisses der Abteilung und dessen Wahrnehmung von außen, etwa Klarheit der Ziele, wofür würde diese Abteilung stehen, etc. Dies wurde in folgendem Punkt ausgedrückt. – **Awareness der Brand**.

Gleichzeitig sollte jedoch die Nähe zu den Unternehmensbereichen gewährleistet sein und dazu wurde eine zweite Variable formuliert – **Team-Positionierung im Corporate Center (Corporate Strategy, Transferabilität)**.

- *Das Akzeptanzproblem als Stabsstelle*
- *Exzellentes Networking*
- *Verankerung in den Geschäftsbereichen*
- *Fuß in die Tür - Zugang zu Mindsets der UB-Verantwortlichen*

Neben der Etablierung einer klaren Kommunikationslinie nach außen (abhängig auch vom Selbstverständnis innen) sollten die Aufgaben des Networking konzernintern wahrgenommen werden. Dies sollte damit zum Ausdruck kommen: – **Effektivität des Networking**.

Teamarbeitsweise

- *Teamwork von Basic Services und Projekten*
- *Max-Niveau internes Wissensmanagement (Projektdoku)*
- *Offene Diskussion von Lessons learned*
- *Vorleben von Konzepten*
- *interne Kooperation*
- *Transparenz individueller Kompetenz*

Die Vielfalt des Teams zeigte sich auch in relativ abgegrenzten Bereichen der einzelnen Teammitglieder. Die individuellen Fähigkeiten und Kompetenzen sollten zusammengeführt und damit Synergien erzielt werden. – **Hohes Maß an Knowledge Sharing und Support (Professionalität).**

7.1.2 Eruieren der Kausalstrukturen durch die Teammitglieder

Nach der Ermittlung der Variablen, ging es darum, diese aufgrund ihrer kausalen Beziehungen untereinander zu strukturieren und herauszufinden, welche Variablen ein hohes Wirkungspotenzial aufweisen. Dazu wurde die gegenseitige Beeinflussung der Variablen sowie die Einschätzung des persönlichen Einflusses der Teilnehmer auf die einzelnen Faktoren in einem Fragebogen abgefragt (siehe Abbildung 7.2).

Die Befragten sollten im ersten Schritt überlegen, ob jede einzelne Variable aufgetragen in den Zeilen (Ursache) einen direkten Einfluss auf die einzelnen Variablen A-J, aufgetragen in den Spalten (Wirkung) ausübt. Liegt eine Beeinflussung vor, wird eine „1" eingetragen, liegt eine starke Beeinflussung vor eine „2". Besteht keine Beeinflussung, dann wird eine 0 eingetragen. Im nächsten Schritt ist die Richtung der Beeinflussung (positiv/negativ) zu überlegen. Wenn eine inverse Beziehung vorliegt, d.h. eine Erhöhung der einen Variablen, eine Abnahme der anderen bewirkt, ist ein negatives Vorzeichen einzutragen.

Name: ─────────────

Fragebogen

Im Rahmen der Vorerhebung wurden folgende Variablen definiert:

- A. Vielfalt an Kompetenzen
- B. Vorhandensein von Business-Know-how
- C. Verfügbarkeit geeigneter Instrumente
- D. Hohe Produkt-/Servicequalität
- E. Standardisierung der Vorgehensweise (Guidelines) für individuelle Lösungen
- F. Möglichkeit der Erfolgsmessung (ja/nein; verschiedene Alternativen)
- G. Positionierung im Corporate Center (Corporate Strategy, Transferabilität)
- H. Awareness der Brand
- I. Effektivität des Networking
- J. Hohes Maß an Knowledge Sharing und Support (Professionalität)

Mein Einfluss auf A – J

Beeinflussung der einzelnen Variablen:

	A	B	C	D	E	F	G	H	I	J
A	▨									
B		▨								
C			▨							
D				▨						
E					▨					
F						▨				
G							▨			
H								▨		
I									▨	
J										▨
Einfluss										

Abb. 7.2: Fragebogen zur Ermittlung der Kausalstrukturen

Im Folgenden werden die Ergebnisse der Befragung gezeigt, wie die Teammitglieder die wechselseitige Beeinflussbarkeit der Variablen einschätzten und dies in den Matrizen mit den Variablen A-J inklusive des persönlichen Einflusses auf die einzelnen Variabeln wiedergaben. Es wurde eine Durchschnittsmatrix des Teams gebildet. Die Durchschnittsmatrix setzt sich aus der Summe der sechs Einzelmatrizen dividiert durch die Anzahl der Teilnehmer zusammen und stellt das durchschnittliche Bild des Teams dar (arithmetisches Mittel).

In der Summenspalte bzw. Summenzeile wurden die Werte jeder Reihe und jeder Spalte addiert. Der Rang gibt Auskunft über die Reihung der Variable in jeder Zeile und jeder Spalte gemäß ihrer Summenzahl. In der zweiten Matrix wurden die Variablen gemäß ihrer Reihung (nach den Summenwerten sortiert) dargestellt. Schließlich sind auch noch einmal die Bezeichnungen der einzelnen Variablen aufgelistet (siehe Abbildung 7.3).

Es ist hier beispielsweise ersichtlich, dass die Variable J, *Hohes Maß an Knowledge Sharing und Support*, jene ist, die die anderen am meisten beeinflusst und somit den höchsten Aktivwert (Summe aller Beeinflussungen) aufweist. Während Variable D, *Hohe Produkt-/Servicequalität*, mit dem höchsten Passivwert (Summe der beeinflussten Werte) als Ziel aus diesem Wirkungsgefüge hervorgeht.

Beurteilung: **Team im Durchschnitt** Anzahl 6

	A	B	C	D	E	F	G	H	I	J	Summe	Rang
A	0	1,17	1,17	1,5	0	0,5	0,83	1,33	1,17	1	8,7	11
B	0,67	0	1,67	1,83	1	1,17	1,17	0,83	1,5	1	10,8	2
C	0,17	0	0	2	1,17	1,33	1	1,33	0,33	0,5	7,8	6
D	0,17	0,5	0,17	0	0,5	0,33	1,67	2	1,33	0,5	7,2	9
E	0	0,5	0,67	1,67	0	1,5	1,33	1	0,33	1,17	8,2	5
F	0,17	0,17	1	1,83	0,83	0	1,67	1	0,67	0	7,3	8
G	0,5	0,5	0,5	0,67	0,17	0,17	0	1,67	1,33	0,67	6,2	10
H	1	1	0,5	0,83	0,17	0,17	2	0	1,83	0,17	7,7	7
I	1,17	1,33	1	1	0,33	0,33	1,33	1,83	0	0,5	8,8	3
J	1,33	1,67	1,33	1,83	1,5	0,17	1,17	0,83	1,17	0	11,0	1
Einfluss	1,5	1	1,33	1,83	1,67	1	1,17	1,5	1,33	2		
Summe	5,17	6,83	8	13,2	5,67	5,67	12,2	11,8	9,67	5,5		
Rang	10	6	5	1	7	7	2	3	4	8		

	D	G	H	I	C	B	E	F	J	A	Summe	Rang
J	1,83	1,17	0,83	1,17	1,33	1,67	1,5	0,17	0	1,33	11,0	1
B	1,83	1,17	0,83	1,5	1,67	0	1	1,17	1	0,67	10,8	2
I	1	1,33	1,83	0	1	1,33	0,33	0,33	0,5	1,17	8,8	3
A	1,5	0,83	1,33	1,17	1,17	1,17	0	0,5	1	0	8,7	4
E	1,67	1,33	1	0,33	0,67	0,5	0	1,5	1,17	0	8,2	5
C	2	1	1,33	0,33	0	0	1,17	1,33	0,5	0,17	7,8	6
H	0,83	2	0	1,83	0,5	1	0,17	0,17	0,17	1	7,7	7
F	1,83	1,67	1	0,67	1	0,17	0,83	0	0	0,17	7,3	8
D	0	1,67	2	1,33	0,17	0,5	0,5	0,33	0,5	0,17	7,2	9
G	0,67	0	1,67	1,33	0,5	0,5	0,17	0,17	0,67	0,5	6,2	10
Summe	13,2	12,2	11,8	9,67	8	6,83	5,67	5,67	5,5	5,17		
Rang	1	2	3	4	5	6	7	7	8	9		

A Vielfalt an Kompetenzen
B Vorhandensein von Business-Know-how
C Verfügbarkeit geeigneter Instrumente
D Hohe Produkt-/Servicequalität
E Standardisierung der Vorgehensweise (Guidelines) für individuelle Lösungen
F Möglichkeit der Erfolgsmessung (ja/nein; verschiedene Alternativen)
G Positionierung im Corporate Center (Corporate Strategy, Transferabilität)
H Awareness der Brand
I Effektivität des Networking
J Hohes Maß an Knowledge Sharing und Support (Professionalität)
Mein Einfluss auf A – J

Abb. 7.3: Einschätzung des Teams im Durchschnitt

	A	B	C	D	E	F	G	H	I	J
A	0	0,35	0,83	0,46	0,76	0,71	0,35	0,44	0,35	0,93
B	0,69	0	0,69	0,35	0,53	0,64	0,64	0,64	0,46	0,53
C	0,35	0	0	0	0,64	0,69	0,76	0,69	0,44	0,71
D	0,35	0,46	0,35	0	0,46	0,44	0,69	0	0,69	0,71
E	0	0,46	0,44	0,44	0	0,46	0,44	0,53	0,69	0,64
F	0,35	0,35	0,76	0,35	0,64	0	0,44	0,76	0,69	0
G	0,71	0,46	0,71	0,69	0,35	0,35	0	0,44	0,69	0,69
H	0,93	0,76	0,71	0,83	0,35	0,35	0	0	0,35	0,35
I	0,83	0,69	0,76	0,76	0,44	0,44	0,69	0,35	0	0,71
J	0,87	0,44	0,69	0,35	0,46	0,35	0,64	0,83	0,64	0
Einfluss	0,71	0,76	0,44	0,35	0,44	0,53	0,35	0,46	0,69	0

Abb. 7.4: Standardabweichungen zur Einschätzung des Teams im Durchschnitt

Die Darstellung der Standardabweichung in Abbildung 7.4 gibt Aufschluss über die Streuung der einzelnen Einschätzungen der Teammitglieder um den Durchschnittswert. Eine detaillierte Aufgliederung dazu folgt im nächsten Abschnitt

Die Ergebnisse der Befragung sind noch deutlicher in einer grafischen Aufbereitung der Matrix ersichtlich, siehe Abbildung 7.5.

Zunächst wird die Positionierung der einzelnen Variablen im Aktiv-/Passivfeld gezeigt, wobei auf der Abszisse die Aktivwerte (Summe der beeinflussenden Werte jeder einzelnen Variable) und auf der Ordinate die Passivwerte (Summe der Werte, durch die jede einzelne Variable beeinflusst wird) aufgetragen sind.

In der zweiten Graphik wird diese zweidimensionale Positionierung um eine weitere Dimension erweitert, jener der individuellen Beeinflussbarkeit, symbolisiert durch die Größe der dargestellten Blasen. Zudem ist die Skalierung relativ, das heißt der Mittelpunkt des 4-Felder-Rasters stellt den Mittelwert der jeweiligen maximalen und minimalen Aktiv- und Passivwerte dar. Diese zweite Darstellung dient der Klassifikation der einzelnen Faktoren in Bezug auf deren Wirkungsgrad. Zum Beispiel können *prioritäre Ansatzpunkte* (hoher Wirkungsgrad) bei großen Blasen im rechten unteren Feld identifiziert werden, da diese Faktoren aufgrund ihres hohen Aktivwertes über eine hohe Beeinflussungskomponente verfügen (Ursachen) und zudem von den einzelnen Teammitgliedern als stark beeinflussbar eingeschätzt werden. Faktoren, die in den beiden oberen Feldern positioniert sind, werden als Ziele oder Wirkungen wahrgenommen, da hier hohe Werte der Beeinflussung durch die anderen Faktoren vorliegen.

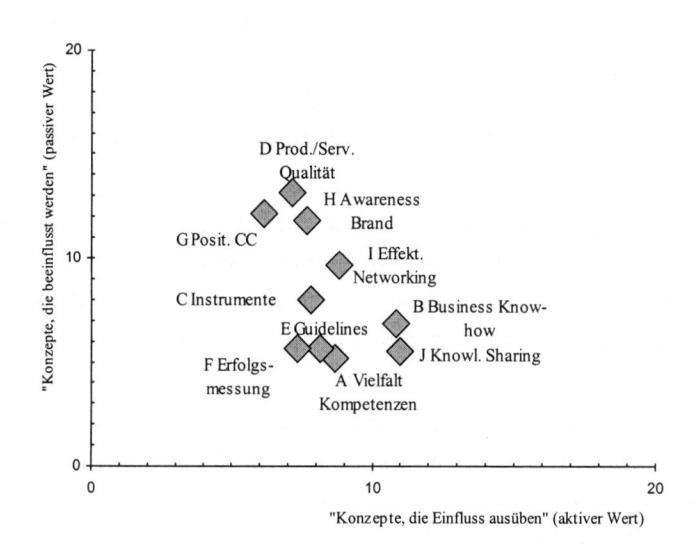

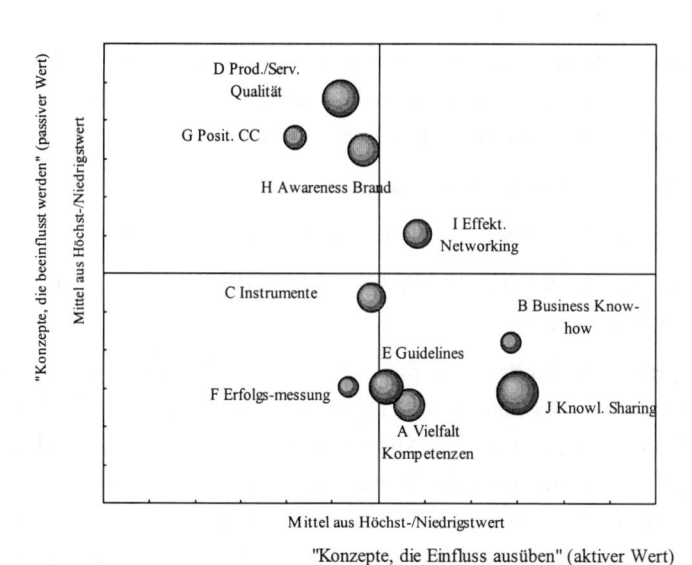

Abb. 7.5: Positionierung der Variablen

7.1.3 Visualisierung und Reflexion

Die Einschätzungen der einzelnen Teammitglieder und die daraus abgeleitete Beurteilung des Teams im Durchschnitt bilden die Grundlage für eine Reihe von möglichen Darstellungen. Zusätzlich zur Visualisierung der Positionierung der Variablen im Aktiv-Passiv-Feld bzw. in der 4-Felder-Matrix ist es möglich, einzelne Aspekte herauszugreifen und genauer zu betrachten. Dazu werden nachfolgend einige Beispiele gezeigt.

Es soll an dieser Stelle nochmals wiederholt werden, dass es sich bei diesen Visualisierungen um Momentaufnahmen von kognitiven Strukturen handelt, bei denen es nicht darum geht, ein exaktes Abbild zu schaffen, sondern es sollte ein Bild generiert werden, dass den Beteiligten einen Spiegel vorhält und sie zum Nachdenken und Reflektieren anregt.

Bei der näheren Betrachtung der Positionierungen der einzelnen Variablen durch das Team im Durchschnitt ist sicherlich interessant, wie sich die einzelnen Punkte aus den Einzelbeurteilungen zusammensetzen. Nachfolgend werden daher ergänzende Darstellungen zur Streuung der Beurteilungen der einzelnen Teammitglieder präsentiert und grafisch aufbereitet.

Aus Gründen der Übersichtlichkeit wird nach Aktiv- und Passivwerten differenziert, d.h. die in den vorangegangenen Graphiken dargestellten Faktoren im Aktiv-/Passivfeld werden nun aufgeteilt und jeweils eine Graphik

(1) für die *beeinflussenden* Aktiv- und

(2) eine für die Passivwerte, wie die Variabeln *beeinflusst* werden,

präsentiert. Es werden zunächst die Ergebnisse der Aktiv- und im Anschluss daran jene der Passivwerte gezeigt.

Als erstes werden die Spannweiten der Verteilung des Variablen-Sets abgebildet (Höchst, Tief und Durchschnittswerte). Dabei zeigt sich, wie breit die Werte der einzelnen Teammitglieder um den Mittelwert gestreut sind. Dies wird in der dazugehörigen zweiten Abbildung der Beurteilung der einzelnen Teammitglieder noch stärker verdeutlicht. Die Darstellung der Konzeptvariablen erfolgt gereiht nach ihren Aktiv- bzw. Passivwerten (Rang 1-10), erstgereihte sind jene Variablen/Faktoren mit den jeweils höchsten Summenwerten.

7.1.3.1 Verteilung der Aktivwerte im Team

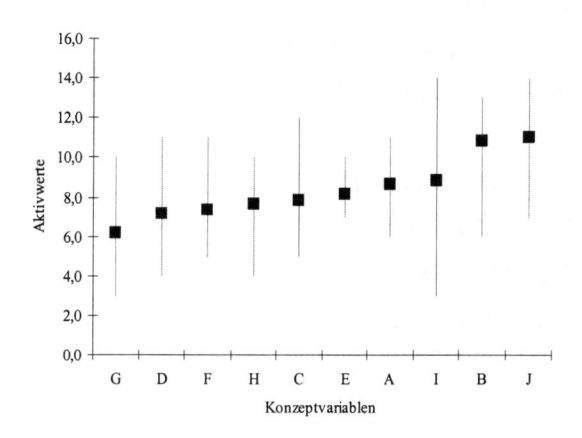

Abb. 7.6: Spannweiten der Aktivwerte im Team (sortiert nach Rängen)

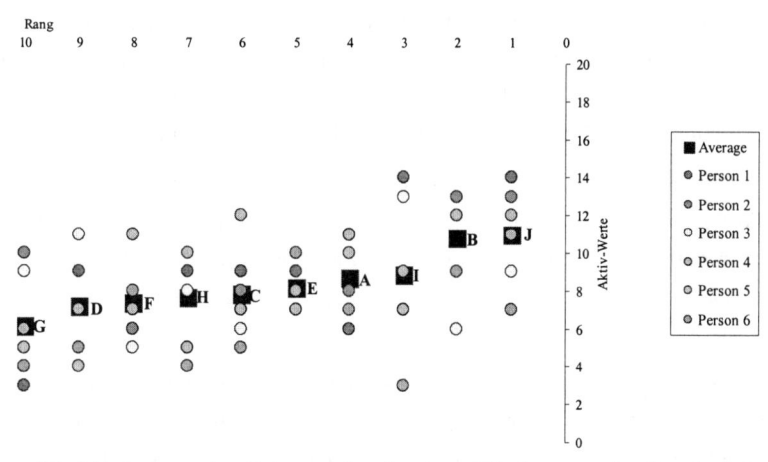

Abb. 7.7: Streuung der Aktivwerte der einzelnen Teilnehmer um den Durchschnitt

J	2,4
I	3,8
H	2,4
G	2,5
F	1,9
E	1,1
D	2,3
C	2,3
B	2,5
A	1,8

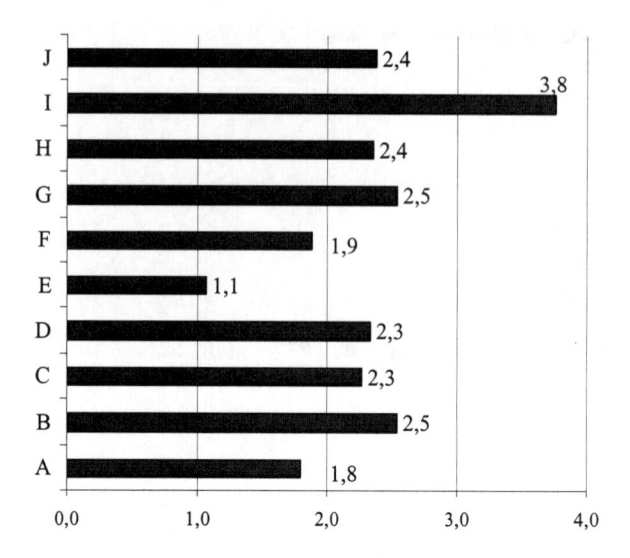

Abb. 7.8: Darstellung der Standardabweichungen der Aktivwerte

Die Verteilung der Variablen nach Einschätzung der einzelnen Teammitglieder sind in Abbildung 7.6 und Abbildung 7.7 klar ersichtlich. Dabei sind Unterschiede bei den einzelnen Variablen zu sehen. Dies kommt in der Darstellung der Standardabweichungen (siehe Abbildung 7.8) nochmals deutlich zum Ausdruck. Dabei ist die Aufteilung in drei gleich große Bereiche folgendermaßen zu interpretieren:

Das erste Drittel mit relativ niedriger Standardabweichung gibt jene Faktoren wieder, über die relativ hohe Einigkeit im Team hinsichtlich der Positionierung Aktivwert besteht. Im vorliegenden Fall besteht im Team Einigkeit Variable E, *Standardisierung der Vorgehensweise (Guidelines),* für individuelle Lösungen, mit einem mittleren Einfluss zu positionieren.

Im Gegensatz dazu ist das Bild über Variable I, *Effektivität des Networking,* hinsichtlich dessen Aktivwert relativ differenziert. Missverständnisse in der Beurteilung ausgenommen gilt, dass Einflussfaktoren mit relativ hoher Einigkeit (Standardabweichung gering) jene Faktoren sind, bei denen Maßnahmen im Team einhellig verfolgt werden können. Im Gegensatz dazu sagt eine hohe Streuung der einzelnen Werte (hohe Standardabweichung) aus, dass zunächst die Klärung der unterschiedlichen Einschätzungen zu priorisieren ist. Denn die Teammitglieder sind sich nicht einig über deren Einfluss auf die anderen Faktoren. Hier ist unbedingt

Diskussionsbedarf im Team gegeben. Im Folgenden werden die Variablen mit hoher Homogenität und hoher Heterogenität und deren Streuung im Aktiv-/Passivfeld gezeigt.

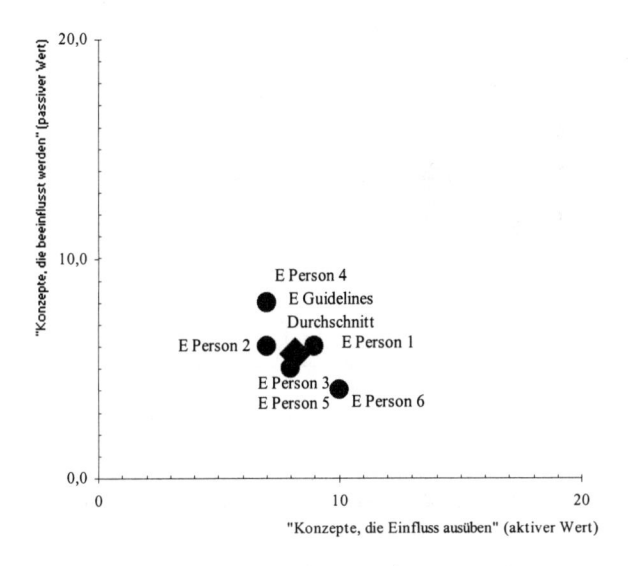

Abb. 7.9: Variable mit homogenen Aktivwerten im Team

Die Karte in Abbildung 7.9 soll nun nochmals den Einflussfaktor mit der höchsten Homogenität hinsichtlich des Aktivwerts im Team im bereits zu Beginn verwendeten Aktiv-/Passivfeld verdeutlichen. Die Positionierung der einzelnen Teammitglieder ist relativ dicht um den Mittelwert verteilt. Es besteht relativ hohe Einigkeit im Team darüber, dass E, *Standardisierung der Vorgehensweise (Guidelines),* ein Faktor ist, der die anderen Faktoren vornehmlich beeinflusst, wobei dieser Einfluss jedoch nicht allzu hoch eingeschätzt wird.

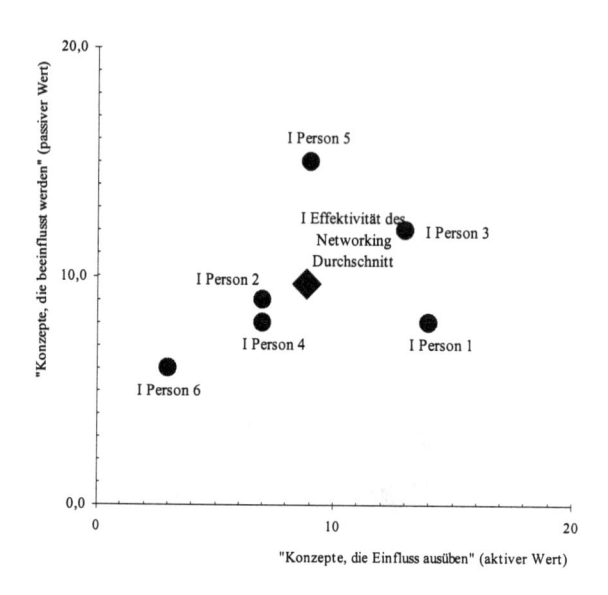

Abb. 7.10: Variable mit heterogenen Aktivwerten im Team

Die Darstellung in Abbildung 7.10 gibt die Verteilung der einzelnen Einschätzungen hinsichtlich des Aktivwerts des Einflussfaktors I, *Effektivität des Networking*, im Aktiv-/ Passivfeld wieder. Die Punkte sind relativ heterogen verstreut. Die Teammitglieder sind sich nicht einig darüber, ob dieser Faktor einen hohen Einfluss auf die anderen Faktoren ausübt oder nicht. Bevor in diesem Bereich Maßnahmen gesetzt werden, wäre es wichtig, Klarheit über die zugrunde liegenden unterschiedlichen Erklärungsmuster und somit der Wirkungsweise der Variable im Team zu schaffen, um eine einheitliche Linie verfolgen zu können. Die den Wissensprozessen zugrunde liegenden Bedeutungsstrukturen sind sehr unterschiedlich bei den einzelnen Teammitgliedern. Dies behindert wiederum den Wissensaustausch.

Im Folgenden wird die Verteilung der individuellen Einschätzungen der Variablen hinsichtlich der Passivwerte dargestellt.

7.1.3.2 Verteilung der Passivwerte im Team

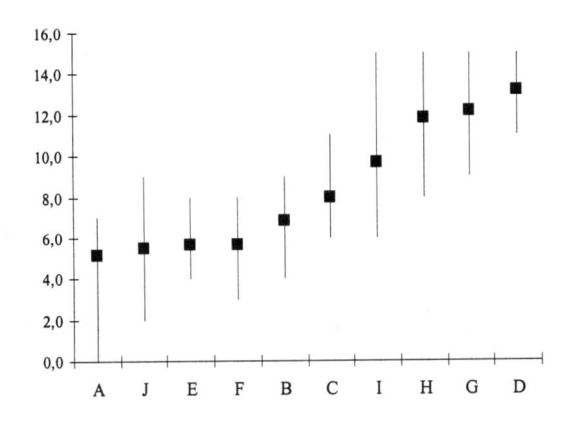

Abb. 7.11: Spannweiten der Passivwerte im Team (sortiert nach Rängen)

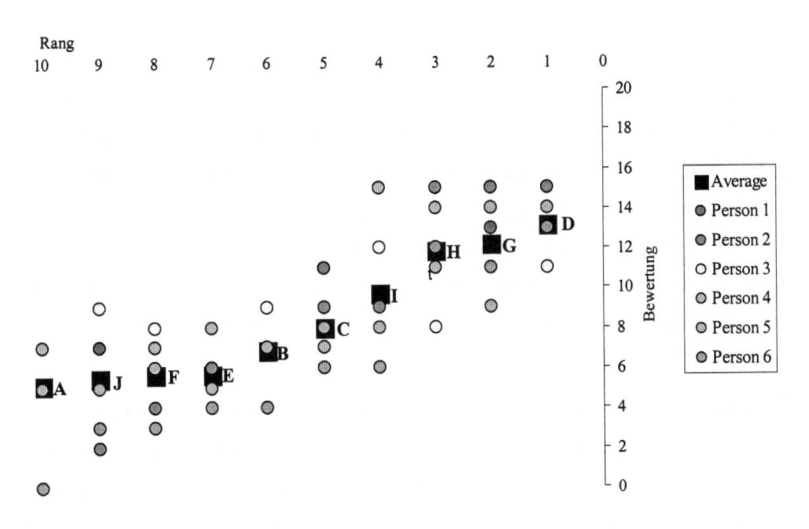

Abb. 7.12: Streuung der Passivwerte der Teilnehmer um den Durchschnitt

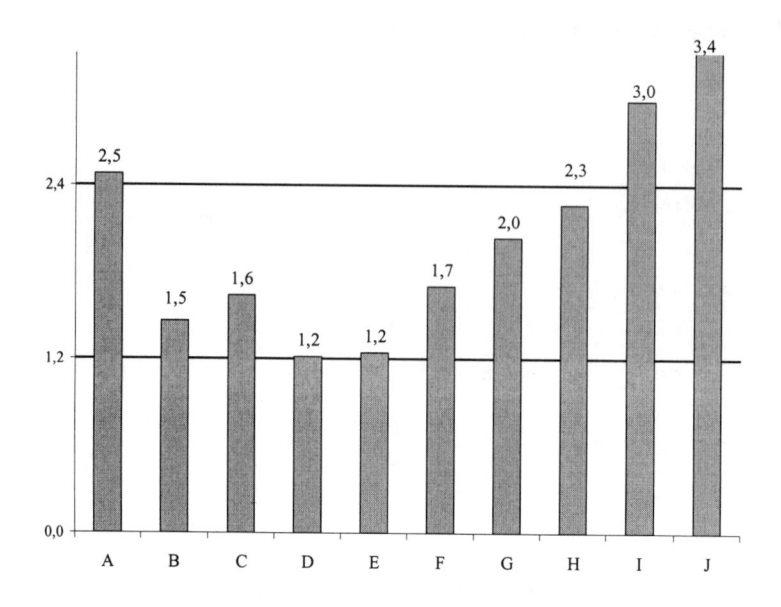

Abb. 7.13: Darstellung der Standardabweichungen der Passivwerte

Die Spannweiten der Einschätzung der einzelnen Teammitglieder hinsichtlich der Passivwerte und deren Verteilung um den Durchschnittswert wird in Abbildung 7.11 und Abbildung 7.12 gezeigt. Die in Abbildung 7.13 dargestellten Säulen geben die Standardabweichung der individuellen Einschätzungen wieder. Auch hier wurde wieder die Verteilung in drei Drittel unterteilt. Das untere Drittel mit den relativ niedrigen Abweichungen bei den Konzeptvariablen D, *Hohe Produkt-/Servicequalität*, und E, *Standardisierung der Vorgehensweise (Guidelines)*, für individuelle Lösungen. Hier besteht weitgehend Einigkeit im Team über die Einschätzung hinsichtlich der Passivwerte.

Im Gegensatz dazu die Faktoren, I, *Effektivität des Networking*, und J, *Hohes Maß an Knowledge Sharing und Support (Professionalität)*, die relativ hohe Abweichungen in der Einschätzung der Passivwerte aufweisen. Das Team ist sich hier nicht einig darüber, wo Variable I und J hinsichtlich ihres Passivwertes positioniert werden sollen.

Auch hier gilt, dass, bevor Maßnahmen im Bereich der Faktoren mit hoher Abweichung ergriffen werden, im Team Klarheit über die Beeinflussbarkeit geschaffen werden sollte. Ansonsten ist der Zielhorizont zu breit definiert, um eine klare Linie verfolgen zu können.

Im Folgenden werden die Variablen mit hoher Homogenität und hoher Heterogenität und deren Verteilung im Aktiv-/Passivfeld gezeigt.

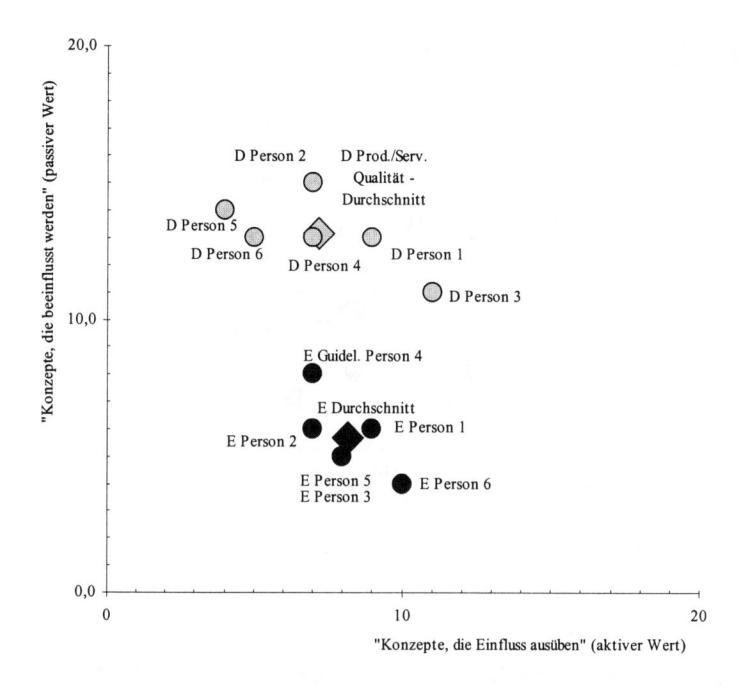

Abb. 7.14: Variablen mit homogenen Passivwerten im Team

Im Aktiv-/Passivraster in Abbildung 7.14 werden die Einflussfaktoren mit relativ hoher Homogenität im Team hinsichtlich der Passivwerte gezeigt: D, *Hohe Produkt-/ Servicequalität,* und E, *Standardisierung der Vorgehensweise (Guidelines) für individuelle Lösungen.* Die Punkte der einzelnen Teammitglieder sind relativ dicht um den Mittelwert gestreut. Das Team meint einhellig, dass D, *Hohe Produkt-/ Servicequalität,* von den anderen Faktoren beeinflusst wird und somit als Ziel anzusehen ist. Es besteht auch Einigkeit darüber, dass E, *Standardisierung der Vorgehensweise (Guidelines),* mit relativ niedrigen Passivwerten beurteilt wird und folglich weniger beeinflusst wird.

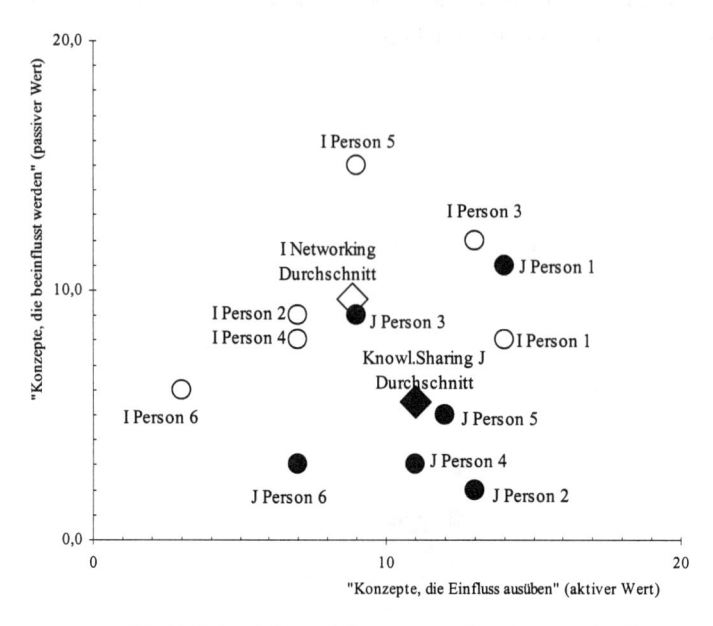

Abb. 7.15: Variablen mit heterogenen Passivwerten im Team

Die Einflussfaktoren I, *Effektivität des Networking,* und J, *Hohes Maß an Knowledge Sharing und Support (Professionalität),* werden hinsichtlich ihrer Einschätzung als beeinflusste Variable relativ unterschiedlich beurteilt im Team (siehe Abbildung 7.15). Das Bild gibt eine relativ weitläufige Streuung wieder. Hier ist ein Bedarf an Klärung gegeben. Man ist sich nicht einig darüber, ob I, *Effektivität des Networking* und J, *Hohes Maß an Knowledge Sharing und Support (Professionalität),* von den anderen Faktoren beeinflusst werden und somit Ziele im Team darstellen oder nicht.

7.1.4 Resümee

In diesem Projekt wurden die Prozesse der Wissenstransformation im Team exemplarisch anhand eines ausgewählten Themenfeldes untersucht. Es wurden die zentralen Einflussfaktoren ermittelt und deren wechselseitige Beeinflussung eruiert. Es galt, die gegenwärtigen Wissensprozesse zu visualisieren, bewusst zu machen und im

Team zu diskutieren. Die Kenntnis des Status quo ist Voraussetzung für die Einführung von Veränderungsmaßnahmen.

Die Darstellung der Einschätzungen der Einflussfaktoren im Aktiv-/Passivraster zeigte das Grundmuster des Wirkungsgefüges im Team. Die Visualisierung in grafischer Form diente der raschen Identifikation von Ansatzpunkten mit hohem Wirkungsgrad. Die Information über die Verteilung der individuellen Beurteilungen jedes einzelnen Faktors im Vergleich zum Team als gesamtes gab zusätzlich Aufschluss über Einhelligkeit der Einschätzungen. Lagen die Einschätzungen weit auseinander, war Diskussionsbedarf gegeben bevor eine klare Linie in der Verfolgung der gesetzten Maßnahmen erwartet werden konnte. Sorgfältige Aufarbeitung und Interpretation der ausgewerteten Ergebnisse ermöglichten eine Erweiterung der Wissensbasis der im gewählten Themenfeld agierenden Personen.

Zusammenfassend ließen sich aus dieser Untersuchung folgende Empfehlungen für das Team ableiten:

- Ansetzen von Maßnahmen an den Variablen, die als Einflussfaktoren mit dem größten Wirkungspotenzial identifiziert wurden und über die im Team hohe Einigkeit über deren Positionierung bestand. Die Faktoren *E, Standardisierung der Vorgehensweise (Guidelines) für individuelle Lösungen,* und *A, Vielfalt an Kompetenzen,* wiesen relativ hohe Werte in Bezug auf die Beeinflussung der anderen Faktoren auf und wurden vom Team relativ homogen beurteilt. Das heißt, es bestand im Team grundsätzlich Einigkeit darüber, dass diese beiden Faktoren Einfluss ausüben und somit relativ rasch die Wirkung zeigen würden. Denn aufgrund der Homogenität werden die Maßnahmen von den einzelnen Teammitgliedern einhellig verfolgt und weisen daher einen hohen Wirkungsgrad auf.

- Klärung der Standpunkte der Teammitglieder bei den Einflussfaktoren, die zwar ein großes Wirkungspotenzial, aber eine hohe Heterogenität in der Verteilung aufwiesen. Die Faktoren *B, Vorhandensein von Business-Know-how,* und *J, Hohes Maß an Knowledge Sharing und Support (Professionalität),* wurden in Bezug auf deren Positionierung als Treiber identifiziert. Diese Positionierungen wiesen jedoch eine breite Streuung innerhalb des Teams auf. Es besteht daher die Gefahr, dass Maßnahmen aufgrund der unterschiedlichen Auffassungen über die Wirkungsweise dieser Faktoren im Team verpuffen. Es bedarf daher einer vorherigen Klärung und Abstimmung der vorhandenen Mindsets.

- Klärung der Faktoren mit hoher Heterogenität in der Positionierung innerhalb des Teams. Die Variablen *I, Effektivität des Networking,* und wiederum *J, Hohes Maß an Knowledge Sharing und Support (Professionalität),* wiesen sehr hohe Streuungen in Bezug auf die Positionierung im Wirkungsgefüge auf. Diese Punkte sollten im Team thematisiert und ergründet werden. Allfällige Maßnahmen zur Einstellungsänderung der Teammitglieder sollten vorbereitet und eingeleitet werden.

In den genannten Punkten wurden die zentralen Ergebnisse der Analyse zusammengefasst. Jeder dieser Punkte bedarf der Formulierung von Einzelmaßnahmen und einer konsequenten Bearbeitung im Team, um die erwünschte Änderung herbeizuführen. Dazu wurden bereits einige Ansatzpunkte in den beiden Workshops diskutiert. Es wurde ein Maßnahmenkatalog erstellt, in dem die ausführende Tätigkeit, die Verantwortlichkeit und der Zeitpunkt der Erledigung formuliert wurden.

Es kann daher festgehalten werden, dass die Methodik zur Untersuchung der wissensbasierten Interaktion in folgenden Punkten erfolgreich war:

(1) In der Visualisierung vorhandener wichtiger Einflussfaktoren in Bezug auf die Prozesse der Wissenstransformation und die zugrunde liegenden kognitiven Konzepte und

(2) in der Anregung der Reflexion und Diskussion im Team und die Formulierung daraus abgeleiteter Maßnahmen für eine Verbesserung der Wissenstransformation.

Die Vorstudie zeigte, dass die den Wissensprozessen zugrunde liegenden Faktoren und die damit verbundenen Konzepte in Form von kognitiven Karten analysiert werden können. Die Analyse stellte eine Intervention in die gegenwärtigen Prozesse dar und bewirkte daher eine Veränderung des Bestehenden.

Die durch die Intervention der Analyse hervorgerufenen Veränderungen konnten allerdings nicht analysiert werden, denn das untersuchte Team stand in dieser Konstellation nicht mehr zur Verfügung. Es bestand daher die Notwendigkeit eine zweite Studie durchzuführen, die im Folgenden dargestellt wird.

7.2 Fallstudie Festo Lernzentrum Saar GmbH

Die Studie wurde im Festo Lernzentrum Saar GmbH, St. Ingbert/Rohrbach, durchgeführt. Das Unternehmen ist Teil der Festo AG, Esslingen/Stuttgart, führend auf dem Gebiet der Automatisierungstechnik und Elektrowerkzeuge und ein Unternehmen, das auf eine lange Tradition und viel Engagement in der Entwicklung zur Lernenden Organisation verweisen kann. Das Festo Lernzentrum bietet Aus- und Weiterbildung sowohl für Mitarbeiter der Festo-Gruppe als auch für externe Unternehmen und Institutionen an. Ein Schwerpunkt dabei ist die Beratertätigkeit im Bereich der Organisationsentwicklung. Die Studie wurde im Berater-Team innerhalb des Festo Lernzentrums Saar durchgeführt. Das Team umfasste neben dem Teamleiter vier weitere Mitarbeiter.

Im Folgenden wird der Ablauf dieser Studie gezeigt. Es wird die Ermittlung der wichtigsten Einflussfaktoren im gewählten Themenfeld dargelegt und untersucht wie die einzelnen Teammitglieder das Wirkungsgefüge zwischen diesen Faktoren einschätzen. Darüber hinaus wird in dieser Studie gezeigt, wie sich diese Kausalstrukturen innerhalb des Teams veränderten. Dazu wurde die Studie fünf Monate nach der ersten Erhebung wiederholt und die daraus resultierenden kognitiven Karten mit denen der ersten Erhebung verglichen.

7.2.1 Ermittlung der zentralen Einflussfaktoren im gewählten Themenfeld

Im Vorfeld wurde folgendes Themenfeld für die Untersuchung der wissensbasierten Interaktion gemeinsam mit dem Team festgelegt:

„Wissensaustausch innerhalb des Berater-Teams"

Dazu wurden mit den einzelnen Teammitgliedern Gespräche in Form von Leitfaden-Interviews geführt. Das persönliche Gespräch bot die Möglichkeit offen über die Thematik zu sprechen. Ein Interviewleitfaden (siehe Abbildung 7.16) diente als Grundlage für die Durchführung der Gespräche.

Gesprächsleitfaden

„Wissensaustausch innerhalb des B-Teams"

1. **Einführung**
   zum Projekt
   zur Person (Ausbildung, FLZ)

2. **Wissensmanagement und Begriffe**
   Wissen (Zugang)
   FLZ
   B-Team

3. **Wissensaustausch** (Wissen, Medium)
   Eckpfeiler
   institutionalisierte Prozesse
   technische Infrastruktur
   Anreizsysteme

4. **Überleitung Team**
   Schilderung herausragender Erlebnisse
   bisherige Lösungsansätze

5. **Vergangene Problemstellungen**
   gelungen vs. nicht gelungen
   Wissensströme – Vorschläge für Verbesserungen

6. **Bild Ihrer selbst und Kollegen**
   Kompetenzen, Anlaufstellen
   Teamprozesse
   Rollenbild (formell/informell)

7. **Sonstige Verbesserungsvorschläge**
   FLZ
   Festo AG

Abb. 7.16: Interviewleitfaden Einzelgespräche

Einleitend wurden das Ziel und die Methodik der Untersuchung vorgestellt. Dann sollten die Befragten schildern, inwieweit sie bisher mit dem Thema Wissensmanagement konfrontiert wurden und wie ihrer Meinung nach das Zusammenwirken einzelner Faktoren gesehen wird. Es wurde über den Wissensbegriff und den Umgang mit Wissen im Team bzw. im Unternehmen gesprochen. Die Interviewpartner wurden nach den Eckpfeilern des Wissensmanagements in ihrem Bereich befragt und sollten die ihrer Meinung nach kritischen Prozesse schildern. Dabei wurden sie auch zu den institutionalisierten Prozessen befragt, zum Beispiel regelmäßige Meetings etc. Es wurde darüber gesprochen, welche Medien für den Wissenstransfer eingesetzt werden und die technologische Infrastruktur diskutiert. Die Befragten wurden gebeten, Vorfälle aus vergangenen Projekten anzuführen, die entweder als guter und gelungener Wissensaustausch gelten. Im Zuge der Aufzählung dieser Beispiele wurde auch nach Verbesserungsmöglichkeiten und konkreten Vorschlägen für das künftige Wissensmanagement gefragt.

Die Gespräche wurden mit Einverständnis der Befragten aufgezeichnet, transkribiert und interpretiert. Darauf aufbauend wurden die Variablen definiert, die sich in den Gesprächen als Eckpfeiler für das Wissensmanagement innerhalb des Berater-Teams herauskristallisierten (siehe Tabelle 7.2).

A. Qualität des derzeit durchgeführten Coaching

B. Hoher Reifegrad der Persönlichkeit des einzelnen Beraters

C. Ausmaß der Expansion des Teams (Aufnahme neuer Mitarbeiter)

D. Qualität der „Selbst"-Analyse (Reflexion) vergangener Projekte

E. Effizienz institutionalisierter Treffen

F. Qualität der FLZ-Lernumgebung

G. Vorhandensein von (fachlich) unterschiedlichen Wissensfeldern

H. Erfolgreiche Kommunikation von Wissen über Methoden, Prozesse etc.

I. Qualität der Projektarbeit/-erfolg

J. Effektivität eines spontanen Wissens- bzw. Erfahrungsaustausches im Team

K. Qualität der Dokumentation laufender/abgeschlossener Projekte und deren Abläufe

L. Ausmaß an Entwicklung neuer Produkte/Geschäftsfelder

Tab. 7.2: Variablen-Set der zweiten Studie

7.2.2 Eruieren der Kausalstrukturen durch die Teammitglieder

Nach der Ermittlung der Variablen wurde der Prozess, so wie er bereits bei der ersten Studie im Team der Deutsche Bank AG dargelegt wurde, durchlaufen. Zur Analyse des Zusammenwirkens der einzelnen Variablen wurden die Teilnehmer ersucht, die kausalen Beziehungen in einer Matrix ihrer Einschätzung zufolge darzulegen (siehe Abbildung 7.17).

Es sollte mit dem Eintrag von „1" das Vorhandensein einer Beeinflussung bzw. mit „2" eine starke Beeinflussung und mit „0" keine Beeinflussung signalisiert werden. Die Richtung der Beeinflussung wird durch das Vorzeichen gekennzeichnet. Wenn ein Ansteigen einer Variable eine Abnahme bei der anderen Variable bewirkt, dann liegt eine inverse Beziehung vor, die durch ein Minus vor der Ziffer symbolisiert wird.

Name: ─────────────

Fragebogen zu „Wissensaustausch im B-Team"

A. Qualität des derzeit durchgeführten Coaching
B. Hoher Reifegrad der Persönlichkeit des einzelnen Beraters
C. Ausmaß der Expansion des Teams (Aufnahme neuer Mitarbeiter)
D. Qualität der „Selbst"-Analyse (Reflexion) vergangener Projekte
E. Effizienz institutionalisierter Treffen
F. Qualität der FLZ-Lernumgebung
G. Vorhandensein von (fachlich) unterschiedlichen Wissensfeldern
H. Erfolgreiche Kommunikation von Wissen über Methoden, Prozesse etc.
I. Qualität der Projektarbeit/-erfolg
J. Effektivität eines spontanen Wissens- bzw. Erfahrungsaustausches im Team
K. Qualität der Dokumentation laufender/abgeschlossener Projekte und deren Abläufe
L. Ausmaß an Entwicklung neuer Produkte/Geschäftsfelder
Mein Einfluss auf A – L

	A	B	C	D	E	F	G	H	I	J	K	L
A	▓											
B		▓										
C			▓									
D				▓								
E					▓							
F						▓						
G							▓					
H								▓				
I									▓			
J										▓		
K											▓	
L												▓
Einfluss												

Abb. 7.17: Fragebogen zur Ermittlung der Kausalstrukturen

Im Folgenden werden die Ergebnisse der Befragung zu „Wissensaustausch im B-Team" dargestellt. Es wird gezeigt, wie die Befragten die wechselseitige Beeinflussbarkeit der Variablen einschätzten. Es wurde wiederum eine Durchschnittsmatrix des Teams gebildet. Die Durchschnittsmatrix setzt sich aus der Summe der fünf Einzelmatrizen dividiert durch die Anzahl der Teilnehmer zusammen und stellt das durchschnittliche Bild des Teams dar (arithmetisches Mittel).

In der Summenspalte bzw. Summenzeile wurden die Werte jeder Reihe und jeder Spalte addiert. Der Rang gibt Auskunft über die Reihung der Variable in jeder Zeile und jeder Spalte gemäß ihrer Summenzahl. In der zweiten Matrix wurden die Variablen gemäß ihrer Reihung (nach den Summenwerten sortiert) dargestellt. Schließlich sind auch noch einmal die Bezeichnungen der einzelnen Variablen aufgelistet.

Es zeigt sich hier beispielsweise, dass die Variable B, *Hoher Reifegrad der Persönlichkeit des einzelnen Beraters,* den höchsten Aktivwert (Summe aller Beeinflussungen) aufweist und daher jene Variable ist, die nach Einschätzung des Teams im Durchschnitt den höchsten Einfluss ausübt. Im Gegensatz dazu verfügt Variable I, *Qualität der Projektarbeit/-erfolg*, über den höchsten Passivwert (Summe der beeinflussten Werte) und geht somit als Ziel aus diesem Wirkungsgefüge hervor (siehe Abbildung 7.18).

Beurteilung: **Team-Durchschnitt** 1. Erhebung Anzahl 5

	A	B	C	D	E	F	G	H	I	J	K	L	Summe	Rang
A		1,0	0,0	1,2	0,6	1,0	0,0	1,4	1,8	0,8	1,4	0,6	**9,8**	4
B	1,2		0,0	0,6	1,8	2,0	0,8	0,6	1,8	1,6	1,0	1,0	1,2	**13,6**	1
C	-1,4	-0,4		0,0	-0,2	-1,0	0,2	1,4	-0,4	0,2	-0,2	-0,2	1,4	**-0,6**	10
D	1,2	0,8	0,0		0,0	0,8	0,4	0,0	1,2	1,6	1,2	1,8	0,8	**9,8**	4
E	0,4	0,6	0,0	0,6		0,0	1,0	0,0	1,8	1,2	1,4	1,0	0,8	**8,8**	6
F	0,8	1,0	-0,4	0,4	1,0		0,0	0,4	1,0	1,0	0,4	0,4	0,6	**6,6**	7
G	0,2	0,4	0,4	0,0	-0,6	0,8		0,0	1,2	1,6	0,4	-0,2	2,0	**6,2**	8
H	1,4	1,0	0,0	1,4	1,8	1,0	0,0		0,0	1,6	1,4	1,4	0,8	**11,8**	2
I	1,0	0,6	0,8	0,8	0,4	0,6	0,0	0,4		0,0	0,2	1,0	0,4	**6,2**	8
J	1,0	1,0	0,4	1,0	1,4	0,8	-0,4	1,8	1,6		0,0	0,8	1,0	**10,4**	3
K	0,8	0,4	0,2	1,2	1,2	1,0	0,0	1,4	1,8	0,4		0,0	0,8	**9,2**	5
L	-0,4	0,4	1,8	-0,4	-0,6	1,2	1,6	0,4	0,4	-0,4	-0,4		0,0	**3,6**	9
Einfluss	1,2	0,4	0,4	1,8	1,4	0,8	1,0	1,2	1,6	1,0	1,4	1,4		
Summe	**6,2**	**6,8**	**3,8**	**7,8**	**7,0**	**8,8**	**3,6**	**12,0**	**14,4**	**6,6**	**8,0**	**10,4**		
Rang	10	8	11	6	7	4	12	2	1	9	5	3		

	I	H	L	F	K	D	E	B	J	A	C	G	Summe	Rang
B	1,6	1,8	1,2	0,8	1	1,8	2	0	1	1,2	0,6	0,6	**13,6**	1
H	1,6	0	0,8	1	1,4	1,4	1,8	1	1,4	1,4	0	0	**11,8**	2
J	1,6	1,8	1	0,8	0,8	1	1,4	1	0	1	0,4	-0,4	**10,4**	3
A	1,8	1,4	0,6	1	1,4	1,2	0,6	1	0,8	0	0	0	**9,8**	4
D	1,6	1,2	0,8	0,4	1,8	0	0,8	0,8	1,2	1,2	0	0	**9,8**	4
K	1,8	1,4	0,8	1	0	1,2	1,2	0,4	0,4	0,8	0,2	0	**9,2**	5
E	1,2	1,8	0,8	1	1	0,6	0	0,6	1,4	0,4	0	0	**8,8**	6
F	1	1	0,6	0	0,4	0,4	1	1	0,4	0,8	-0,4	0,4	**6,6**	7
G	1,6	1,2	2	0,8	-0,2	0	-0,6	0,4	0,4	0,2	0,4	0	**6,2**	8
I	0	0,4	0,4	0,6	1	0,8	0,4	0,6	0,2	1	0,8	0	**6,2**	8
L	0,4	0,4	0	1,2	-0,4	-0,4	-0,6	0,4	-0,4	-0,4	1,8	1,6	**3,6**	9
C	0,2	-0,4	1,4	0,2	-0,2	-0,2	-1	-0,4	-0,2	-1,4	0	1,4	**-0,6**	10
Summe	**14,4**	**12**	**10,4**	**8,8**	**8**	**7,8**	**7**	**6,8**	**6,6**	**6,2**	**3,8**	**3,6**		
Rang	1	2	3	4	5	6	7	8	9	10	11	12		

A Qualität des derzeit durchgeführten Coaching
B Hoher Reifegrad der Persönlichkeit des einzelnen Beraters
C Ausmaß der Expansion des Teams (Aufnahme neuer Mitarbeiter)
D Qualität der „Selbst"-Analyse (Reflexion) vergangener Projekte
E Effizienz institutionalisierter Treffen
F Qualität der FLZ-Lernumgebung
G Vorhandensein von (fachlich) unterschiedlichen Wissensfeldern
H Erfolgreiche Kommunikation von Wissen über Methoden, Prozesse etc.
I Qualität der Projektarbeit/-erfolg
J Effektivität eines spontanen Wissens- bzw. Erfahrungsaustausches im Team
K Qualität der Dokumentation laufender/abgeschlossener Projekte und deren Abläufe
L Ausmaß an Entwicklung neuer Produkte/Geschäftsfelder

Abb. 7.18: Einschätzung des Teams im Durchschnitt (1. Erhebung)

	A	B	C	D	E	F	G	H	I	J	K	L
A		0,0	0,0	0,7	0,7	0,8	0,6	0,4	0,4	0,7	0,4	0,9
B	0,7		0,7	0,4	0,0	0,7	0,7	0,4	0,4	0,8	0,0	0,7
C	0,4	0,4		0,4	0,0	0,4	0,7	0,7	1,1	0,7	0,4	0,4
D	0,7	0,4	0,0		0,7	0,4	0,0	0,4	0,4	0,4	0,4	0,7
E	0,4	0,4	0,0	0,4		0,6	0,0	0,4	0,7	0,7	0,6	0,7
F	0,7	0,6	0,7	0,4	0,6		0,4	0,6	0,6	0,4	0,4	0,4
G	0,7	0,4	0,9	0,6	0,4	0,7		0,4	0,4	0,7	0,4	0,0
H	0,4	0,6	0,0	0,4	0,4	0,6	0,0		0,4	0,7	0,4	0,7
I	0,8	0,4	0,7	0,7	0,7	0,7	0,0	0,4		0,4	0,6	0,4
J	0,0	0,8	0,4	0,6	0,4	0,7	0,7	0,4	0,4		0,4	0,8
K	0,7	0,4	0,4	0,7	0,4	0,6	0,0	0,4	0,4	0,4		0,7
L	0,9	0,4	0,4	0,4	0,4	0,4	0,7	0,4	0,7	0,9	0,4	
Einfluss	0,7	0,7	0,9	0,4	0,4	0,4	0,6	0,4	0,4	0,6	0,4	0,4

Abb. 7.19: Standardabweichungen zur Einschätzung des Teams im Durchschnitt (1. Erhebung)

Die Darstellung der Standardabweichung in Abbildung 7.19 gibt Aufschluss über die Streuung der einzelnen Einschätzungen der Teammitglieder um den Durchschnittwert. Eine detaillierte Aufgliederung dazu folgt im nächsten Abschnitt

Die Ergebnisse dieser Befragung über die Kausalzusammenhänge sind wiederum in der grafischen Aufbereitung der Matrix (in Abbildung 7.20) besser ersichtlich. Zunächst wird die Positionierung der einzelnen Variablen im Aktiv-/Passivfeld gezeigt, wobei auf der Abszisse die Aktivwerte (Summe der beeinflussenden Werte jeder einzelnen Variable) und auf der Ordinate die Passivwerte (Summe der Werte, durch die jede einzelne Variable beeinflusst wird) aufgetragen sind.

In der zweiten Graphik wird diese zweidimensionale Positionierung um eine zusätzliche Dimension erweitert; um jene der individuellen Beeinflussbarkeit, symbolisiert durch die Größe der dargestellten Blasen. Zudem ist die Skalierung relativ, d.h. der Mittelpunkt des 4-Felder-Rasters stellt den Mittelwert der jeweiligen maximalen und minimalen Aktiv- und Passivwerte dar. Diese zweite Darstellung dient der Klassifikation der einzelnen Faktoren in Bezug auf deren Wirkungsgrad. Zum Beispiel können prioritäre Ansatzpunkte (hoher Wirkungsgrad) bei großen Blasen im rechten unteren Feld identifiziert werden, da diese Faktoren aufgrund ihres hohen Aktivwertes über eine hohe Beeinflussungskomponente verfügen (Ursachen) und zudem von den einzelnen Teammitgliedern stark beeinflussbar eingeschätzt werden. Faktoren, die in den beiden oberen Feldern positioniert sind, werden als Ziele oder Wirkungen wahrgenommen, da hier hohe Werte der Beeinflussung durch die anderen Faktoren vorliegen.

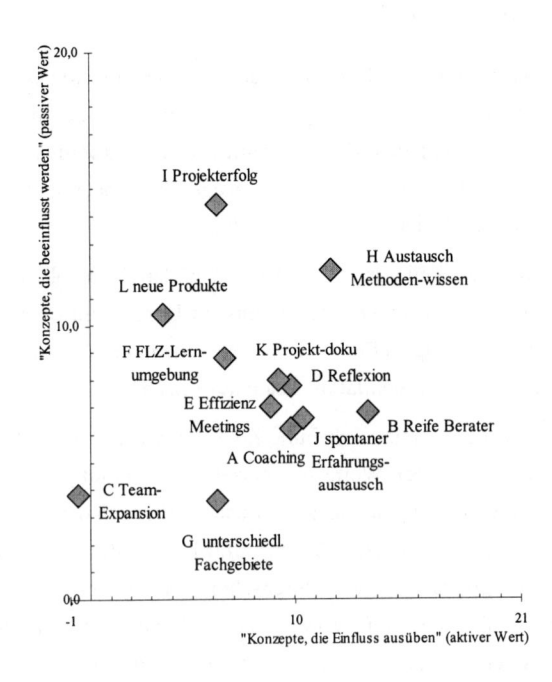

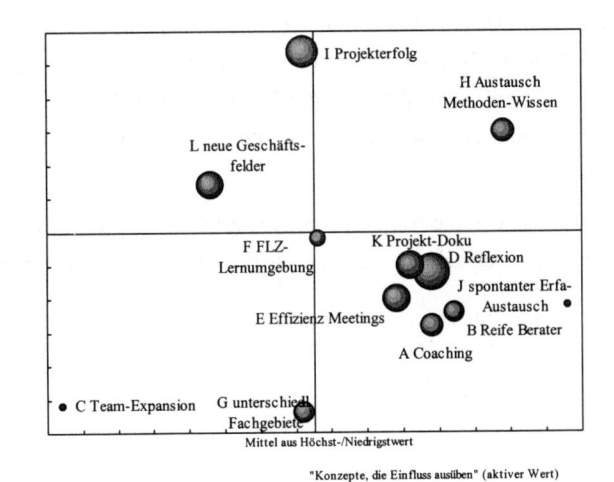

Abb. 7.20: Positionierung der Variablen (1. Erhebung)

7.2.3 Visualisierung und Reflexion

In diesem Abschnitt werden einzelne Ergebnisse der Variablenpositionierung und ihrer Zusammensetzung genauer betrachtet und grafisch aufbereitet. Auch hier handelt es sich wiederum um Visualisierungen als Momentaufnahmen von kognitiven Strukturen. Die Beteiligten sollten ein Bild über die gegenwärtige Situation vor Augen geführt bekommen, das Reflexion und Diskussion ermöglicht.

Die Aufschlüsselung der Positionierungen der einzelnen Variablen soll Auskunft über die Zusammensetzung der Einschätzung des Teams im Durchschnitt geben, d.h. wie die Teammitglieder das Wirkungsgefüge bei den einzelnen Variablen beurteilen und ob diese Beurteilungen eine Homogenität im Team aufweisen.

Folgende Auswertungen dieser ersten Erhebung im Team werden gezeigt. Zu Beginn wird wiederum die Verteilung der Werte der einzelnen Teammitglieder dargestellt. Dazu werden zunächst die Streuungen und Standardabweichungen der beeinflussenden Aktivwerte dargestellt. Es ist bereits in der Grafik mit den Verteilungen der Aktivwerte der Teammitglieder um den Durchschnittswert (siehe Abbildung 7.21) ersichtlich, dass Variable C, *Ausmaß der Expansion des Teams*, am breitesten gestreut ist. Dies geht auch aus den Werten der Standardabweichung nochmals deutlich hervor (siehe Abbildung 7.22). Eine deutliche Sprache sprechen auch die Grafiken über die Verteilung der Passivwerte. Die Variablen L, *Ausmaß der Entwicklung neuer Produkte*, F, *Qualität der Lernumgebung*, und A, *Qualität des Coaching*, weisen hier die größten Streuungen auf (siehe Abbildung 7.23). Dies ist nochmals deutlicher in der Darstellung mit den Standardabweichungen der einzelnen Variablen ersichtlich (siehe Abbildung 7.24).

Im Anschluss daran werden die Variablen mit den größten Auffälligkeiten hinsichtlich der Einschätzung der einzelnen Teammitglieder näher betrachtet und grafisch aufbereitet.

7.2.3.1 Verteilung der Aktivwerte im Team (1. Erhebung)

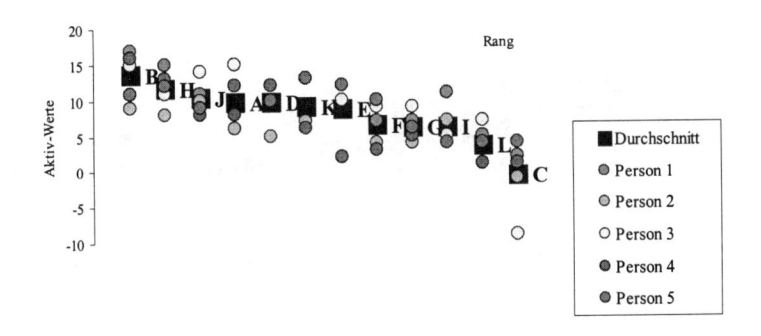

Abb. 7.21: Streuung der Aktivwerte der einzelnen Teilnehmer um den Durchschnitt (1. Erhebung)

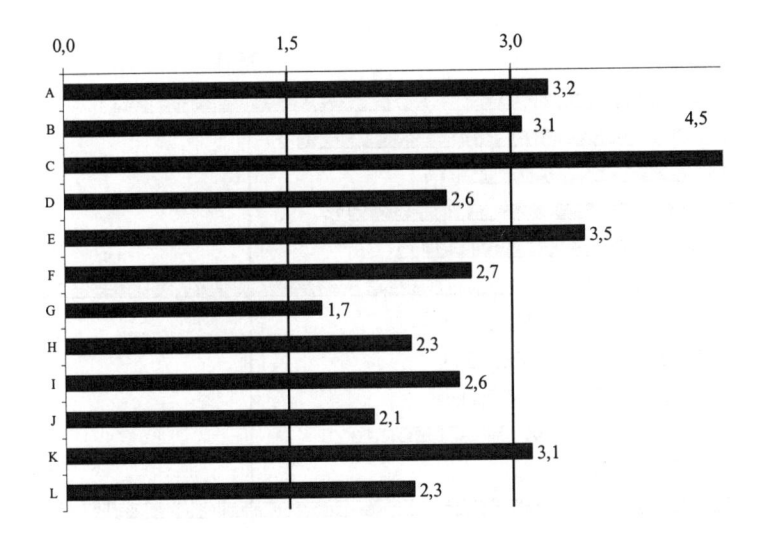

Abb. 7.22: Darstellung der Standardabweichungen der Aktivwerte (1. Erhebung)

7.2.3.2 Verteilung der Passivwerte im Team (1. Erhebung)

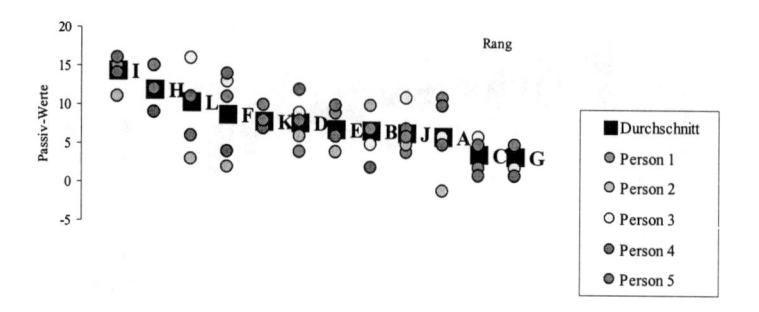

Abb. 7.23: Streuung der Passivwerte der einzelnen Teilnehmer um den Durchschnitt (1. Erhebung)

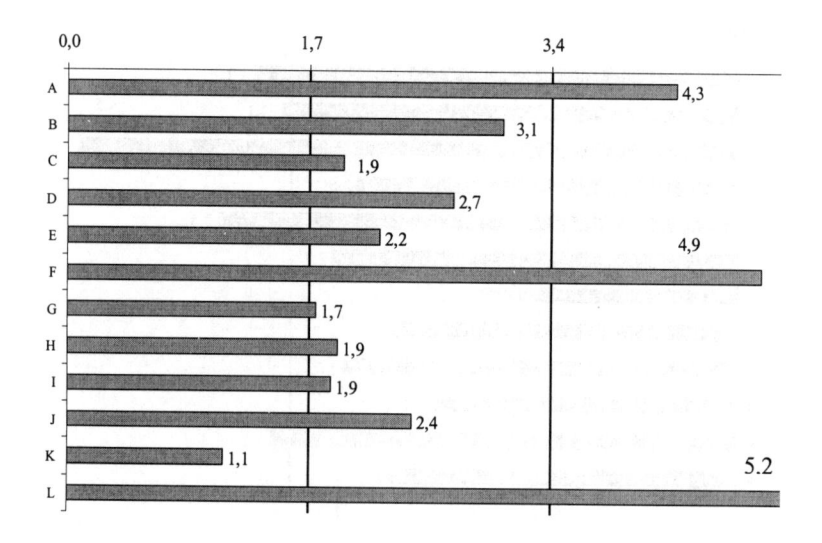

Abb. 7.24: Darstellung der Standardabweichungen der Passivwerte (1. Erhebung)

7.2.3.3 Variablen mit heterogenen Beurteilungen (1. Erhebung)

Die folgenden Darstellungen zeigen wie die Beurteilungen der einzelnen Teammitglieder um den Durchschnittwert gestreut sind. Dazu wurden die Variablen mit den größten Auffälligkeiten (mit der höchsten und niedrigsten Standardabweichung) jeweils in Bezug auf die Aktivwerte und auf die Passivwerte herausgenommen und näher betrachtet.

Sind die Einzelbeurteilungen einer Variable breit gestreut, zeigt das, dass die einzelnen Teammitglieder unterschiedliche Auffassungen darüber haben, wie diese Variable auf die anderen einwirkt. Die kognitive Karte zeigt, dass sich das Team über die Wirkungsweise dieser Variablen nicht einig ist. Werden etwa Maßnahmen bei diesen Konzeptvariablen ins Auge gefasst, so muss in einem ersten Schritt einmal Klarheit darüber geschaffen werden, inwieweit diese das Wirkungsgefüge beeinflussen kann. Denn nur dann kann davon ausgegangen werden, dass die Teammitglieder dasselbe Ziel verfolgen und an einem Strang ziehen.

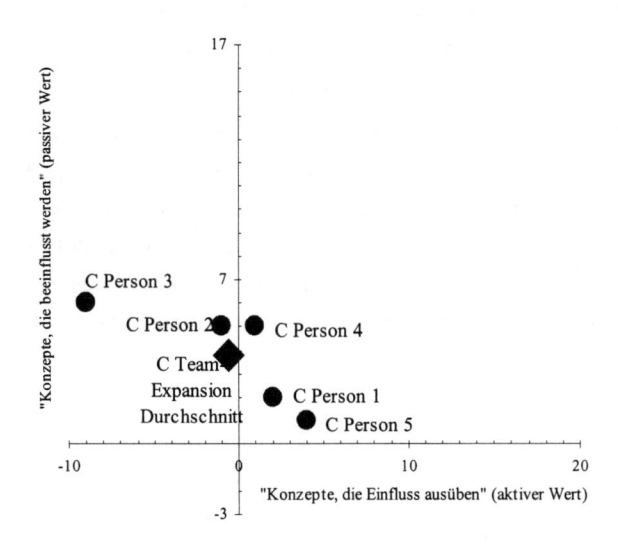

Abb. 7.25: Variable mit heterogenen Aktivwerten innerhalb des Teams (1. Erhebung)

Die höchste Streuung in Bezug auf die Beurteilung der beeinflussenden Komponente wies in der ersten Erhebung die Variable C, *Ausmaß der Expansion des Teams,* auf (siehe Abbildung 7.25). Zwei der Teammitglieder und auch das Team durchschnittlich setzen hier einen negativen Wert an, d.h. ein hohes Ausmaß an Teamexpansion würde sich demnach negativ auf den Wissensaustausch im Team auswirken. Insgesamt lässt sich daraus schlussfolgern, dass sich das Team über die Wirkungsweise dieser Variable nicht einig ist, d.h. wie sich eine Expansion des Teams auf den Wissensaustausch auswirkt.

Dies kann verschieden Ursachen haben, etwa aufgrund von bestimmten Erfahrungen einzelner Teammitglieder bei der Aufnahme neuer Mitarbeiter in der Vergangenheit oder ein kognitives Modell, das besagt, dass Wissensaustausch bei einer größeren Anzahl an Personen schwieriger ist bzw. ein dazu im Gegensatz stehendes Denkmodell, dass mehrere Personen auch mehr Wissen einbringen und damit auch mehr Wissen ausgetauscht wird. Die Personen handeln jedenfalls nach ihren Denkmodellen und werden sich auch in den entsprechenden Situationen danach verhalten, etwa bei der Aufnahme eines neuen Mitarbeiters. Möchte man die Ursachen für ein bestimmtes Verhalten des Teams ergründen, ist es aufschlussreich, mehr über die grundlegenden Denkmodelle zu erfahren und Teile dessen sind in den Abbildungen der kognitiven Karten ersichtlich.

Eine ähnliche Heterogenität im Team ist bei Variable L zu erkennen, *Ausmaß an Entwicklung neuer Produkte/Geschäftsfelder,* die eine große Streuung hinsichtlich des Passivwertes aufweist (siehe Abbildung 7.26). Das Team ist sich nicht einig darüber, welche Position die Variable neue Produkte/Geschäftsfelder in diesem Wirkungsgefüge einnimmt. Ein Teil des Teams sieht neue Produkte/Geschäftsfelder als Ziel innerhalb des Wissensnetzwerkes an, während andere das nicht so sehen.

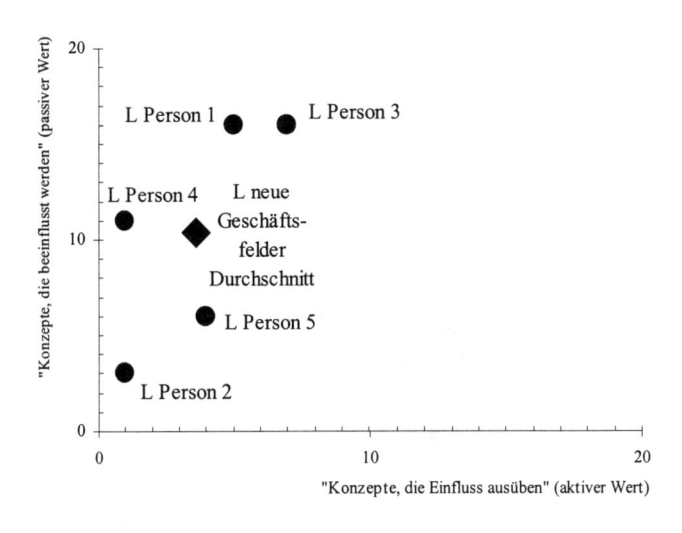

Abb. 7.26: Variable mit heterogenen Passivwerten im Team

Nachfolgend wird die Zusammensetzung von Variablen betrachtet, die eine relativ homogene Einschätzung innerhalb des Teams zeigten.

7.2.3.4 Variablen mit homogenen Beurteilungen (1. Erhebung)

Die höchste Homogenität wies zum ersten Erhebungszeitpunkt die Variable G, *Vorhandensein von (fachlich) unterschiedlichen Wissensfeldern,* auf (siehe Abbildung 7.27). Dies sowohl hinsichtlich des Aktiv- als auch des Passivwertes, wenngleich anzumerken ist, dass beide Werte relativ niedrig sind, also geringe Auswirkungen auf den Wissensaustausch im B-Team haben.

Eine geringe Streuung hinsichtlich des Passivwertes weist auch Variable K auf, *Qualität der Dokumentation laufender/abgeschlossener Projekte und Abläufe,* (siehe Abbildung 7.28). Das Team ist sich einig darüber, dass der Einfluss der übrigen Variablen auf die Projektdokumentation gegeben, aber nicht unbedingt sehr ausgeprägt ist.

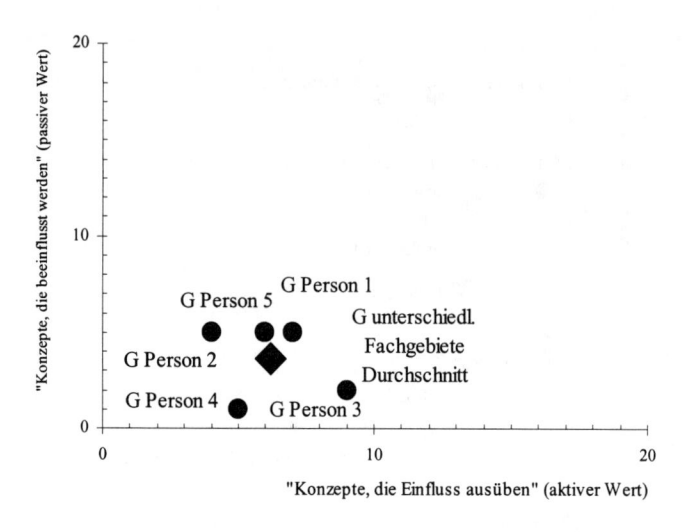

Abb. 7.27: Variable mit homogenen Aktivwerten im Team (1. Erhebung)

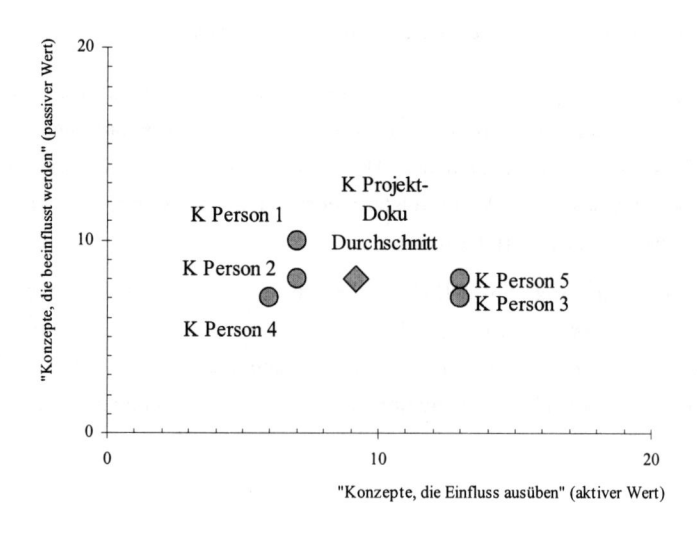

Abb. 7.28: Variable mit homogenen Passivwerten im Team (1. Erhebung)

Die Variablen mit der höchsten Homogenität zeigten jedoch relativ niedrige Werte hinsichtlich ihres Wirkungspotenzials insgesamt, d.h. Variable G, *das Vorhandensein von (fachlich) unterschiedlichen Wissensfeldern*, wurde weder als eine Variable erachtet, die den Wissensaustausch innerhalb des Teams beeinflusst, noch wird sie als Ziel des Wissensaustausches erachtet; darüber ist man sich innerhalb des Teams relativ einig. Ähnlich dazu auch Variable K, *Qualität der Dokumentation laufender/abgeschlossener Projekte und deren Abläufe*, die einen etwas höheren Wert hinsichtlich des Einflusses auf den Wissensaustausch aufweist, aber nicht als Schlüsselvariable erachtet wird. Auch darüber herrscht Einigkeit im Team.

Die Ergebnisse dieser Analyse geben anhand der ermittelten Einflussfaktoren die grundlegenden Denkmodelle der einzelnen Teammitglieder und des Teams gesamt wieder. Die kognitiven Karten als grafische Aufbereitung der Ergebnisse zeigen ein Bild über den Wissensaustausch innerhalb des B-Teams zum Zeitpunkt der Erhebung. Dieses Bild wurde wiederum innerhalb des Teams diskutiert und darauf aufbauende Maßnahmen formuliert.

Die Analyse stellte eine Intervention in die herrschenden Wissensprozesse dar. Prozesse der Reflexion über die Einflussfaktoren und deren Zusammenhänge wurden angeregt und bestehende Denkmodelle in Frage gestellt. Dadurch wurden Veränderungen innerhalb des Teams bewirkt, die sich auch auf die Themenstellung, den Wissensaustausch innerhalb des B-Teams, auswirken. Diese Veränderungen sind wiederum Teil der kognitiven Karten. Dazu wurde die Erhebung im Team wiederholt. Die Ergebnisse dazu werden im nächsten Abschnitt dargestellt.

7.2.4 Veränderung des Wirkungsgefüges – 2. Erhebung

Die Erhebung des Zusammenwirkens der einzelnen Einflussfaktoren wurde fünf Monate nach der ersten Erhebung erneut durchgeführt. In dieser Zeit kam es zu erheblichen Veränderungen innerhalb des Teams. Es wurde versucht, dies in einer weiteren Analysephase zu ermitteln und die Veränderungen zu visualisieren. Die einzelnen Teammitglieder beurteilten erneut, wie die einzelnen Faktoren aufeinander einwirken und wie die Teilnehmer ihren persönlichen Einfluss dabei einschätzen. Die abgegebenen Beurteilungen wurden einzeln und für das Team gesamt ausgewertet und mit jenen aus der ersten Erhebung verglichen. Die Ergebnisse der zweiten Erhebung (siehe Abbildung 7.29) inklusive der Darstellung der Standardabweichungen (siehe Abbildung 7.30) werden nachfolgend dargestellt. Eine detaillierte Aufgliederung dazu folgt im nächsten Abschnitt.

Zunächst wird wiederum die Matrix mit der Einschätzung des Teams im Durchschnitt gezeigt und anschließend im Aktiv-Passiv-Feld und in der 4-Felder-Matrix visualisiert (siehe Abbildung 7.31). Dann wird die Verteilung der Aktiv- (siehe Abbildung 7.32 und Abbildung 7.33) und Passivwerte (siehe Abbildung 7.34 und Abbildung 7.35) jeweils durch eine Grafik der Streuung der Werte um den Durchschnitt und der dazugehörigen Standardabweichungen gezeigt. Es wurden wiederum einzelne Variablen mit auffälligen Zusammensetzungen der Einschätzungen der einzelnen Teammitglieder (höchste und niedrigste Standardabweichungen) ausgewählt und in eigenen Darstellungen gezeigt.

Beurteilung: **Team im Durchschnitt** 2. Erhebung Anzahl 5

	A	B	C	D	E	F	G	H	I	J	K	L	Summe	Rang
A		1,2	0,4	0,6	0,4	0,2	0,6	1,0	0,6	1,4	1,0	1,0	8,4	8
B	1,8		0,0	1,0	2,0	1,4	1,0	1,2	1,4	1,8	1,4	1,0	1,4	15,4	1
C	-0,6	0,0		0,0	0,6	-0,4	0,8	2,0	0,2	1,0	1,0	0,4	1,6	6,6	10
D	1,0	1,6	0,4		0,0	1,0	0,6	0,6	1,4	1,8	1,0	1,4	1,6	12,4	3
E	0,4	0,6	0,0	0,4		0,0	1,2	0,8	1,2	1,0	1,0	1,2	1,2	9	6
F	0,6	0,4	0,8	0,0	0,6		0,0	0,6	0,4	1,0	0,4	0,4	0,8	6	12
G	0,8	0,8	-0,2	0,4	0,2	1,0		0,0	0,8	1,8	0,6	0,4	2,0	8,6	7
H	1,8	1,4	0,4	1,4	1,2	1,0	0,4		0,0	1,6	1,6	1,6	1,4	13,8	2
I	0,6	1,0	0,8	1,0	0,6	0,6	0,2	0,8		0,0	0,4	1,8	1,4	9,2	5
J	1,4	0,6	0,4	1,4	0,8	0,8	0,0	1,8	1,6		0,0	1,2	1,6	11,6	4
K	0,4	0,4	0,0	1,2	1,0	0,8	0,4	1,2	1,6	0,4		0,0	0,2	7,6	9
L	0,4	1,0	1,8	0,4	-0,2	1,2	1,4	0,6	0,2	-0,4	0,0		6,2	11
Einfluss	1,2	0,8	0,4	1,6	0,8	0,6	0,8	1,4	1,4	1,0	1,4	1,2		
Summe	8,6	9,0	5,8	9,4	6,6	9,2	8,2	10,8	14,0	9,0	10,0	14,2		
Rang	8	7	11	5	10	6	9	3	2	7	4	1		

	L	I	H	K	D	F	B	J	A	G	E	C	Summe	Rang
B	1,4	1,8	1,4	1	2	1	0	1,4	1,8	1,2	1,4	1	15,4	1
H	1,4	1,6	0	1,6	1,4	1	1,4	1,6	1,8	0,4	1,2	0,4	13,8	2
D	1,6	1,8	1,4	1,4	0	0,6	1,6	1	1	0,6	1	0,4	12,4	3
J	1,6	1,6	1,8	1,2	1,4	0,8	0,6	0	1,4	0	0,8	0,4	11,6	4
I	1,4	0	0,8	1,8	1	0,6	1	0,4	0,6	0,2	0,6	0,8	9,2	5
E	1,2	1	1,2	1,2	0,4	1,2	0,6	1	0,4	0,8	0	0	9	6
G	2	1,8	0,8	0,4	0,4	1	0,8	0,6	0,8	0	0,2	-0,2	8,6	7
A	1	0,6	1	1	0,6	0,2	1,2	1,4	0	0,6	0,4	0,4	8,4	8
K	0,2	1,6	1,2	0	1,2	0,8	0,4	0,4	0,4	0,4	1	0	7,6	9
C	1,6	1	0,2	0,4	0,6	0,8	0	1	-0,6	2	-0,4	0	6,6	10
L	0	0,2	0,6	-0,4	0,4	1,2	1	-0,2	0,4	1,4	-0,2	1,8	6,2	11
F	0,8	1	0,4	0,4	0	0	0,4	0,4	0,6	0,6	0,6	0,8	6	12
Summe	14,2	14	10,8	10	9,4	9,2	9	9	8,6	8,2	6,6	5,8		
Rang	1	2	3	4	5	6	7	7	8	9	10	11		

A Qualität des derzeit durchgeführten Coaching
B Hoher Reifegrad der Persönlichkeit des einzelnen Beraters
C Ausmaß der Expansion des Teams (Aufnahme neuer Mitarbeiter)
D Qualität der „Selbst"-Analyse (Reflexion) vergangener Projekte
E Effizienz institutionalisierter Treffen
F Qualität der FLZ-Lernumgebung
G Vorhandensein von (fachlich) unterschiedlichen Wissensfeldern
H Erfolgreiche Kommunikation von Wissen über Methoden, Prozesse etc.
I Qualität der Projektarbeit/-erfolg
J Effektivität eines spontanen Wissens- bzw. Erfahrungsaustausches im Team
K Qualität der Dokumentation laufender/abgeschlossener Projekte und deren Abläufe
L Ausmaß an Entwicklung neuer Produkte/Geschäftsfelder

Abb. 7.29: Einschätzung des Teams im Durchschnitt (2. Erhebung)

	A	B	C	D	E	F	G	H	I	J	K	L
A		0,4	0,4	0,9	0,4	0,7	0,7	1,0	0,7	0,7	1,0	0,6
B	0,4		0,8	0,0	0,4	0,6	0,9	0,7	0,4	0,7	0,0	0,4
C	1,2	0,6		0,7	0,7	0,7	0,0	0,9	0,6	0,8	0,7	0,4
D	0,6	0,4	0,7		0,6	0,4	0,7	0,4	0,4	0,8	0,4	0,4
E	0,7	0,4	0,0	0,4		0,7	0,7	0,7	0,6	0,8	0,7	0,7
F	0,7	0,4	0,7	0,6	0,7		0,7	0,7	1,0	0,7	0,4	1,1
G	0,7	0,7	1,5	0,4	0,7	0,6		0,4	0,4	0,4	0,7	0,0
H	0,4	0,4	0,4	0,4	0,7	0,6	0,7		0,4	0,4	0,4	0,4
I	0,9	0,6	0,7	0,6	0,7	0,7	0,4	0,7		0,7	0,4	0,4
J	0,4	0,4	0,7	0,4	0,4	0,7	1,0	0,4	0,4		0,4	0,4
K	0,4	0,4	0,0	0,4	0,0	0,7	0,4	0,4	0,4	0,7		0,7
L	0,7	0,6	0,4	0,9	0,7	0,7	0,7	0,4	0,9	0,7	0,7	
Einfluss	0,7	0,9	0,9	0,4	0,4	0,4	0,7	0,4	0,4	0,6	0,4	0,7

Abb. 7.30: Standardabweichungen zur Einschätzung des Teams im Durchschnitt (1. Erhebung)

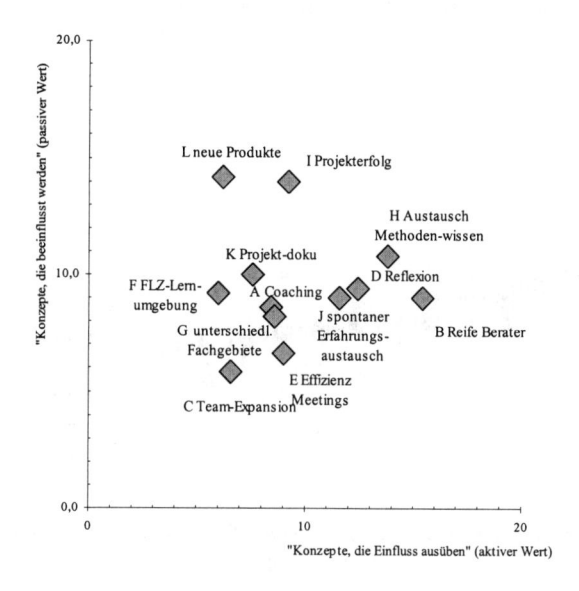

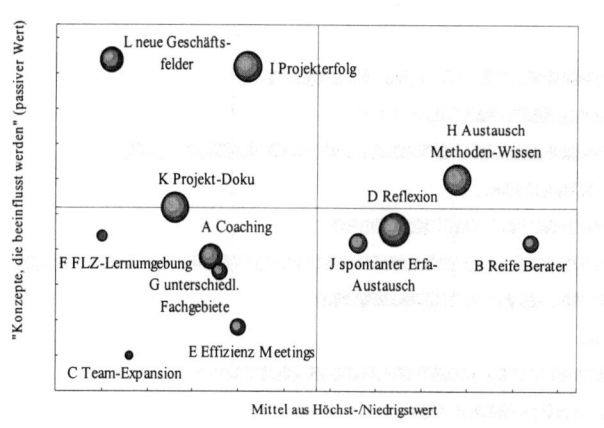

Abb. 7.31: Positionierung der Variablen (2. Erhebung)

7.2.4.1 Verteilung der Aktivwerte im Team (2. Erhebung)

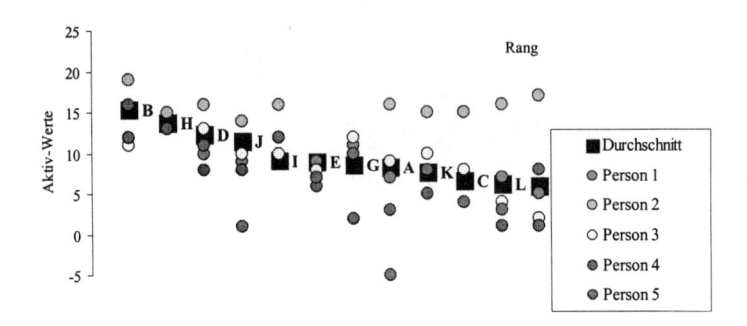

Abb. 7.32: Streuung der Aktivwerte der einzelnen Teilnehmer um den Durchschnitt (2. Erhebung)

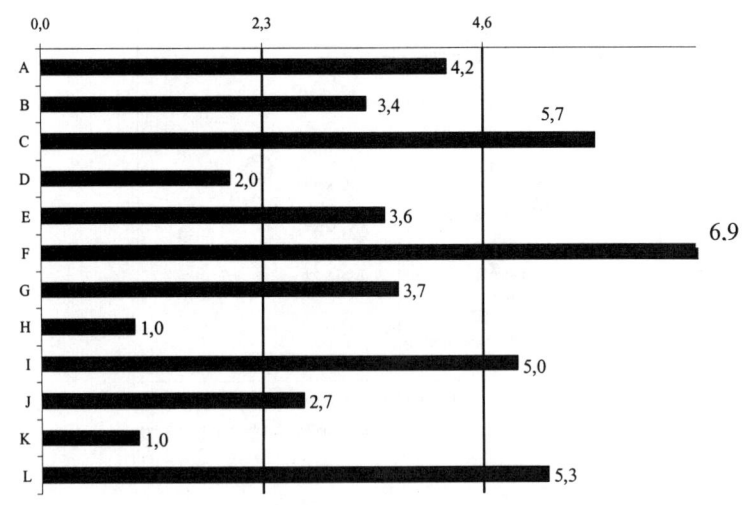

Abb. 7.33: Darstellung der Standardabweichungen der Aktivwerte (2. Erhebung)

7.2.4.2 Verteilung der Passivwerte im Team (2. Erhebung)

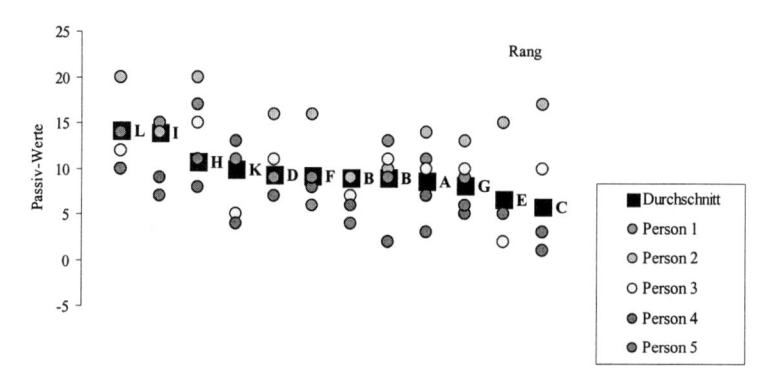

Abb. 7.34: Streuung der Passivwerte der einzelnen Teilnehmer um den Durchschnitt (2. Erhebung)

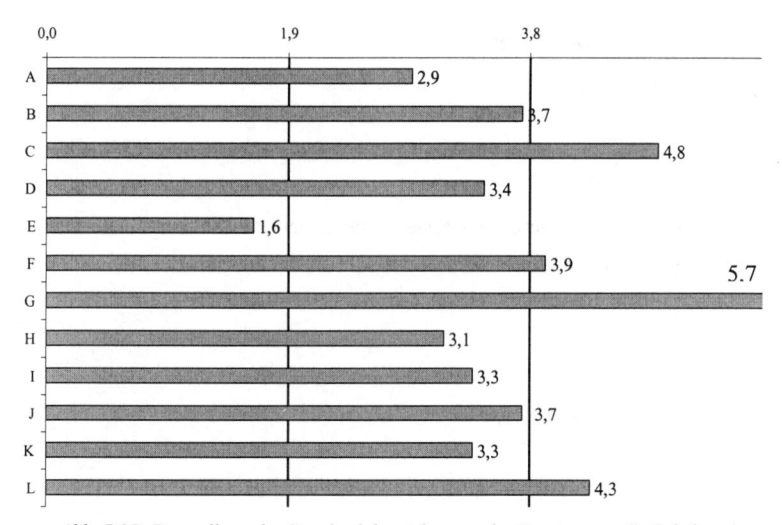

Abb. 7.35: Darstellung der Standardabweichungen der Passivwerte (2. Erhebung)

7.2.4.3 Variablen mit heterogener Einschätzung im Team (2. Erhebung)

Auffällig bei dieser zweiten Erhebung ist, dass insgesamt eine größere Heterogenität in der Verteilung der Einschätzung innerhalb des Teams vorliegt. Die Werte der einzelnen Teammitglieder weisen eine größere Streuung auf. Wie schon bei der ersten Erhebung weist Variable C, *Ausmaß der Expansion des Teams (Aufnahme neuer Mitarbeiter)*, auch bei der zweiten Erhebung eine hohe Streuung und somit hohe Unsicherheit hinsichtlich der Positionierung im Team auf (siehe Abbildung 7.36).

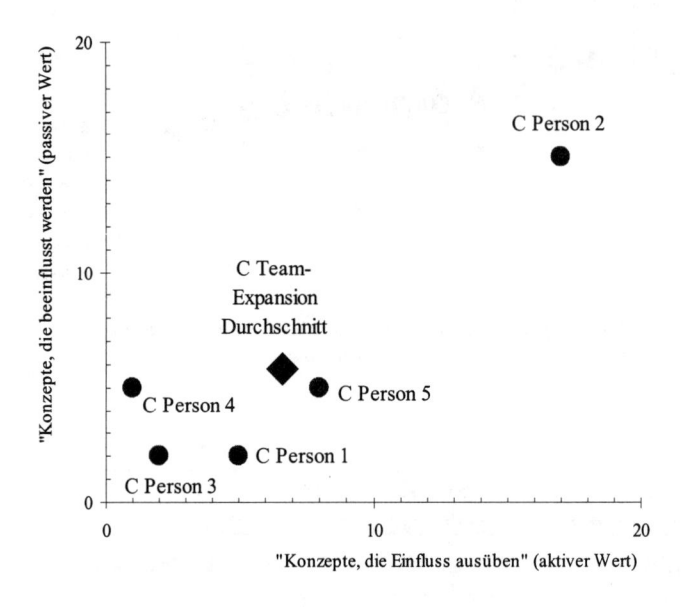

Abb. 7.36: Variable mit heterogener Einschätzung innerhalb des Teams (2. Erhebung)

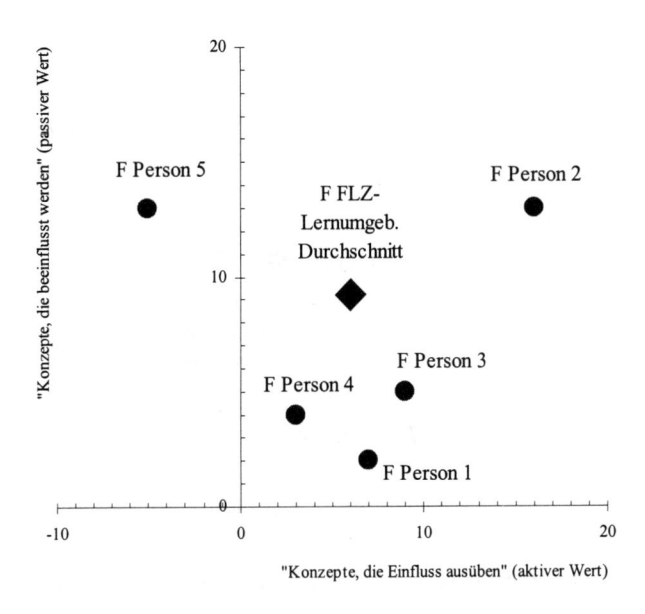

Abb. 7.37: Variable mit heterogenen Werten im Team (2. Erhebung)

Die mit Abstand größte Streuung zeigt jedoch die Variable F, Qualität der FLZ-Lernumgebung auf. Es besteht große Unklarheit im Team darüber, ob die FLZ-Lernumgebung Einfluss auf den Wissensaustausch im Team ausübt (siehe Abbildung 7.37). Diese Uneinigkeit bestand bei der ersten Erhebung nicht in diesem Ausmaß.

Variable G, *Vorhandensein von (fachlich) unterschiedlichen Wissensfeldern*, (siehe Abbildung 7.38), weist wie bei der ersten Erhebung eine große Streuung sowohl hinsichtlich des Aktiv- als auch des Passivwertes auf. Das Team zeigt große Uneinigkeit darin, ob es die Unterschiedlichkeit der Wissensfelder als Ziel betrachten soll oder nicht.

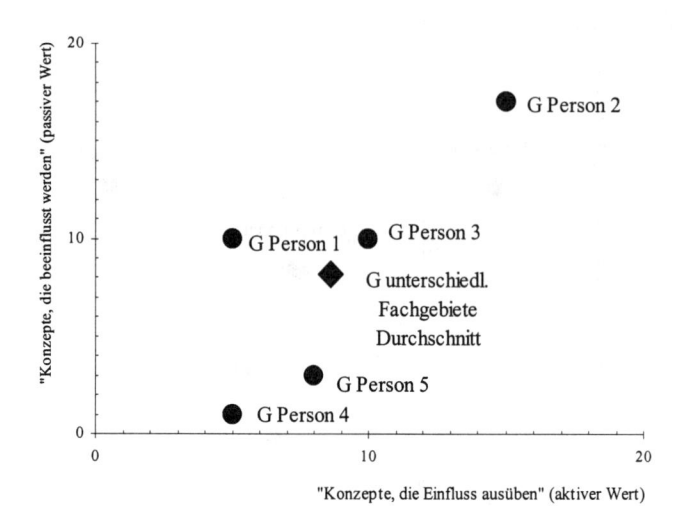

Abb. 7.38: Variable mit heterogener Einschätzung innerhalb des Teams (2. Erhebung)

7.2.4.4 Variablen mit homogenen Beurteilungen (2. Erhebung)

Nach diesen Beispielen von Variablen mit großer Heterogenität wird in diesem Abschnitt nun auf Bereiche hingewiesen, in denen das Team ähnliche Einschätzungen bei den einzelnen Variablen zeigte.

Relativ homogen ist das Bild bei H, *Erfolgreiche Kommunikation von Wissen über Methoden, Prozesse, etc.* (siehe Abbildung 7.39), und K, *Qualität der Dokumentation laufender/abgeschlossener Projekte und deren Abläufe,* (siehe Abbildung 7.40) hinsichtlich ihres Aktivwertes und somit ihres Einflusses auf die anderen Variablen.

Diese Beispiele sollten einen Einblick in die Ergebnisse dieser zweiten Erhebung gewähren. Im nächsten Abschnitt werden die Veränderungen der Ergebnisse zwischen diesen beiden Erhebungszeitpunkten thematisiert und mögliche Ursachen skizziert.

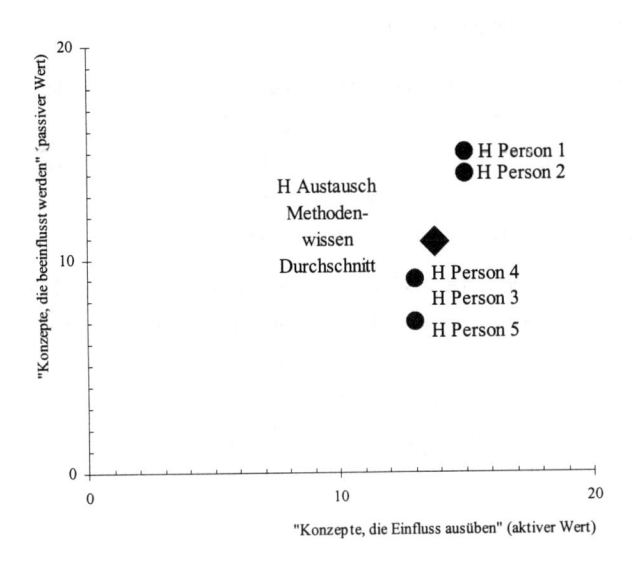

Abb. 7.39: Variable mit homogener Einschätzung innerhalb des Teams (2. Erhebung)

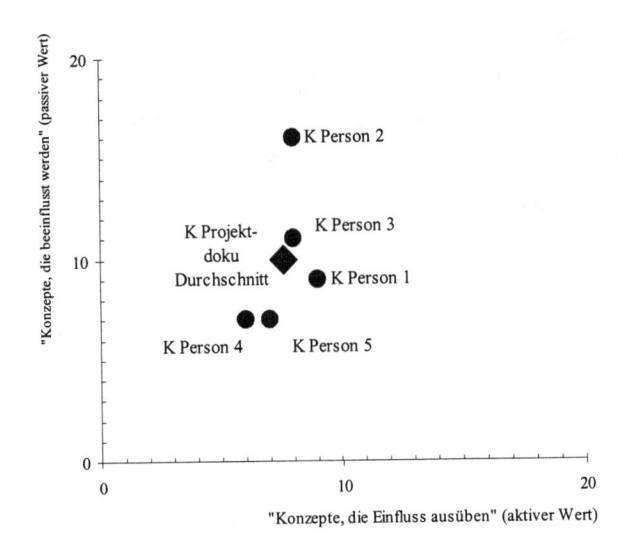

Abb. 7.40: Variable mit homogener Einschätzung innerhalb des Teams (2. Erhebung)

7.2.5 Die beiden Erhebungen im Vergleich

In den nachfolgenden Darstellungen werden die Ergebnisse der beiden Erhebungen gegenübergestellt. Zunächst werden die Aktivwerte zu den beiden Erhebungszeitpunkten verglichen (siehe Abbildung 7.41). Es ist hier bereits ersichtlich, dass die größte Veränderung bei Variable C, *Ausmaß der Expansion des Teams (Aufnahme neuer Mitarbeiter)*, eingetreten ist.

Dies lässt sich insofern erklären, als im Zeitraum zwischen den beiden Erhebungen der Teamleiter, der diese Abteilung und dieses Team aufgebaut hatte, das Unternehmen verließ. Dies stellte einen gravierenden Einschnitt in der Entwicklung des Teams dar, der sich auch in einer veränderten Einstellungen gegenüber der Notwendigkeit neue Personen ins Team aufzunehmen zeigte und auch bereits verwirklicht wurde.

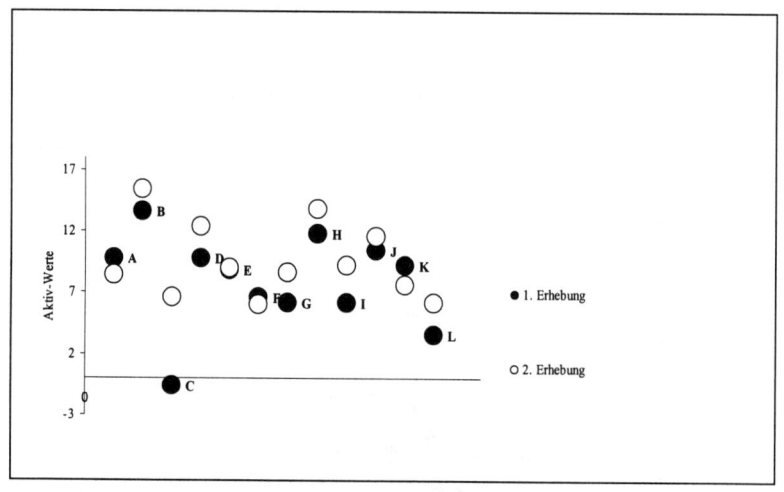

Abb. 7.41: Vergleich der Aktivwerte zu den beiden Erhebungszeitpunkten

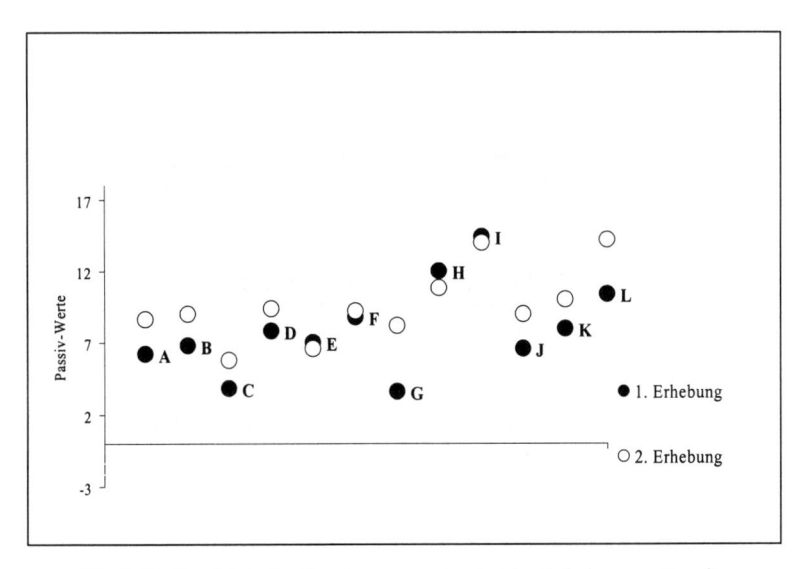

Abb. 7.42: Vergleich der Passivwerte zu den beiden Erhebungszeitpunkten

In Bezug auf die Ziele innerhalb des untersuchten Wirkungsgefüges ist die Wichtigkeit der unterschiedlichen Fachgebiete und der neuen Produkte/Geschäftsfelder deutlich gestiegen (siehe Abbildung 7.42). Auch dies lässt sich auf die Umbruchsphase zurückführen, die durch das Ausscheiden des Teamleiters ausgelöst wurde. Eine Neuausrichtung des Teams und die damit verbundene Ausdehnung der angebotenen Produktpalette schien die logische Konsequenz.

Nachfolgend sind jene Variablen dargestellt, welche die größte Veränderung innerhalb des Erhebungszeitraumes aufweisen, zunächst tabellarisch (siehe Tabelle 7.3) und anschließend grafisch im Aktiv-/Passivfeld.

1. Erhebung	A	C	D	G	I	L
Aktivwerte (x)	9,8	-0,6	9,8	6,2	6,2	3,6
Passivwerte (y)	6,2	3,8	7,8	3,6	14,4	10,4

2. Erhebung	A	C	D	G	I	L
Aktivwerte (x)	8,4	6,6	12,4	8,6	9,2	6,2
Passivwerte (y)	8,6	5,8	9,4	8,2	14	14,2

Tab. 7.3: Einschätzungen im Team zu den beiden Erhebungszeitpunkten

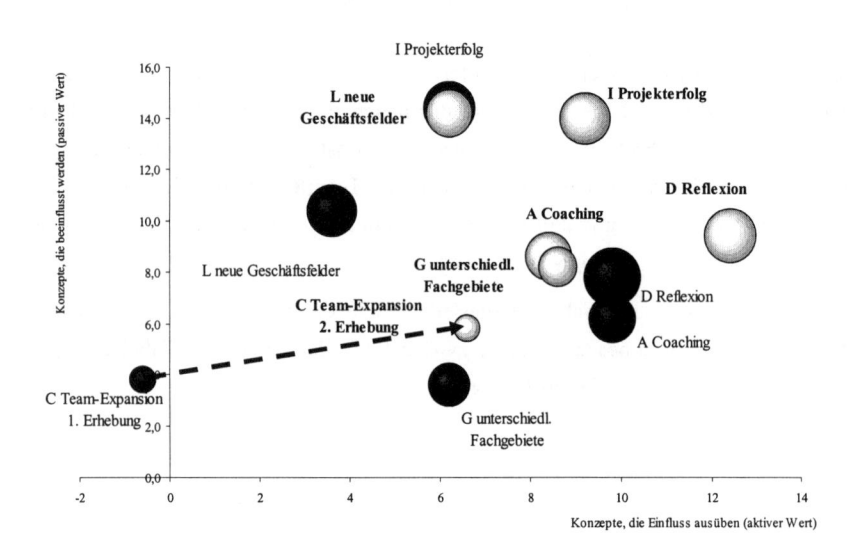

Abb. 7.43: Veränderung ausgewählter Variablen zwischen den beiden Erhebungszeitpunkten

Die Darstellung in Abbildung 7.43 zeigt die Werte der ersten Erhebung in dunkler Schattierung und jene der zweiten Erhebung hell. Es geht aus dieser Grafik klar hervor, wie sich die einzelnen Variablen verändert haben. Der Vergleich der Ergebnisse der beiden Erhebungen zeigt die größte Veränderung hinsichtlich des Aktivwertes bei der Variable C, Ausmaß *der Expansion des Teams (Aufnahme neuer Mitarbeiter)*, deren Einfluss innerhalb des Wirkungsgefüges nach Meinung der Teammitglieder stark zugenommen hat. Auch der Einfluss der Variable G, *Vorhandensein (fachlich) unterschiedlicher Wissensfelder*, stieg insbesondere auch hinsichtlich seines Passivwertes und der damit verbundenen Einschätzung als Ziel des Wissensaustausches innerhalb des Teams.

Aus den Karten ist also eindeutig eine Veränderung der den Wissensprozessen zugrunde liegenden Denkmodelle innerhalb des Teams erkennbar. Die Visualisierung der Veränderungen in den Karten bietet die Möglichkeit, mehr über das zugrunde liegende System zu erfahren. Es wird gezeigt, wie sich ein bestimmtes Wirkungsgefüge unter den herrschenden Bedingungen verhält. Es erfolgt daraufhin eine Intervention und als Konsequenz verändern die Faktoren ihre Wirkungsweisen. Das System erlangt eine neue Ausgangsposition. Die Darstellung dieser Prozesse in den Karten und ein Vergleich von zwei Momentaufnahmen regen die eigenständige Interpretation an und liefern Ansatzpunkte für die Diskussion und Reflexion. Dabei werden die Themenbereiche vor dem Hintergrund der im Zeitablauf erfolgten Veränderungen im Team diskutiert und die zugrunde liegenden Konzepte und Denkmodelle dargelegt und erklärt. Die Veränderung als Intervention in das System ermöglicht ein erweitertes Verständnis der zugrunde liegenden Wissensprozesse und dessen Wirkungsweisen.

7.2.6 Resümee

Durch die Analyse der wissensbasierten Interaktion wurde aufgezeigt, welche Faktoren den Wissensaustausch innerhalb des untersuchten Teams am stärksten beeinflussen und wie diese miteinander in Beziehung stehen. Die Ergebnisse wurden im Team reflektiert und diskutiert. Die Untersuchung wurde fünf Monate nach der ersten Erhebung wiederholt. Die Veränderung, die zwischen den beiden Erhebungszeitpunkten im Team stattgefunden hat, konnte deutlich in den kognitiven Karten abgelesen werden. Das bedeutet,

(1) die Beschreibung des Wirkungsgefüges ist mit der angewandten Methodik möglich.

Die Analyse stellte jedoch gleichzeitig eine Intervention in die vorherrschenden Prozesse dar. Bestehendes wurde reflektiert und in Frage gestellt. Es kam zu Veränderungen in den zugrunde liegenden Denkstrukturen der einzelnen Teammitglieder. Die Erhebung zu zwei verschiedenen Zeitpunkten erlaubte die Veränderungen im Wirkungsgefüge mit einzubeziehen. Es wurde das bestehende Wirkungsgefüge analysiert und diskutiert, daraufhin kam es zu Veränderungen im System und die Analyse wurde erneut durchgeführt und untersucht, wie sich das System unter den neuen Bedingungen verhält. Dadurch wird ein umfassenderes Verständnis der Wissensprozesse ermöglicht. Das heißt,

(2) die Analyse stellt zugleich eine Intervention in die bestehenden Wissensprozesse dar, dessen Wirkungen wiederum ein erweitertes Verständnis der Prozesse ermöglichen.

Die Prozesse werden dadurch aufgeschlüsselt, indem beispielsweise Unklarheiten in der Sichtweise einzelner Faktoren und Themenfelder aufgezeigt werden. Existieren etwa unterschiedliche Auffassungen über die zu verfolgenden Ziele in einem Unternehmen, wirft dies Probleme für die konsequente Umsetzung auf und Wissen wird nicht erwartungsgemäß transformiert. Die Organisationsmitglieder ziehen nicht an einem Strang. Ziel der hier vorliegenden Analysemethode ist, Bewusstsein zu schaffen, für die vielen Facetten eines Themenfeldes und dessen Denkkonstrukt. Die Form der visuellen Darstellung der Ergebnisse hat zwar eine große Bedeutung in Bezug auf die Kommunikation der Inhalte, im Vordergrund steht jedoch

(3) der Prozess der Bewusstseinsbildung und die Veränderungen, die dadurch in Gang gesetzt werden.

Durch die Visualisierung dieser Faktoren wird das Verständnis für die herrschenden Prozesse verbessert. In der Diskussion darüber wird eine gemeinsame Wissensbasis gebildet, auf der zukünftig aufgebaut werden kann. Es geht also nicht so sehr darum, wie mathematisch exakt die Kausalzusammenhänge errechnet und dargestellt werden, sondern es geht darum, einzelne Themenfelder anzusprechen, ihre Bedeutung aufzuzeigen und ein gemeinsames Verständnis des Konstrukts zu erreichen. Die Interventionsprozesse haben somit einen Anteil an der Konstruktion der Wirklichkeit, die sie analysieren, eine Wirklichkeit, die wiederum das Ergebnis sozialer Konstruktionsprozesse ist.

8 Zusammenfassung der Ergebnisse der Arbeit und Forschungsimplikationen

Aus ressourcen- bzw. wissensorientierter Perspektive wird Wissen als die Grundlage für nachhaltige Wettbewerbsfähigkeit eines Unternehmens erachtet. Die Kultivierung dieser Ressource ist daher eine zentrale Aufgabe der Organisation.

Das Ziel der vorliegenden Arbeit war, die Prozesse des Wissensaustausches und der Wissensentwicklung näher zu betrachten und daraus Implikationen für die Organisation von Wissen in Unternehmen abzuleiten. Nachfolgend werden die Kernaussagen der Arbeit nochmals kurz zusammengefasst und im Anschluss daran die daraus abgeleiteten Implikationen für zukünftige Forschungsanstrengungen auf diesem Gebiet angeführt.

Nach der einführenden Darstellung der Bedeutung der Ressource Wissen für die Organisation in Kapitel zwei wurde in Kapitel drei der Wissensbegriff näher beleuchtet und dessen Besonderheiten herausgestellt. Dazu wurde zunächst die implizite Dimension des Wissens beschrieben und dessen Struktur dargestellt. Es wurden die zugrunde liegenden Prozesse gezeigt, wie die Personen auf unterschiedlichen Bewusstseinsebenen Wissen interpretieren und mit Bedeutung versehen. Es wurde betont, dass jedes Wissen immer aus beiden komplementären Anteilen des expliziten und impliziten Wissens bestehen, die in den Prozessen der Wahrnehmung und Erkenntnis zu einem kohärenten Ganzen integriert werden.

Wissen ist daher kein statisches Objekt, sondern ein dynamischer Prozess im Sinne einer konkreten Aktivität. Dieser Aspekt wurde mit der Handlungsorientierung des Wissens dargestellt. Wissen wird in der Situation von den beteiligten Personen konstruiert. Es wurde betont, dass die soziale Komponente, der Austausch zwischen den Individuen dabei eine wichtige Rolle spielt.

Wissensaustausch und Wissensentwicklung, das heißt die Wissenstransformation wurde in Kapitel vier behandelt. Wissen wird in den Prozessen der sozialen Interaktion ausgetauscht und konstruiert. Es wurden daher die Prozesse der sozialen Interaktion als wechselseitige Einflussnahme der beteiligten Personen in den Wissensprozessen genauer betrachtet.

Es konnte festgestellt werden, dass kognitive Strukturen einen Einfluss darauf haben, wie Wissen innerhalb des sozialen Gefüges transformiert wird. Dabei wurde auch auf die zentrale Rolle der Sprache hingewiesen. Schließlich wurde gezeigt, dass die organisationale Wissensbasis den grundlegenden Rahmen, innerhalb dessen die Wissensprozesse stattfinden, bildet.

In Kapitel fünf wurden auf der Grundlage des zuvor dargestellten Wissensbegriffs und der Wissenstransformation sieben Thesen über Wissen und die damit verbundenen Wissensprozesse aufgestellt. Darauf aufbauend wurden zehn Implikationen formuliert, die es bei der Organisation von Wissen im Sinne der Gestaltung eines möglichst ungehinderten Wissensflusses in Unternehmen zu berücksichtigen gilt.

Die Ausführungen in Kapitel sechs beschäftigten sich mit der Intervention in die Prozesse der wissensbasierten Interaktion und der Erarbeitung der forschungstheoretischen Grundlagen aufbauend auf die zuvor aufgestellten Thesen.

In einem ersten Schritt wurde der Forschungszugang und die Forschungsmethodik thematisiert. Der dieser Arbeit zugrunde liegende Wissensbegriff implizierte einen konstruktivistischen Zugang zur Thematik verbunden mit einer qualitativen Grundausrichtung der Forschung, die kurz skizziert wurden.

Anschließend wurde die in den Studien verwendete Forschungskonzeption der Aktionsforschung dargestellt. Die Untersuchung der Prozesse des Wissens kann nur *in Aktion* stattfinden. Denn Wissen wird in situ von den beteiligten Personen konstruiert.

Zur Analyse der Wissensprozesse wurde aufbauend auf die Methode des Cognitive Mapping eine Interaktionsanalyse konzipiert. Diese kam in der empirischen Untersuchung zweier Fallstudien zur Anwendung, die in Kapitel sieben präsentiert wurden.

Das zentrale Ergebnis der ersten Studie war, dass gezeigt wurde, dass mit der konzipierten Methodik wissensbasierte Interaktionen analysiert werden können. Es wurden die den Wissensprozessen zugrunde liegenden Denkmodelle mit Hilfe der kognitiven Karten visualisiert. Dies erlaubte eine Diskussion und Reflexion über die bestehenden Prozesse im Team. Darauf aufbauend wurden Maßnahmen zur Verbesserung der Prozesse formuliert.

Die Analyse stellte eine Intervention in die bestehenden Prozesse dar und bewirkte somit eine Veränderung des Status quo. In der Aktionsforschung wird die Intervention in Bestehendes und die dadurch hervorgerufene Veränderung als wesentliches Element der Untersuchung betrachtet. Durch die Veränderung wird ein umfassenderes Verständnis der Wissensprozesse ermöglicht. Denn es wird ersichtlich, wie sich die veränderten Bedingungen auf die Prozesse auswirken und es kann daraus auf das Verhalten des Systems, i.e. der Wissensprozesse geschlossen werden.

In der zweiten Studie wurde die Analyse der bestehenden Prozesse daher zu einem zweiten Erhebungszeitpunkt wiederholt. Es wurde untersucht, wie sich die den Wissensprozessen zugrunde liegenden Denkmodelle im Zeitablauf veränderten. Dabei konnten einschneidende Veränderungen festgestellt werden, die wiederum gemeinsam mit den Beteiligten diskutiert und reflektiert wurden. Zentrale Ergebnisse der zweiten Studie sind:

(1) Aufgrund der Darstellung der Veränderungen konnte gezeigt werden, dass es möglich ist, das den Wissensprozessen zugrunde liegende Wirkungsgefüge mit der verwendete Analysemethodik darzustellen und zu beschreiben.

(2) Durch die Intervention und die Veränderung der Prozesse wird das grundlegende Verständnis für die herrschenden Wissensprozesse erweitert.

(3) Die mit der Analyse einhergehende Diskussion und Reflexion bewirkt bei den Beteiligten ein Bewusstsein für die wichtigsten Einflussfaktoren der Wissensprozesse und bietet damit die Grundlage für selbst-evolvierende Wissensströme.

Die vorliegende Arbeit beschäftigte sich mit den grundlegenden Prozessen des Wissensaustausches und der Wissensentwicklung in Organisationen. Es sollten die Kernelemente aufgezeigt werden, die für die Kultivierung der Ressource Wissen in Unternehmen von Bedeutung sind. Ziel war es, Wege zu skizzieren, die einen Nährboden für selbst-evolvierende Wissensströme, d.h. die bedarfsgerechte Verbreitung von Wissen in Unternehmen schaffen. Es wurden dazu eine Aktionsforschung durchgeführt und bestehende Wissensprozesse analysiert. Die

Analyse stellte eine Intervention dar, die einen Impuls für die Weiterentwicklung der Wissenstransformation symbolisierte.

Der Forschungsprozess, der in dieser Arbeit beschritten wurde, zeichnet sich durch sein induktives auf die Fallstudien zugeschnittenes Vorgehen aus. Auf der Grundlage eines Wissensbegriffs, der die implizite Dimension in den Vordergrund stellt, Wissen als Prozess begreift und die Rolle der sozialen Konstruktion betont, wurde ein individualisiertes Modell der Organisationsentwicklung entworfen.

Dieses Modell bricht mit der Tradition des Wissens-Management im Sinne einer kontrollierten Steuerung von Wissen als transferierbares Gut. Stattdessen wird in dem hier vorliegenden Modell versucht, den Vorzeichen des neuen Paradigmas der Wissensgesellschaft[1] und der damit verbundenen wissensorientierte Perspektive Rechnung zu tragen.

Das in dieser Arbeit vorgestellte Modell stellt eine Möglichkeit zur Förderung der Wissenstransformation in Unternehmen dar. Die praktische Anwendung des Modells innerhalb der Organisationsentwicklung wurde mit den beiden Studien gezeigt. Zukünftige Forschungsanstrengungen könnten hier in einer weiteren Optimierung der Methodik hinsichtlich ihrer Effektivität und Effizienz liegen, etwa im Bereich der Ermittlung der Einflussfaktoren.

Die Implikationen der vorliegenden Arbeit für die Theorie des Wissens in Organisationen liegen in dem zugrunde gelegten Verständnis des Wissensbegriffs mit der

- Betonung der impliziten Dimension des Wissens
- Wissen als ein Prozess des Wissens und der
- sozialen Konstruktion des Wissens.

Dieses Verständnis von Wissen und die damit verbundenen Prozesse der Wissenstransformation sind Teil eines neuen Paradigmas einer wissensorientierten Perspektive von Unternehmen bzw. einer Knowledge-based View.

Zukünftige Forschungsanstrengungen könnten daher Aufschluss über Möglichkeiten der Kultivierung der Ressource Wissen innerhalb dieses Paradigmas geben. Dazu ist es

---

[1] vgl. etwa Drucker (1992); Grant (1996); Willke (1996)

notwendig, weitere Analysen über Wissen in Organisationen und die damit verbundenen Interaktionsprozesse zwischen den beteiligten Personen durchzuführen.

Literaturverzeichnis

Altrichter, Herbert/Posch, Peter (1994): Lehrer erforschen ihren Unterricht, 2., durchges. und bearb. Aufl., Bad Heilbrunn: Klinkhardt

Amelingmeyer, Jenny (1999): Wissensmanagement - Analyse und Gestaltung der Wissensbasis von Unternehmen, Wiesbaden: Deutscher Universitäts-Verlag

Amit, Raphael/Schoemaker, Paul J.H. (1993): "Strategic Assets and Organizational Rent", Strategic Management Journal, 14, 1, S. 33-46

Andrews, Kenneth R. (1971): The Concept of Corporate Strategy, Homewood (Il): Irwin

Argyris, Chris (1982): Reasoning, Learning and Action - Individual and Organizational, San Francisco: Jossey-Bass

Argyris, Chris (1993): Actionable Knowledge, San Francisco

Argyris, Chris (1997): Wissen in Aktion - eine Fallstudie zur lernenden Organisation, Stuttgart: Klett-Cotta

Argyris, Chris/Putnam, Robert/McLain Smith, Diana (1985): Action Science, San Francisco, London: Jossey-Bass

Argyris, Chris/Schön, Donald A. (1974): Theory in Practice - Increasing Professional Effectiveness, San Francisco: Jossey-Bass

Axelrod, Robert (1976): Structure of Decision - The Cognitive Maps of Political Elites, Princeton: Princeton University Press

Badaracco, Joseph L. (1991): The Knowledge Link - How Firms Compete through Strategic Alliances, Boston: Harvard Business School

Barney, Jay (1991): "Firm Resources and Sustained Competitive Advantage", Journal of Management, 17, 1, S. 99-120

Barrett, Frank J./Cooperrider, David L. (1990): "Generative Metaphor Intervention: A New Behavioral Approach for Working with Systems Divided by Conflict and Caught in Defensive Perception", Journal of Applied Behavioral Science, 23, 4, S. 219-244

Baumard, Philippe (1999): Tacit Knowledge in Organizations, London, Thousand Oaks, New Delhi: Sage

Baumgartner, Peter (1993): Der Hintergrund des Wissens - Vorarbeiten zu einer Kritik der programmierbaren Vernunft, 26, Klagenfurt: Kärntner Druck- und Verlagsgesellschaft

Bell, Daniel (1999): "The Axial Age of Technology Foreword: 1999", in: Bell, Daniel (Hrsg.), The Coming of the Post-Industrial Society, Special Anniversary Edition, New York: Basic Books, S. lx-lxxxv

Berger, Peter L./Luckmann, Thomas (1999): Die gesellschaftliche Konstruktion der Wirklichkeit - Eine Theorie der Wissenssoziologie, 16, Frankfurt a. M.: Fischer Taschenbuch

Bergold, Jarg B./Flick, Uwe (1987): Ein-Sichten - Zugänge zur Sicht des Subjekts mittels qualitativer Forschung, Tübingen: DGVT

Bettis, Richard A./Prahalad, C. K. (1995): "The Dominant Logic - Retrospective and Extension", Strategic Management Journal, 16, S. 5-14

Blackler, Frank (1995): "Knowledge, Knowledge Work and Organizations - An Overview and Interpretation", Organization Studies, 16, 6, S. 1021-1046

Blumer, Herbert (1973): "Der methodologische Standort des Symbolischen Interaktionismus", in: Soziologen, Arbeitsgruppe Bielefelder (Hrsg.), Alltagswissen, Interaktion und gesellschaftliche Wirklichkeit, Hamburg: Rowohlt, S. 80-146

Boisot, Max H. (1995): Information Space - A Framework for Learning in Organizations, Institutions and Culture, London et al.: Routledge

Bortz, Jürgen/Döring, Nicola (1995): Forschungsmethoden und Evaluation, 2., vollst. überarb. und aktualisierte Aufl., Berlin, Heidelberg u.a.: Springer

Bougon, Michel (1983): "Uncovering Cognitive Maps - The Self-Q Technique", in: Morgan, Gareth (Hrsg.), Beyond Method - Social Research Strategies, London, New Dehli, et. al.: Sage, S. 173-188

Bougon, Michel G. (1992): "Congregate Cognitive Maps - A Unified Dynamic Theory of Organization and Strategy", Journal of Management Studies, 29, 3, S. 369-389

Bougon, Michel/Weick, Karl/Binkhorst, Din (1977): "Cognition in Organizations: An Analysis of the Utrecht Jazz Orchestra", Administrative Science Quarterly, 22, S. 606-639

Brown, John Seeley/Duguid, Paul (1991): "Organizational Learning and Communities-of-Practice - Toward a Unified View of Working, Learning and Innovation", Organization Science, 2, 1, S. 40-57

Brown, John Seely/Duguid, Paul (1999): "Dem Unternehmen das Wissen seiner Menschen erschließen", Harvard Business Manager, 3, S. 76-88

Brown, John Seely/Duguid, Paul (2000): "Rigide Dienstanweisung contra flexible Praxis - ein Balanceakt", Harvard Business Manager, 6, S. 65-72

Comte, Auguste (1853): The Positive Philosophy of Auguste Comte, London: Trubner and Co

Cook, Noam S. D./Brown, John Seely (1999): "Bridging Epistemologies - The Generative Dance Between Organizational Knowledge and Organizational Knowing", Organization Science

Cyert, Richard M./March, James G. (1963): A Behavioral Theory of the Firm, Englewood Cliffs, NJ: Prentice Hall

Davenport, Thomas H./Prusak, Laurence (1998a): Wenn Ihr Unternehmen wüßte, was es alles weiß - das Praxishandbuch zum Wissensmanagement, Landsberg (u.a.): Verl. Moderne Industrie

Davenport, Thomas H./Prusak, Laurence (1998b): Working Knowledge - How Organizations Manage what They Know, Boston: Harvard Business School Press

Dewey, John (1922): Human Conduct and Nature - An Introduction to Social Psychology, London: George Allen & Unwin

Drucker, Peter F. (1992): "The New Society of Organizations", Harvard Business Review, 70, 5, Sept./Oct., S. 95-104

Drucker, Peter F. (1998): "Wissen - die Trumpfkarte der entwickelten Länder - In den Industrieländern schrumpft die Bevölkerung. Der Produktionsfaktor Wissen muss daher systematisch verstärkt und genutzt werden.", Harvard Business Manager, 4, S. 9-11

Dummett, Michael (1993): The Seas of Language, Oxford: Oxford University Press

Durkin, Kevin (1996): "Entwicklungssozialpsychologie", in: Stroebe, Wolfgang/ Hewstone, Miles/Stephenson, Geoffrey M. (Hrsg.), Sozialpsychologie - Eine Einführung, Berlin, Heidelberg, New York: Springer

Easterby-Smith, Marc/Thorpe, Richard/Lowe, Andy (2002): "Management Research - An Introduction", (Hrsg.), 2, London, Thousand Oaks, New Delhi: Sage, S. 194

Eden, Colin (1992): "On the Nature of Cognitive Maps", Journal of Management Studies, 29, 3, S. 261-266

Eden, Colin/Jones, Sue/Sims, David (1979): Thinking in Organizations, London: Macmillan

Eden, Colin/Jones, Sue/Sims, David (1983): Messing About in Problems - An Informal Structured Approach to their Identification and Management, Oxford: Pergamon

Eden, Colin/Spender, J.-C. (1998): Managerial and Organizational Cognition - Theory, Methods and Research, 1. publ., London u.a.: Sage

Eppler, Martin J./Diemers, Daniel (2001): "Reale und virtuelle Gemeinschaften im betriebswirtschaftlichen Kontext", Die Unternehmung, 55, 1, S. 25-41

Fiol, Marlene/Huff, Anne Sigismund (1992): "Maps for Managers - Where Are We? Where Do We Go from Here?", Journal of Management Studies, 29, 3, S. 267-285

Fischer, Hans Rudi (1995a): "Abschied von der Hinterwelt? - Zur Einführung in den Radikalen Konstruktivismus", in: Fischer, Hans Rudi (Hrsg.), Heidelberg: Carl-Auer-Systeme, S. 11-35

Fischer, Hans Rudi (1995b): "Sprache und Wirklichkeit - Eine unendliche Geschichte", in: Fischer, Hans Rudi (Hrsg.), Die Wirklichkeit des Konstruktivismus - Zur Auseinandersetzung um ein neues Paradigma, Heidelberg: Carl Auer Systeme Verlag

Fischer, Hans Rudi/Peschl, Markus F. (1996): "Konstruktivismus", in: Strube, Gerhard/Becker, Barbara/Freska, Christian/Hahn, Udo/Opwis, Klaus/Palm, Günther (Hrsg.), Wörterbuch der Kognitionswissenschaft, Stuttgart: Klett-Cotta, S. 329-331

Fiske, Susan T./Taylor, Shelley E. (1991): Social Cognition, 2. internat. ed., New York u.a.: McGraw-Hill

Flick, Uwe (1999): Qualitative Forschung - Theorie, Methoden, Anwendung in Psychologie und Sozialwissenschaften, 4., Reinbek bei Hamburg: Rowohlt Taschenbuch

Foerster, Heinz von (1992): Einführung in den Konstruktivismus, München u.a.: Piper

Foerster, Heinz von (1993a): KybernEthik, Berlin: Merve

Foerster, Heinz von (1993b): Wissen und Gewissen - Versuch einer Brücke, Frankfurt am Main: Suhrkamp

Foerster, Heinz von (1997a): Einführung in den Konstruktivismus, München, Zürich: Piper

Foerster, Heinz von (1997b): "Über das Konstruieren von Wirklichkeiten", in: Foerster, Heinz von/Schmidt, Siegfried J. (Hrsg.), Wissen und Gewissen - Versuch einer Brücke, Frankfurt am Main: Suhrkamp, S. 25-49

Freiling, Jörg (1998): "Ressourcen-Management - Neue Aufgaben für das Marketing", Absatzwirschaft, 41, 3, S. 64-68

Freiling, Jörg (2002): "Terminologische Grundlagen des Resource-based View", in: Bellmann, Klaus/Freiling, Jörg/Hammann, Peter/Mildenberger, Udo (Hrsg.), Aktionsfelder des Kompetenz-Managements, Wiesbaden: Deutscher Universitäts-Verlag, S. 3-28

French, Wendell L./Bell, Cecil H. (1973): Organization Development - Behavioral Science Interventions for Organization Improvement, Englewood Cliffs, NJ: Prentice-Hall

Friedrich, Stephan A./Matzler, Kurt/Stahl, Heinz K. (2002): "Quo vadis RBV? Stand und Entwicklungsmöglichkeiten des Ressourcenansatzes", in: Bellmann, Klaus/Freiling, Jörg/Hammann, Peter/Mildenberger, Udo (Hrsg.), Aktionsfelder des Kompetenz-Managements, Wiesbaden: Deutscher Universitäts-Verlag, S. 29-58

Fuchs-Heinritz, Werner/Lautmann, Rüdiger/Rammstedt, Otthein/Wienold, Hanns (1994): Lexikon zur Soziologie, 3. Aufl., Opladen: Westdeutscher Verlag

Gabel, Thomas (2001): "Knowledge Management", in: Merz, Helmut (Hrsg.), Praxis-Lexikon e-business, Landsberg/Lech: Verlag Moderne Industrie

Gadamer, Hans-Georg (1989): Truth and Method, 2nd edition, London: Sheed & Ward

Girtler, Roland (1992): Methoden der qualitativen Sozialforschung - Anleitung zur Feldarbeit, 3., unveränd. Aufl., Wien, Köln, Weimar: Böhlau

Glasersfeld, Ernst von (1988): The Construction of Knowledge - Contributions to Conceptual Semantics, Seaside (CA): Intersystems Publications

Glasersfeld, Ernst von (1996): Radikaler Konstruktivismus, 1. Aufl., Frankfurt am Main: Suhrkamp

Glasersfeld, Ernst von (1997): Wege des Wissens, 1. Aufl., Heidelberg: Auer

Goleman, Daniel (1998): Working with Emotional Intelligence, New York, Toronto, London u.a.: Bantam

Gourlay, Stephen (2002): "Tacit Knowledge, Tacit Knowing or Behaving?" in: Tsoukas, Haridimos/Mylonopoulos, Nikos (Hrsg.), The Third European Conference on Organizational Knowledge, Learning, and Capabilities Athens, Greece: ALBA, Athens Laboratory of Business Administration

Grant, David/Oswick, Cliff (1996): Metaphor and Organizations, London, Thousand Oaks (CA), New Delhi: Sage

Grant, Robert M. (1991): Contemporary Strategy Analysis - Concepts, Techniques, Applications, Cambridge: Basil Blackwell

Grant, Robert M. (1996): "Toward a Knowledge-Based Theory of the Firm", Strategic Management Journal, 17, Winter Special Issue, S. 109-122

Grant, Robert M. (1997): "The Knowledge-based View of the Firm - Implications for Management Practice", Long Range Planning, 30, 3, S. 450-454

Greif, Siegfried/Kurtz, Hans-Jürgen (1996): Handbuch selbstorganisiertes Lernen, Göttingen: Verl. für Angewandte Psychologie

Gunz, Josef (1998): "Aktionsforschung als aktivierende Sozialforschung", in: Kannonier-Finster, Waltraud/Ziegler, Meinrad (Hrsg.), Exemplarische Erkenntnis - zehn Beiträge zur interpretativen Erforschung sozialer Wirklichkeit, Innsbruck, Wien: Studien-Verlag, S. 93-112

Gurevitch, Zali (1995): "The Possibility of Conversion", The Social Quarterly, 36, 1, S. 97-109

Hall, Richard (1992): "The Strategic Analysis of Intangible Resources", Strategic Management Journal, 13, 2, S. 135-144

Hall, Roger I. (1984a): "The Natural Logic of Management Policy Making - Its Implications for the Survival of an Organization", Management Science, 30, 8, S. 905-927

Hall, Roger I. (1984b): "The Natural Logic of Management Policy Making - Its Implicatons for the Survival of an Organization", Management Science, 30, 8, S. 905-927

Hammann, Peter/Freiling, Jörg (2000): "Einführender Überblick zum Strategischen Kompetenz-Management", in: Hammann, Peter/Freiling, Jörg (Hrsg.), Die Ressourcen- und Kompetenzperspektive des Strategischen Managements, Wiesbaden: DUV

Hanft, Anke (1996): "Organisationales Lernen und Macht - Über den Zusammenhang von Wissen, Lernen, Macht und Struktur", in: Schreyögg, Georg/Conrad, Peter (Hrsg.), Wissensmanagement, Berlin/New York: Walter de Gruyter, S. 263-304

Hartfiel, Günter/Hillmann, Karl-Heinz (1982): Wörterbuch der Soziologie, 3., überarb. u. erg. Aufl., Stuttgart: Kröner

Hedberg, Bo (1981): "How Organisations Learn and Unlearn", in: Nyström, Paul C./ Starbuck, William H. (Hrsg.), Handbook of Organizational Design, New York, S. 3-27

Heidegger, Martin (1963): Sein und Zeit, Tübingen: Max Niemeyer

Hejl, Peter M./Stahl, Heinz K. (2000): "Einleitung - Acht Thesen zu Unternehmen aus konstruktivistischer Sicht", in: Hejl, Peter M./Stahl, Heinz K. (Hrsg.), Management und Wirklichkeit - Das Konstruieren von Unternehmen, Märkten und Zukünften, Heidelberg: Carl-Auer-Systeme Verlag

Hinterhuber, Hans H. (1995): "Business Process Management - The European Approach", Business Change and Re-Engineering, 2, 4, S. 63-73

Hinterhuber, Hans H. (1996): Strategische Unternehmungsführung - 1. Strategisches Denken: Vision, Unternehmungspolitik, Strategie, Berlin/New York: de Gruyter

Hinterhuber, Hans H./Friedrich, Stephan A./Handlbauer, Gernot/Stuhec, Ulrich (1996): "The Firm as a Cognitive System of Strategic Business Units and Core Competencies", Strategic Change, 5, S. 222-238

Hinterhuber, Hans H./Friedrich, Stephan A./Matzler, Kurt/Pechlaner, Harald (2000): "Die strategische Führung der diversifizierten Unternehmung - Wie schafft die Zentrale Werte?", Zeitschrift für Betriebswirtschaft, 70, 12, S. 1351-1370

Hinterhuber, Hans H./Handlbauer, Gernot/Matzler, Kurt (1997): Kundenzufriedenheit durch Kernkompetenzen, München, Wien: Hanser

Hinterhuber, Hans H./Renzl, Birgit (2002): "Die strategische Dimension des Wissensmanagements", in: Bornemann, Manfred/Sammer, Martin (Hrsg.), Wissensmanagement, Wiesbaden: Gabler, S. 19-33

Hinterhuber, Hans H./Stahl, Heinz K. (2000): "Die Unternehmung als Deutungsgemeinschaft", in: Hinterhuber, Hans H./Stahl, Heinz K. (Hrsg.), Unternehmensführung im Wandel - Perspektiven, Konzepte, Denkanstöße, Renningen, Wien: Expert-Linde, S. 42-52

Hitt, Michael A./Ireland, R. Duane/Hoskisson, Robert E. (2001): Strategic Management - Competitiveness and Globalization, 4th ed., Cincinaati, Ohio u.a.: Sout-Western College Publ.

Hoffmann-Riem, Christa (1980): "Die Sozialforschung einer interpretativen Soziologie", Kölner Zeitschrift für Soziologie und Sozialpsychologie, 32, S. 339-372

Huff, Anne Sigismund (1994): "Mapping Strategic Thought", in: Huff, Anne Sigismund (Hrsg.), Mapping Strategic Thought, Chichester [u.a.]: Wiley

Jaworski, Joseph/Scharmer, Claus Otto (2000): "Leadership in the New Economy - Sensing and Actualizing Emerging Futures"in: (Hrsg.), working paper, Society for Organizational LearningCambridge (MA) u.a.

Jelinek, Mariann/Litterer, Joseph A. (1994): "Toward a Cognitive Theory of Organizations", in: Stubbart, Chuck/Meindl, James R./Porac, Joseph F. (Hrsg.), Advances in Managerial Cognition and Organizational Information Processing, Greenwich, London: Jai Press

Johnson-Laird, Philip N. (1983): Mental Models, Cambridge: Cambridge University Press

Kim, Daniel H. (1993): "The Link Between Individual and Organizational Learning", Sloan Management Review, 34, 4, S. 37-50

Klippstein, Björn (1999): "Organisationsentwicklung", http://localhost/wissen/ oe_berat/index.htm, Abfragedatum: 09. Juli 2002

Knorr-Cetina, Karin (1989): "Spielarten des Konstruktivismus", Soziale Welt, 40, S. 88-96

Köckeis-Stangl, Eva (1980): "Interpretative Methoden kontrollierten Fremdverstehens", in: Hurrelmann, Klaus (Hrsg.), Handbuch der Sozialisationsforschung, Weinheim u.a.: Beltz

Kogut, Bruce/Zander, Udo (1992): "Knowledge of the Firm, Combinative Capabilities and the Replication of Technology", Organization Science, 3, 3, S. 383-398

Korzybski, Alfred (1994 (1st ed. in 1933)): Science and Sanity - An Introduction to Non-Aristotelian Systems and General Semantics, 5. ed., Englewood, NJ: Inst. of General Semantics

Kramer, Roderick M./Tyler, Tom R. (1996): Trust in Organisations - Frontiers of Theory and Research, London, Thousand Oaks, New Delhi: Sage

Kriwet, Carla Katharina (1997):Inter- and Intraorganizational Knowledge Transfer, Hochschule für Wirtschafts-, Rechts- und Sozialwissenschaften, St. Gallen

Krogh, Georg von (1998): "Care in Knowledge Creation", California Management Review, 40, 3, S. 133-153

Krogh, Georg von/Ichijo, Kazuo/Nonaka, Ikujiro (2000): Enabling Knowledge Creation - How to Unlock the Mystery of Tacit Knowledge and Release the Power of Innovation, New York et al: Oxford University Press

Krogh, Georg von/Roos, Johan (1995): Organizational Epistemology, Basingstoke, Hants [u.a.]: Macmillan

Krogh, Georg von/Roos, Johan (1996): Managing Knowledge - Perspectives on Cooperation and Competition, London/Thousand Oaks, California/New Delhi: Sage

Krogh, Georg von/Roos, Johan/Slocum, Ken (1994): "An Essay on Corporate Epistemology", Strategic Management Journal, 15, S. 53-71

Krogh, Georg von/Roos, Johan/Yip, George (1996): "A Note on the Epistemology of Globalizing Firms", in: Krogh, Georg von/Roos, Johan (Hrsg.), Managing Knowledge - Perspectives on Cooperation and Competition, London/Thousand Oaks, California/New Delhi: Sage, S. 203-217

Krogh, Georg von/Venzin, Markus (1995): "Anhaltende Wettbewerbsvorteile durch Wissensmanagement", Die Unternehmung, 6, S. 417-436

Kromrey, Helmut (1986): "Gruppendiskussionen - Erfahrungen im Umgang mit einer weniger häufigen Methode empirischer Sozialwissenschaft", in: Hoffmeyer-Zlotnik, Juergen (Hrsg.), Qualitative Methoden der Datenerhebung in der Arbeitsmigrantenforschung, Mannheim: FRG

Küchler, Manfred (1983): ""Qualitative Sozialforschung" - ein neuer Königsweg?", in: Garz, Detlef/Kraimer, Klaus (Hrsg.), Qualitative Sozialforschung - Konzepte, Methoden, Analysen, Opladen: Westdeutscher Verlag, S. 9-30

Kuhn, Thomas (1997): Die Struktur wissenschaftlicher Revolutionen, 2., rev. und um das Postskriptum von 1969 erg. Aufl., 14. Aufl., Frankfurt am Main: Suhrkamp

Lakoff, George (1995): "Body, Brain, and Communication (interviewed by Iain A. Boal)", in: Brook, James/Boal, Iain A. (Hrsg.), Resisting the Virtual Life, San Franscisco: City Light, S. 115-129

Lakoff, George/Johnson, Mark (1998): Leben in Metaphern - Konstruktion und Gebrauch von Sprachbildern, Heidelberg: Carl-Auer-Systeme

Lamnek, Siegfried (1995a): Qualitative Sozialforschung, Band 1, Methodologie, 3., korrigierte Aufl., Weinheim: Beltz

Lamnek, Siegfried (1995b): Qualitative Sozialforschung, Band 2, Methoden und Techniken, 3., korrigierte Aufl., Weinheim: Beltz

Lamnek, Siegfried (1998): Gruppendiskussion - Theorie und Praxis, Weinheim: Beltz

Lave, Jean/Wenger, Etienne (1991): Situated Learning - Legitimate Peripheral Participation, Cambridge [u.a.]: Cambridge University Press

Lehner, Johannes M. (1996): ""Cognitive Mapping": Kognitive Karten vom Management", in: Schreyögg, Georg/Conrad, Peter (Hrsg.), Managementforschung - Wissensmanagement, Berlin/New York: de Gruyter, S. 83-132

Lehner, Johannes M. (2001): Praxisorientiertes Projektmanagement – Grundlagenwissen an Fallbeispielen illustriert, Wiesbaden: Gabler

Lehner, Johannes M. (in Druck): "Metaphors, Stories, Models - A Unified Account of Decisions - Part 2 What Managers Do", Reason in Practice

Leonard-Barton, Dorothy (1995): Wellsprings of Knowledge - Building and Sustaining the Sources of Information, Boston: Harvard Business School Press

Levine, John M./Moreland, Richard L. (1999): "Knowledge Transmission in Work Groups - Helping Newcomers to Succeed", in: Thompson, Leigh L./Levine, John M./Messick, David M. (Hrsg.), Shard Cognition in Organizations - The Management of Knowledge, Mahwah and London: Lawrence Erlbaum Associates, S. 267-296

Levitt, Barbara/March, James G. (1988): "Organizational Learning", Annual Review of Sociology, 14, S. 319-340

Lewin, Kurt (1951): Field Theory in Social Science, New York: Harper & Row

Lewin, Kurt (1982): "Aktionsforschung und Minderheitenprobleme", in: Graumann, Carl-Friedrich (Hrsg.), Kurt-Lewin-Werkausgabe, Band 7, Bern u.a.: Huber

Liebeskind, Julia Porter (1996): "Knowledge, Strategy, and the Theory of the Firm", Strategic Management Journal, 17, S. 93-107

Linde, Charlotte (2001): "Narrative and Social Tacit Knowledge", Journal of Knowledge Management, 5, 2, S. 160-170

Luhmann, Niklas (1990): Die Wissenschaft der Gesellschaft, Frankfurt am Main: Suhrkamp

MacCaskey, Michael B. (1982): The Executive Challenge - Managing Change and Ambiguity, Boston u.a.: Pitman

MacIntyre, Alasdair (1985): After Virtue - A Study in Moral Theory, 2nd edition, London: Duckworth

MacLennan, Nigel (1995): Coaching and Mentoring, Aldershot, Hants u.a.: Gower

Mangham, Iain I. (1996): "Some Consequences of Taking Gareth morgan Seriously", in: Grant, David/Oswick, Cliff (Hrsg.), Metaphor and Organizations, London, Thousand Oaks, New Delhi: Sage

March, James G./Simon, Herbert A. (1958): Organizations, New York u.a.: Wiley

Maturana, Humberto R. (1994): Was ist erkennen?, München u.a.: Piper

Maturana, Humberto R./Varela, Francisco J. (1987): Der Baum der Erkenntnis - Die biologischen Wurzeln menschlichen Erkennens, München: Goldmann

Matzler, Kurt/Hinterhuber, Hans H./Friedrich, Stephan A./Stahl, Heinz K. (2002a): "German Research in Strategic Management - Core Issues and Future Directions", Sinergie, (in Druck)

Matzler, Kurt/Stahl, Heinz K./Hinterhuber, Hans H. (2002b): "Customer-based View der Unternehmung", in: Hinterhuber, Hans H./Matzler, Kurt (Hrsg.), Kundenorientierte Unternehmensführung, 3. Aufl., Wiesbaden: Gabler, S. 3-31

Mayeroff, Milton (1971): On Caring, New York: Harper & Row

Mayring, Philipp (1989): "Die qualitative Wende - Grundlagen, Techniken und Integrationsmöglichkeiten qualitativer Forschung in der Psychologie", in: Schönpflug, Wolfgang (Hrsg.), Bericht über den 36. Kongreß der Deutschen Gesellschaft für Psychologie in Berlin, Göttingen: Hofgrefe, S. 306-313

Mayring, Philipp (1999): Einführung in die qualitative Sozialforschung, 4., Weinheim: Psychologie Verlags Union

Mead, George H. (1968): Geist, Identität und Gesellschaft - Aus der Sicht des Sozialbehaviorismus, Frankfurt am Main: Suhrkamp

Mead, George H. (1973): Geist, Identität und Gesellschaft - Aus der Sicht des Sozialbehaviorismus, Frankfurt am Main: Suhrkamp

Morgan, Gareth (1983): "More on Metaphor - Why We Cannot Control Tropes in Administrative Science", Administrative Science Quaterly, 28, 4, S. 601-607

Müller, Werner R./Hurter, Marint (1999): "Führung als Schlüssel zur organisationalen Lernfähigkeit", in: Schreyögg, Georg/Sydow, Jörg (Hrsg.), Führung neu gesehen, Berlin/New York: Walter de Gruyter, S. 1-53

Müller-Stewens, Günter/Lechner, Christoph (2001): Strategisches Management - Wie strategische Initiativen zum Wandel führen, Stuttgart: Schäffer-Poeschel

Nelson, Richard R. /Winter, Sidney G. (1982): An Evolutionary Theory of Economic Change, Cambridge, Mass. u.a.: Belknap Press of Harvard Univ. Press

Neuweg, Georg Hans (1999): Könnerschaft und implizites Wissen - zur lehrlerntheoretischen Bedeutung der Erkenntnis- und Wissenstheorie Michael Polanyis, Münster, New York, München, Berlin: Waxmann

Nishida, Kitaro (1970): Fundamental Problems of Philosphy - The World of Action and the Dialectical World, Tokyo: Sophia University

Nishida, Kitaro (1989): Über das Gute (Zen-no-kenkyu) - Eine Philosophie der reinen Erfahrung, Frankfurt am Main: Insel

Nonaka, Ikujiro (1991): "The Knowledge-Creating Company", Harvard Business Review, 69, 6, S. 96-104

Nonaka, Ikujiro (1992): "Wie japanische Konzerne Wissen erzeugen", Harvard Manager, 2, S. 95-103

Nonaka, Ikujiro/Konno, Noboru (1998): "The Concept of "Ba" - Building a Foundation for Knowledge Creation", California Management Review, 40, 3, S. 40-54

Nonaka, Ikujiro/Takeuchi, Hirotaka (1995): The Knowledge-Creating Company - How Japanese Companies Create the Dynamics of Innovation, New York/Oxford: Oxford University Press

Nonaka, Ikujiro/Takeuchi, Hirotaka/Umemoto, Katsuhiro (1996): "A Theory of Organizational Knowledge Creation", International Journal of Technology Management, 11, Special Issue on Unlearning and Learning for Technological Innovation, 7/8, S. 833-845

Nonaka, Ikujiro/Toyama, Ryoko/Konno, Noboru (2000): "SECI, *Ba* and Leadership - a Unified Model of Dynamic Knowledge Creation", Long Range Planning, 33, 4, S. 5-34

Nonaka, Ikujiro/Yamanouchi, Teruo (1989): "Managing Innovation as a Self-Renewing Process", Journal of Business Venturing, 4, 5, S. 299-315

North, Klaus (1999): Wissensorientierte Unternehmensführung - Wertschöpfung durch Wissen, 2, Wiesbaden: Gabler

O'Keefe, John/Nadel, Lynn (1978): The Hippocampus as a Cognitive Map, Oxford: Oxford University Press

Orr, Julian E. (1990): "Sharing Knowledge, Celbrating Identity - Community Memory in a Service Culture", in: Middleton, David/Edwards, Derek (Hrsg.), Collective Remembering, reprinted 1997, London, Thousand Oaks, New Dehli: Sage, S. 169-189

Orr, Julian E. (1996): Talking About Machines - An Ethnography of a Modern Job, New York: Cornell University Press

Ortony, Andrew (1993): Metaphor and Thought, 2nd edn, Cambridge: Cambridge University Press

Ouchi, William G. (1984): The M-Form Society - How American Teamwork Can Recapture the Competitive Edge, Reading, Mass. u.a.: Addison-Wesley

Ouchi, William G./Price, Raymond L. (1978): "Hierarchies, Clans and Theory Z - A New Perspective on Organization Development", Organizational Dynamics, Autumn, S. 25-44

Penrose, Edith T. (1959): The Theory of the Growth of the Firm, Oxford: Basil Blackwell

Perrig, Walter J. (1990): "Implizites Wissen - Eine Herausforderung für die Kognitionspsychologie", Schweizerische Zeitschrift für Psychologie, 49, 4, S. 234-249

Petzold, Hilarion (1980): "Moreno - nicht Lewin - der Begründer der Aktionsforschung", Zeitschrift für Gruppendynamik, 11, S. 142-166

Peuckert, Rüdiger (2001): "Interaktion", in: Schäfers, Bernhard (Hrsg.), Grundbegriffe der Soziologie, Opladen: Leske und Budrich, S. 154-157

Piaget, Jean (1967): Psychologie der Intelligenz, Zürich: Rascher

Picot, Arnold/Reichwald, Ralf/Wigand, Rolf T. (1996): Die grenzenlose Unternehmung - Information, Organisation und Management, Wiesbaden: Gabler

Pierer, Heinrich von (2000): "The E-Driven Company", http://w4.siemens.de/de2/flash/press/film_service/audio/documents/pierer_rede.doc., Abfragedatum: 30.06.2002

Polanyi, Michael (1962): Personal Knowledge - Towards a Post-Critical Philosophy, First published 1958, corrected edition 1962, reprinted 1998, London: Routledge

Polanyi, Michael (1969a): "Knowing and Being", in: Grene, Marjorie (Hrsg.), Knowing and Being, London: Routledge & Kegan Paul

Polanyi, Michael (1969b): "The Logic of Tacit Inference", in: Grene, Marjorie (Hrsg.), Knowing and Being, London: Routledge & Kegan Paul

Polanyi, Michael (1969c): "Sense-Giving and Sense-Reading", in: Grene, Marjorie (Hrsg.), Knowing and Being, London: Routledge & Kegan Paul

Polanyi, Michael (1983): The Tacit Dimension, repr., Gloucester, Mass.: Peter Smith

Polanyi, Michael (1985): Implizites Wissen (Dt. Übers. von: The Tacit Dimension), Frankfurt am Main: Suhrkamp

Polanyi, Michael/Prosch, Harry (1975): Meaning, Chicago: The University of Chicago Press

Popper, Karl R. (1969): Logik der Forschung, 3. verm. Aufl., Tübingen: Mohr

Porter, Michael E. (1980): Competitive Strategy - Techniques for Analyzing Industries and Competitors, New York: The Free Press

Porter, Michael E. (1985): Competitive Advantage - Creating and Sustaining Superior Performance, 2. print., New York: Free Press

Prahalad, C.K./Hamel, Gary (1990): "The Core Competence of the Corporation", Harvard Business Review, 68, 3, S. 79-91

Preglau, Max (2001): "Symbolischer Interaktionismus - George Herbert Mead", in: Morel, Julius/Bauer, Eva/Meleghy, Tamás/Niedenzu, Henz-Jürgen/Preglau, Max/Staubmann, Helmut (Hrsg.), Soziologische Theorie - Abriß der Ansätze ihrer Hauptvertreter, 7., bearbeitete und erweiterte Auflage, München, Wien: Oldenbourg, S. 52-66

Probst, Gilbert J. B./Raub, Steffen/Romhardt, Kai (1998): Wissen managen - wie Unternehmen ihre wertvollste Ressource optimal nutzen, 2., Wiesbaden: Gabler

Probst, Gilbert J. B./Raub, Steffen/Romhardt, Kai (1999): Wissen managen - wie Unternehmen ihre wertvollste Ressource optimal nutzen, 3. Aufl., Wiesbaden: Gabler

Probst, Gilbert J./Naujoks, H. (1993): "Autonomie und Lernen im entwicklungsorientierten Management", Zeitschrift für Führung und Organisation, 6, S. 368-374

Prosch, Harry (1986): Michael Polanyi - A Critical Exposition, Albany: State University of New York Press

Putz, Peter/Arnold, Patricia (2000): "Communities of Practice als Orientierungsrahmen virtueller Lehrumgebungen", in: Scheuermann, Friedrich (Hrsg.), Campus 2000 - Lernen in neuen Organisationsformen, Münster et al.: Waxmann

Ranson, Stewart/Hinings, Bob/Greenwood, Royston (1980): "The Structuring of Organization Structures", Administrative Science Quaterly, 25, 1, S. 1-17

Rappoport, R.N. (1970): "Three Dilemmas in Action Research", Human Relations, 23, 4, S. 499-513

Rasche, Christoph (2002): Multifokales Management - Strategien und Unternehmenskonzepte für den pluralistischen Wettbewerb, Wiesbaden: Deutscher Universitäts-Verlag

Reason, Peter W. (1989): Human Inquiry in Action - Developments in New Paradigm Research, London u.a.: Sage

Reason, Peter W./Bradbury, Hilary (2001): Handbook of Action Research - Participative Inquiry and Practice, London u.a.: Sage

Reber, Arthur S. (1993): Implicit Learning and Tacit Knowledge - An essay on the Cognitive Unconscious, 19, Oxford, New York: Oxford University Press

Rehäuser, Jakob/Krcmar, Helmut (1996): "Wissensmanagement im Unternehmen", in: Schreyögg, Georg/Conrad, Peter (Hrsg.), Wissensmanagement, Berlin/New York: de Gruyter, S. 1-40

Renzl, Birgit (2001): "Wissensaustausch und Wissensentwicklung - Wie man beide durch Interaktionsanalyse fördern kann. Eine Studie.", in: Hinterhuber, Hans H./Stahl, Heinz K. (Hrsg.), Fallen die Unternehmensgrenzen? Beiträge zu einer außenorientierten Unternehmensführung, 3, Renningen-Malmsheim: Expert-Linde, S. 217-233

Renzl, Birgit/Raich, Frieda (2002): "Dienstleistung in der Wissensgesellschaft? Die Bedeutung einer wissensorientierten Unternehmenskultur.", in: Hinterhuber, Hans H./Stahl, Heinz K. (Hrsg.), Erfolg durch "Dienen"? Zur wertsteigernden Führung von Dienstleistungsunternehmen, 4, Renningen-Malmsheim: Expert-Linde

Roehl, Heiko (2000): Instrumente der Wissensorganisation - Perspektiven für eine differenzierende Interventionspraxis, Wiesbaden: Deutscher Universitäts-Verlag

Roos, Johan/Krogh, Georg von (2002): "The New Language Lab - Parts 1 and 2", in: Little, Stephen/Quintas, Paul/Ray, Tim (Hrsg.), Managing Knowledge - An Essential Reader, London, Thousand Oaks, New Delhi: Sage, S. 255-263

Roth, Gerhard (1987): "Die Entwicklung kognitiver Selbstreferentialität im menschlichen Gehirn", in: Baecker, Dirk/Luhmann, Niklas (Hrsg.), Theorie als Passion, Frankfurt am Main: Suhrkamp, S. 394-422

Roth, Gerhard (2000): "Radikaler Konstruktivismus, Realität und Wirklichkeit - Gehirn, Realität, Wirklichkeit und Ich", in: Hejl, Peter M./Stahl, Heinz K. (Hrsg.), Management und Wirklichkeit - Das Konstruieren von Unternehmen, Märkten und Zukünften, Heidelberg: Carl-Auer-Systeme

Rugman, Alan M./Verbeke, Alain (2002): "Edith Penrose's Contribution to the Resource-based View of Strategic Management", Strategic Management Journal, 23, 8, S. 769-780

Ryle, Gilbert (1969): Der Begriff des Geistes, Stuttgart: Philipp Reclam jun.

Sackmann, Sonja A. (1989): "The Role of Metaphors in Organization Transformation", Human Relations, 42, 6, S. 463-485

Sackmann, Sonja A. (2000): "Unternehmenskultur - Konstruktivistische Betrachtungen und deren Implikationen für die Unternehmenspraxis", in: Hejl, Peter M./Stahl, Heinz K. (Hrsg.), Management und Wirklichkeit - Das Konstruieren von Unternehmen, Märkten und Zukünften, Heidelberg: Carl-Auer-Systeme Verlag, S. 141-158

Sammer, Martin (2000): Vernetzung von Wissen in Organisationen, Wiesbaden: Deutscher Universitäts-Verlag

Sanchez, Ron/Heene, Aimé/Thomas, Howard (1996): "Introduction - Towards the Theory and Practice of Competence-based Competition", in: Sanchez, Ron/Heene, Aimé/Thomas, Howard (Hrsg.), Dynamics of Competence-based Competition - Theory and Practice in the New Strategic Management, Oxford u.a.: Pergamon, S. 1-35

Schacter, Daniel L. (1987): "Implicit Memory - History and Current Status", Journal of Experimental Psychology - Learning, Memory, and Cognition, 13, 3, S. 501-518

Scharmer, Claus Otto (2000): "Organizing Around Not-Yet-Embodied Knowledge", in: Krogh, Georg von/Nonaka, Ikujiro/Nishiguchi, Toshihiro (Hrsg.), Knowledge Creation - A Source of Value, Basingstoke, Hants (u.a.): Macmillan Press (u.a.)

Scharmer, Claus Otto (2001): "Self-transcending Knowledge - Sensing and Organizing around Emerging Opportunities", Journal of Knowledge Management, 5, 2, S. 137-150

Schein, Edgar (1992): Organizational Culture and Leadership, 2nd ed., San Francisco: Joessey-Bass

Schneider, Ursula (1996): "Management in der wissensbasierten Unternehmung - Das Wissensnetz in und zwischen Unternehmen knüpfen", in: Schneider, Ursula (Hrsg.), Wissensmanagement - Die Aktivierung des intellektuellen Kapitals, Frankfurt am Main: Frankfurter Allgemeine Zeitung, Verlg.-Bereich Wirtschaftsbücher, S. 13-48

Schoen, Stefan (1999): "Gestaltung und Unterstützung von Communities of Practice", in: Scheer, August-Wilhelm (Hrsg.), Electronic Business und Knowledge Management - neue Dimensionen für den Unternehmungserfolg, Heidelberg: Physica, S. 543-574

Schön, Donald A. (1983): The Reflective Practitioner - How Professionals Think in Action, New York: Basic Books

Schreyögg, Georg (2001): "Wissen, Wissenschaftstheorie und Wissensmanagement. Oder: Wie die Wissenschaftstheorie die Praxis einholt.", in: Schreyögg, Georg (Hrsg.), Wissen in Unternehmen - Konzepte, Maßnahmen, Methoden, Berlin: Erich Schmidt Verlag, S. 3-18

Selznick, Peter (1957): Leadership in Administration - A Sociological Interpretation, New York: Harper & Row

Senge, Peter M. (1996): Die fünfte Disziplin - Kunst und Praxis der lernenden Organisation, 3. Aufl., Stuttgart: Klett-Cotta

Shimizu, H. (1995): "Ba-Principle: New Logic for the Real-Time Emergence of Information", Holonics, 2, 1, S. 67-79

Silbereisen, Rainer K. (1998): "Soziale Kognition - Entwicklung von sozialem Wissen und Verstehen", in: Oerter, Rolf/Montada, Leo (Hrsg.), Entwicklungspsychologie, 4., korrigierte Aufl., Weinheim: Beltz, S. 823-861

Sorri, Mari/Gill, Jerry H. (1989): A Post-Modern Epistemology - Language, truth and Body, Lewinston, NY: E. Mellen Press

Sparrow, John (1998): Knowledge in Organizations - Access to Thinking at Work, London, Thousand Oaks (CA), New Delhi: Sage

Spender, J.-C. (1996a): "Making Knowledge the Basis of a Dynamic Theory of the Firm", Strategic Management Journal, 17, Winter Special Issue, S. 45-62

Spender, J.-C. (1996b): "Organizational Knowledge, Learning and Memory - Three Concepts in Search of a Theory", Journal of Organizational Change, 9, 1, S. 63-78

Spöhring, Walter (1989): Qualitative Sozialforschung, Stuttgart: Teubner

Stahl, Heinz K. (1996): Zero-Migration - Ein kundenorientiertes Konzept der strategischen Unternehmensführung, Wiesbaden: Gabler

Stalk, George P./Evans, Phillip/Shulman, Lawrence E. (1992): "Competing on Capabilities - The New Rules of Corporate Strategy", Harvard Business Review, 70, 2, S. 57-70

Steinke, Ines (1999): Kriterien qualitativer Forschung - Ansätze zur Bewertung qualitativ-empirischer Sozialforschung, Weinheim, München: Juventa

Swan, Jacky/Newell, Sue (1998): "Making Sense of Technological Innovation - The Political and Social Dynamics of Cognition", in: Eden, Colin/Spender, J.-C. (Hrsg.), Managerial and Organizational Cognition - Theory, Methods and Research, London, Thousand Oaks, New Delhi: Sage, S. 108-129

Takeuchi, Hirotaka (1998): "Beyond Knowledge Management - Lessons from Japan", http://www.sveiby.com.au/lessonsJapan.htm, Abfragedatum: 06.08.2001

Teece, David J./Pisano, Gary/Shuen, Amy (1997): "Dynamic Capabilities and Strategic Management", Strategic Management Journal, 18, 7, S. 509-533

Thompson, Leigh L./Levine, John M./Messick, David M. (1999): Shard Cognition in Organizations - The Management of Knowledge, Mahwah and London: Lawrence Erlbaum Associates

Tsoukas, Haridimos (1991): "The Missing Link - A Transformational View of Metaphors in Organizational Science", Academy of Management Review, 16, 3, S. 566-585

Tsoukas, Haridimos (1996): "The Firm as a Distributed Knowledge System - A Constructionist Approach", Strategic Management Journal, 17, Winter Special Issue, S. 11-25

Tsoukas, Haridimos (1997): "The Tyranny of Light - The Temptations And the Paradoxes of the Information Society", Futures, 29, S. 827-843

Tsoukas, Haridimos (2001): "Do we really understand "tacit knowledge"?", in: Easterby-Smith, M./Lyles, M.A. (Hrsg.), Handbook of Organizational Learning and Knowledge: Blackwell

Tsoukas, Haridimos/Vladimirou, Efi (2001): "What is Organizational Knowledge", Journal of Management Studies, 38, 7, S. 973-993

Varela, Francisco J. (1990): Kognitionswissenschaft, Kognitionstechnik - eine Skizze aktueller Perspektiven, Frankfurt a. M.: Suhrkamp

Vester, Frederic (1999): Die Kunst vernetzt zu denken - Ideen und Werkzeuge für einen neuen Umgang mit Komplexität, Stuttgart: Deutsche Verlags-Anstalt

Vygotsky, Lev (1988): Denken und Sprechen, Frankfurt am Main: Fischer-Taschenbuch

Wagner, Richard K./Sternberg, Robert J. (1986): "Tacit Knowledge and Intelligence in the Everyday World", in: Sternberg, Robert J./Wagner, Richard K. (Hrsg.), Practical Intelligence - Nature and Origins of Competence in the Everyday World, Cambridge et al: Cambridge University Press, S. 51-83

Watzlawick, Paul (1991): Das Auge des Betrachters - Beiträge zum Konstruktivismus; Festschrift für Heinz von Foerster, München u.a.: Piper

Watzlawick, Paul/Beavin, Janet H./Jackson, Don D. (1974): Menschliche Kommunikation, 4., unveränd. Aufl., Bern, Wien u.a.: Huber

Weick, Karl E. (1987): "Theorizing about Organizational Communication", in: Jablin, F.M. (Hrsg.), Handbook of Organizational Communication, Newbury Park u.a., S. 97-122

Weick, Karl E. (1994): "Introduction: Cartographic Myths in Organizations", in: Huff, Anne (Hrsg.), Mapping Strategic Thought, repr., Chichester et al: Wiley, S. 1-10

Weick, Karl E. (1995): Sensemaking in Organizations, Thousand Oaks, London, New Dehli: Sage

Weick, Karl E./Bougon, Michel G. (1986): "Organizations as Cognitive Maps - Charting Ways to Success and Failure", in: Sims, Henry P., Jr./Gioia, Dennis A./Associates, and (Hrsg.), The Thinking Organization - Dynamics of Organizational Social Cognition, San Francisco, Calif. (u.a.): Jossey-Bass, S. 102-135

Wenger, Etienne (1998): Communities of Practice - Learning, Meaning, and Identity, 1. Paperback, Cambridge [u.a.]: Cambridge Univ. Press

Wenger, Etienne C./Snyder, William M. (2000a): "Communities of Practice - The Organizational Frontier", Harvard Business Review, 1, S. 139-145

Wenger, Etienne C./Snyder, William M. (2000b): "Communities of Practice - Warum sie eine wachsende Rolle spielen", Harvard Business Manager, 4, S. 55-62

Wernerfelt, Birger (1984): "A Resource-based View of the Firm", Strategic Management Journal, 5, 2, S. 171-180

Wiener, Norbert (1963): Kybernetik - Regelung und Nachrichtenübertragung im Lebewesen und in der Maschine, 1. dt. Aufl., Düsseldorf, Wien: Econ

Willke, Helmut (1995): Systemtheorie III - Steuerungstheorie, Stuttgart u.a.: Lucius & Lucius

Willke, Helmut (1996): "Dimensionen des Wissensmanagement - Zum Zusammenhang von gesellschaftlicher und organisationaler Wissensbasierung", in: Schreyögg, Georg/Conrad, Peter (Hrsg.), Managementforschung, Berlin/New York: de Gruyter, S. 263-304

Willke, Helmut (1998): Systemisches Wissensmanagement, Stuttgart: Lucius & Lucius

Willke, Helmut (1999): "Wozu Wissensmanagement", http://www.hernstein.at/ wissen/f_hernsteiner.html, Abfragedatum: 06.11.2000

Wittgenstein, Ludwig (1975 (1. Aufl. 1958)): Philosophische Untersuchungen, Frankfurt a. Main: Suhrkamp

Zahn, Erich (1998): "Wissen und Strategie", in: Bürgel, Hans Dietmar (Hrsg.), Wissensmanagement - Schritte zum intelligenten Unternehmen, Berlin, Heidelberg: Springer

Zimbardo, Philip G./Gerrig, Richard J. (1999): Psychologie, 7. neu übers. und bearb. Aufl., Berlin, Heidelberg, New York u.a.: Springer

Zuber-Skerritt, Ortrun (1996a): Action Research for Change and Development, Reprinted, Aldershot, Hants [u.a]: Avebury

Zuber-Skerritt, Ortrun (1996b): Action Research in Higher Education - Examples and Reflections, 1. publ., reprinted, London: Page

Stichwortverzeichnis

A

Aktionsforschung **145**, 150
Anekdoten 95

B

Ba (Wissensraum) 65, **100**
Bedeutung und persönliches Urteilsvermögen 46
Bedeutungsmatrix 72
Befragung 163
Bewusstsein
    unterstützendes 39
    zentrales 39

C

Capability-based view *Siehe* Fähigkeitenorientierter Ansatz
Care 103, 117
    Einfühlungsvermögen 107
    Hilfestellung 107
    Mut 108
    Nachsicht im Urteilen 108
    Vertrauen 107
Cognitive Mapping *Siehe* Kognitive Karten
Communities of Practice **92**, 102
    Anekdoten 95
    Soziale Konstruktion 97
    Zusammenarbeit 96

D

Deutsche Bank AG 179

E

Einflussfaktoren 162
    Cluster **181**
Etiograph 172

Inpole 172
Outpole 172
Explizites Wissen *Siehe* Wissen

F

Fallstudie 179, 203
Festo Lernzentrum Saar GmbH 203
Forschung
    Methodik 151
    qualitative 114, 136, 144
    quantitative 144
Forschungsimplikationen
    positivistische 136

G

Gestaltpsychologie 42
Gruppendiskussion 164

H

Handlungskontext 56

I

implizites Wissen *Siehe* Wissen
Information **17**
Interaktion 26, **89**, 115
    soziale 58, **76**
    wissensbasierte 111
Interaktionsanalyse 159
Intervention 179
Internalisierung impliziten Wissens 45
Intuition 49

K

Kausalkarten 156
Kausalstruktur 166
    Matrix 168
    Visualisierung 169

Kernkompetenz 9
Knowing-how 25
Knowing-what 25
Knowledge-based view *Siehe*
   Wissensorientierter Ansatz
Kognition 115
   soziale 85
Kognitionsfunktion 66
Kognitionsmuster 86
Kognitive Karten 115, **151**
Kompetenz 19
Können 25
Konstruktivismus 59, 114, 128
   radikaler 129
   sozialer 133
Kybernetik 130

M

Mentale Modelle 29, 30, 48, **87**, 152
Metapher **72**

O

Organisation von Wissen 112

P

Paradigmenwechsel 16
Pragmatismus 54

R

Ressource **7**
   Humanressource 11
   intangible 10
   tangible 10
Ressource-based view *Siehe*
   Ressourcenorientierter Ansatz
Ressourcenorientierter Ansatz **7**
Röhrenmetapher der Kommunikation 50

S

Situatives Lernen 98
Soziale Konstruktion 97

Sozialer Kontext 87
Sprachbilder *Siehe* Metapher
Sprache 50, 62, 65, 78, 93, 116
   Kognitionsfunktion 68, 116
   Kommunikationsinstrument 67
   Labels 162
Sprachspiele 67, 70
Symbolischer Interaktionismus 134

T

Thesen über Wissen und
   Wissenstransformation 112
Triade des impliziten Wissens 44

V

Variablen-Set 166
   Generierung 181
Viabilität 59

W

Wahrnehmung
   Bottom-up-Verarbeitung 47
   Top-down-Verarbeitung 47
Wettbewerbsfähigkeit 19
Wettbewerbsvorteile 13
Wissen 12, 17
   Austausch von 63
   explizite Dimension 21, 112
   Funktionaler Aspekt 40
   Generierung von 63
   Handlungsorientierung 20, 54, 113, 146
   implizite Dimension **21**, 39, 69, 84, 112
   implizites 34, 80
   individuelles 77
   Interaktionsmodell 61
   Knowing 54
   kollektives 77
   Ontologischer Aspekt 51
   Paketmodell 61
   Phänomenaler Aspekt 41
   Semantischer Aspekt 43, 69
   Soziale Konstruktion 20, **58**, **94**, 97, 114

Thesen 112
Zweigliedrigkeit 37
Wissensbasis 65, 117
   Care 65, **105**
   Communities of Practice 65
   explizite 90
   implizite 90
   organisationale **89**
Wissensebenen 77
Wissensformen 27
Wissensgesellschaft 12
Wissenskonzept 17
Wissenskultur **103**, 104
Wissensmanagements 16
Wissensorientierter Ansatz **12**

Wissensspirale **77**, 83
   Externalisation 77, **79**
   Internalisation 77, **80**
   Kombination 77
   Sozialisation 77, **78**
Wissensströme 111
   selbst-evolvierende 120, 159
Wissenstransfer 61
Wissenstransformation **63**, 111
   Rolle der Sprache 64, **65**
   Soziale Interaktion 76
   Thesen 112
   Wissensbasis 89
Wissenstreppe 18

AUS DER REIHE Gabler Edition Wissenschaft

„Strategisches Kompetenz-Management"
Hrsg.: Prof. Dr. K. Bellmann, Prof. Dr. J. Freiling, Prof. Dr. H. G. Gemünden,
Prof. Dr. P. Hammann, Prof. Dipl.-Ing. Dr. H. H. Hinterhuber,
Prof. Dr. G. Specht, Prof. Dr. E. Zahn

Jenny Amelingmeyer
Wissensmanagement
Analyse und Gestaltung der Wissensbasis von Unternehmen
2. Aufl. 2002. XIX, 222 S., Br. € 49,00
ISBN 3-8244-7554-5

Klaus Bellmann, Jörg Freiling und Peter Hammann (Hrsg.)
Aktionsfelder des Kompetenz-Managements
Ergebnisse des II. Symposiums Strategisches Kompetenz-Management
2002. IX, 458 S., 78 Abb., 9 Tab., Br. € 59,90
ISBN 3-8244-7580-4

Stephan A. Friedrich von den Eichen
Kräftekonzentration in der diversifizierten Unternehmung
Eine ressourcenorientierte Betrachtung der Desinvestition
2002. XVII, 227 S., 53 Abb., Br. € 49,00
ISBN 3-8244-7622-3

Ralf Metzenthin
Kompetenzorientierte Unternehmungsakquisitionen
Eine Analyse aus der Sicht des Kompetenzlückenansatzes
2002. XXVI, 365 S., 36 Abb., 6 Tab., Br. € 54,90
ISBN 3-8244-7699-1

Christoph Rasche
Multifokales Management
Strategien und Unternehmenskonzepte für den pluralistischen Wettbewerb
2002. XXVIII, 616 S., 35 Abb., Br. € 74,00
ISBN 3-8244-7567-7

Birgit Renzl
Wissensbasierte Interaktion
Selbst-evolvierende Wissensströme in Unternehmen
2003. XVII, 263 S., 79 Abb., 15 Tab., Br. € 49,90
ISBN 3-8244-7830-7

www.duv.de
Änderung vorbehalten.
Stand: Januar 2003.

Deutscher Universitäts-Verlag
Abraham-Lincoln-Str. 46
65189 Wiesbaden